भारत के राष्ट्रपति

भारत के राष्ट्रपति

सौरभ उपाध्याय

इशिका पब्लिशिंग हाउस
जयपुर दिल्ली

इशिका पब्लिशिंग हाउस

ए -25, ''गणेश सदन'', गली न. 4, आदर्श बस्ती,
बी.एल. हाउस के पास, टोंक फाटक,
जयपुर-302018 (राजस्थान) भारत
फोन : 0141-2761280, Mob. 9887532741
Email: ishikapublishinghouse@yahoo.in

दिल्ली कार्यालय : 102, प्रथम मंजिल, 'सत्यम हाउस'
4324/3, अंसारी रोड़, दरियागंज, नई दिल्ली - 110 002
फोन : 011-45652440

ISBN: 9788189471309

टाइपसेटिंग : बी.एस. कम्प्यूटर्स, जयपुर

मुद्रक : थॉमसन प्रेस, नई दिल्ली

प्रस्तावना

स्वतंत्र भारत की संवैधानिक संरचना की परिकल्पना 26 जनवरी, 1950 को भारतीय गणतंत्र की स्थापना के रूप में परिणत हुई। संविधान द्वारा भारत के संघीय लोकतांत्रिक सरकार का प्रमुख अनंत शक्तिसम्पन्न राष्ट्रपति होता है। जिसका चयन जन प्रतिनिधियों द्वारा एकल संक्रमणिय मत पद्धति द्वारा पाँच वर्ष के लिए किया जाता है।

पुस्तक में स्वतंत्र भारत के अब तक के 12 राष्ट्रपतियों के जीवनवृत्त को प्रस्तुत किया गया है। भारत के इन सर्वोच्च नागरिकों ने अपनी सेवा और नीतियों से राष्ट्र को सामाजिक, सांस्कृतिक, राजनीतिक, आर्थिक सभी क्षेत्र में विकास के जिस मुकाम पर पहुँचाया है वह निश्चित रूप से भारत के हर नागरिक के लिए अनुकरणीय है।

प्रस्तुत पुस्तक में भारत की इन महान विभूतियों के जीवन के प्रेरक प्रसंगों को उद्घाटित किया गया है। इस पुस्तक में यही प्रयास किया गया है कि आप और हम इन आदर्श व्यक्तियों के जीवन की झलकियों के माध्यम से कुछ सीख पायें। पुस्तक की रचना का मूल उद्देश्य वर्तमान पीढ़ी को राष्ट्रनिर्माण में योगदान देने वाले राष्ट्र के इन सर्वोच्च नागरिकों की जीवन गाथा से अवगत कराना है, जिससे उनमें देश सेवा, समाज सेवा, मानव कल्याण जैसे नैतिक गुणों का विकास हो सके।

हम उन सभी विद्वानों के आभारी हैं जिनकी कृतियों और लेखों का हमने इस पुस्तक की रचना में उपयोग किया है।

पुस्तक प्रकाशन में प्रत्यक्ष व परोक्ष रूप से सहयोग करने वाले अपने सभी सहयोगियों के प्रति मैं अपना आभार प्रकट करता हूँ। विज्ञ पाठकों द्वारा इस ग्रंथ की माँग एवं स्वीकृति संस्थान की प्रकाशकीय ऊर्जा का मापदण्ड होगा। पुस्तक के आगामी संस्करण को अधिक उपयोगी बनाने के लिए विज्ञ पाठकों के सुझाव सादर आमंत्रित हैं।

सौरभ उपाध्याय

अनुक्रमणिका

प्रस्तावना v

1. डॉ. राजेन्द्र प्रसाद (1884–1963) 1
2. डॉ. सर्वपल्ली राधाकृष्णन (1888–1975) 17
3. डॉ. ज़ाकिर हुसैन (1897–1969) 45
4. वाराह गिरि वेंकट गिरि (1894–1980) 63
5. फख़रुद्दीन अली अहमद (1905–1977) 77
6. नीलम संजीव रेड्डी (1913–1996) 90
7. ज्ञानी ज़ैल सिंह (1916–1994) 102
8. रामास्वामी वेंकटरमण (1910–2009) 119
9. डॉ. शंकर दयाल शर्मा (1918–1999) 130
10. के. आर. नारायणन (1919–2005) 143
11. डॉ. ए.पी.जे. अब्दुल कलाम (1921–) 159
12. प्रतिभा पाटिल (1935–) 176

1

डॉ. राजेन्द्र प्रसाद

(1884—1963)

इतिहास के पन्नों में बिहार को काफी महत्त्वपूर्ण स्थान प्राप्त है। यहाँ प्रारम्भ से ही सामाजिक, राजनीतिक तथा धार्मिक क्षेत्र में जो बदलाव हुए हैं, उसमें बिहार का नाम सर्वप्रथम लिया जाना गलत नहीं होगा। चन्द्रगुप्त अशोक तथा शेरशाह सूरी जैसे राजाओं तथा गुरु गोविन्द सिंह जैसे धार्मिक गुरुओं का जन्म भी बिहार में ही हुआ था। इस विश्व-विख्यात राज्य की राजधानी पाटलिपुत्र (वर्तमान पटना) काफी वर्षों तक राष्ट्र की राजधानी का गौरव प्राप्त करता रहा। हालाँकि राष्ट्रपिता महात्मा गाँधी गुजरात की भूमि से पैदा हुए थे, लेकिन इस महान सत्य व अहिंसा के पुजारी को बिहार की भूमि ने ही मोहनदास करमचन्द गाँधी को महात्मा गाँधी और अन्ततः राष्ट्र को विदेशी शासन से मुक्ति-प्रदायक, बिहार ने ही बनाया।

यदि चम्पारण की धरती पर उन्होंने नीलहों के विरुद्ध अपना प्रथम तथा सफल आन्दोलन नहीं चलाया होता तो शायद ही वह सत्याग्रह एवं अहिंसा का वह पाठ पढ़ पाते, जिसके बल पर उन्होंने स्वतन्त्रता का युद्ध जीता। जो लोग बिहार को पिछड़ा राज्य कहते हैं, वे सब इतिहास से बिल्कुल अपरिचित हैं। यह दुर्भाग्य ही है कि बिहार में उत्पन्न बौद्ध धर्म जहाँ विश्व के बड़े भाग में छा गया, वहीं बिहार को पिछड़ा और दरिद्र माना जाता है।

बिहार की मिट्‌टी काफी उपजाऊ है क्योंकि यह प्रदेश जलोढ़ मैदान में बसा हुआ है। यहाँ की मिट्‌टी जितनी उपजाऊ है, उससे कम ही यहाँ के

निवासी मेधावी हैं। यदि बिहार इसके बावजूद विकास-क्रम के आगे नहीं बढ़ पा रहा, तो इसमें दोष वहां के निवासियों का नहीं, बल्कि उनका है, जिन्होंने उसे शोषित और प्रताड़ित किया। इनमें सभी शामिल हैं। मुसलमान और मुग़ल के समान कट्टर, धर्म-उन्मादी, आक्रामक तथा शोषक से लेकर अन्यायप्रिय अंग्रेज़ एवं आज के बिहारी राजनेता, जिन्होंने इस दुधारु गाय को चूस-चूस कर अब इसका कंकाल-मात्र की छोड़ा है। बिहार के इधर की विभूतियों में डॉ. सच्चिदानन्द सिन्हा, रामावतार शुक्ल, अमरनाथ झा, वशिष्ठ नारायण सिंह आदि तो हुए ही, बाबू डॉ. राजेन्द्र प्रसाद एक शिखर-पुरुष के रूप में उभरे जिन्होंने राष्ट्रीय और अन्तर्राष्ट्रीय ख्याति अर्जित की और राष्ट्र के प्रथम राष्ट्रपति होने का गौरव प्राप्त किया।

जीवन वृत्त

बिहार के महान् विभूति और भारत रत्न डॉ. राजेन्द्र प्रसाद का जन्म 3 दिसम्बर, 1884 ई. को चम्पारण जिले के जीरा देई ग्राम में हुआ था। उनके पितामह का नाम मिसरी लाल था और पिता का नाम महादेव सहाय और माता का नाम कमलेश्वरी देवी। ये दो भाई और तीन बहन थे। राजेन्द्र बाबू उनमें सबसे छोटे थे। यह ठीक ही कहा जाता है कि यदि परिवार-नियोजन पर आज की तरह यदि पहले बल दिया जाता तो, देश को न राजेन्द्र प्रसाद मिलते और न ही रविन्द्रनाथ टैगोर क्योंकि दोनों ही अपने माता-पिता की सबसे छोटे सन्तान थे। राजेन्द्र बाबू भी बाल-विवाह की प्रथा के शिकार हुए थे। मात्र तेरह वर्ष की आयु में उनका विवाह सन् 1897 ई. में राजवंशी देवी के साथ हो गया था। उनसे राजेन्द्र प्रसाद को दो पुत्र हुए परन्तु उन्होंने अपने अध्ययन को लगातार जारी रखा।

हाई स्कूल से एम.ए. तक सभी परीक्षाएँ डॉ. राजेन्द्र प्रसाद ने प्रथम श्रेणी में उत्तीर्ण कीं। राजेन्द्र प्रसाद अद्भुत मेधा के धनी थे। अध्ययन में इनकी गहरी रुचि थी और इनकी प्रखर बुद्धिमत्ता अतुलनीय थी। इसका उदाहरण हम बाद में देंगे, लेकिन इसके पूर्व पारिवारिक पृष्ठभूमि तथा परिवेश का उल्लेख जरूरी है क्योंकि इन दोनों ने राजेन्द्र बाबू को डॉ. राजेन्द्र प्रसाद बनाने में उल्लेखनीय भूमिका निभाई।

इनके पिता पहलवानी और घुड़सवारी के शौकीन थे लेकिन वे संस्कृत और फारसी के अच्छे विद्वान थे। स्वाध्याय के बल पर उन्होंने इस्लामी पद्धति

की चिकित्सा में भी महारत हासिल कर ली थी और एक अच्छे हकीम के रूप में भी पास-पड़ोस में उनकी अच्छी प्रतिष्ठा थी।

राजेन्द्र बाबू अपनी जननी श्रीमती कामेश्वरी देवी के प्रेरणा से राजेन्द्र बाबू की रुचि बाल्य-काल में ही धर्म और सदाचार एवं सत्संग में गहरी हो गई। इनकी माता पूर्णतया धार्मिक थीं और इस धार्मिकता का प्रभाव बालक राजेन्द्र प्रसाद पर पूरी तरह पड़ा। उनके बाल्य-काल में माता कामेश्वरी देवी उन्हें नित्य रामायण की कहानियाँ सुनाया करती थीं।

यहीं हमें एक और विशिष्ट माता जीजाबाई का स्मरण हो आता है। जिसने छत्रपति शिवाजी के सदृश युग-पुरुष को अपनी धार्मिकता, सदाचरण तथा महापुरुषों की गाथाएँ सुना-सुनाकर गढ़ा था। उन्हीं के कारण शिवाजी माता तुलजा भवानी (तुलजापुर की अधिष्ठात्री देवी) के एक तरह से अंध-भक्त बन गए और जीजा और तुलजा में दृढ़ आस्था के फलस्वरूप ही एक साधारण सैनिक, छत्रपति बनकर सिंहासनारूढ़ हो सका।

इसमें कोई सन्देह नहीं कि माता का सर्वाधिक प्रभाव पुत्र अथवा पुत्री पर होता ही है। क्योंकि बाल्य-काल या किशोरावस्था में उसी का सर्वाधिक संग उसे प्राप्त होता है। मानना पड़ेगा कि राजेन्द्र बाबू की स्थिति भी बहुत हद तक शिवाजी की ही तरह थी। भले ही किसी देवी-देवता को उन्होंने अपना इष्ट बनाया हो अथवा नहीं, लेकिन तुलसी कृत रामचरितमानस तो उनका इष्ट बन ही गया। जानकर आश्चर्य होगा कि स्नान के पश्चात् अन्न-ग्रहण करने के पूर्व वे आजीवन नित्य रामचरितमानस के अंशों का पाठ किया करते थे। यह क्रम राष्ट्रपति-भवन में भी जारी रहा।

अध्यात्म या धार्मिक मनोवृत्ति के बिना किसी की प्रगति होती हो अथवा नहीं, वह उन्नति के उत्तुंग शिखरों को छूता हो अथवा नहीं, लेकिन आचरण के निर्माण में आध्यात्मिक-धार्मिक प्रवृत्तियों का योगदान असंदिग्ध है। सदाचार के बिना कोई संस्कारित नहीं होता एवं आचरणविहीन कुमार्गगामी जो हो गए, वह जीवन-यात्रा में किसी से विशेष ऊँचाई पर पहुँचे, यह हो नहीं सकता। **'सदाचारः परमो धर्मः'** की उक्ति कोई कपोल-कल्पना नहीं अपितु चिन्तकों के अनुभवों का निचोड़ है।

राजेन्द्र बाबू धार्मिक ग्रन्थों को जैसे रामायण, गीता को काफी दिलो-दिमाग से पढ़ा करते साथ ही रामायण और गीता के उपदेशों पर चलना भी चाहते थे और समाज के लोगों को चलाना भी चाहते थे। इन्हीं पवित्र ग्रन्थों को

पढ़कर वे भारत को परतन्त्रता से मुक्त कराकर उसे रामराज्य प्रदान करने का सपना (जो गाँधी का भी सपना था) राजेन्द्र बाबू ने अपने इसी रामायण-परायण के कारण देखा हो। जो हो, रामचरित मानस ने उनके दैनन्दिन व्यवहार को अवश्य ही प्रभावित किया। यह सभी को ज्ञात है कि राष्ट्रपति-भवन में वे अत्यन्त ही सरल रूप में रहते थे और उनसे मिलने वाले लोगों को यह भान भी नहीं हो पाता था कि वे राष्ट्र की इतनी बड़ी हस्ती से मिल रहे हैं।

अंग्रेज़ी, हिन्दी, फारसी, उर्दू, संस्कृत में धाराप्रवाह बोलने में पारंगत राजेन्द्र बाबू भोजपुरी-वासियों के आने पर अनिवार्यतः उनसे भोजपुरी में ही बात करते थे। उनकी विनम्रता का आलम यह था कि वे छोटे-बड़े सबसे झुककर मिलते और उनके स्वागत और विदाई के समय खड़े हो जाते एवं भारतीय परम्परा के अनुसार दोनों हाथ जोड़ लेते। इसमें कोई सन्देह नहीं है कि राजेन्द्र बाबू के समान वस्तुतः विद्वान और विनम्र व्यक्ति राष्ट्रपति-भवन में पुनः नहीं आया, न ही वैसी प्रखर मेधा और असामान्य स्मरण-शक्ति ही किसी और को मिली। डॉ. सर्वपल्ली राधाकृष्णन एक बड़े दार्शनिक अवश्य थे।

भारतीय दर्शन-शास्त्र में उन्हें अन्तर्राष्ट्रीय ख्याति जो उपलब्ध हो पर डॉ. राजेन्द्र प्रसाद की अगाध तथा बहुआयामी विद्वता उन्हें प्राप्त थी, यह नहीं कहा जा सकता, क्योंकि हमारे आर्ष चिन्तकों के अनुसार विद्वता की कसौटी विनम्रता ही है–

राजेन्द्र बाबू की विनम्रता जो फिर किसी राष्ट्रपति में उस मात्रा में शायद ही देखी गई; उनकी विद्वता तथा विद्या-व्यसन को प्रमाणित करने हेतु पर्याप्त है। उनकी मेधा-शक्ति और प्रखर बुद्धि का प्रमाण कुछ और है जिनकी व्याख्या नीचे की जा रही है–

राजेन्द्र बाबू मात्र संयोगवश डॉ. राजेन्द्र प्रसाद या राष्ट्र के प्रथम राष्ट्रपति नहीं बने थे। अंग्रेजी में कहावत है–सफलता हेतु कोई संक्षिप्त मार्ग नहीं है। (देयर इज नो शॉर्टकट टू सक्सेस) हालांकि राजेन्द्र बाबू बचपन में ही दाम्पत्य जीवन से जुड़ चुके थे। लेकिन इससे उनके अध्ययन पर कोई प्रभाव नहीं पड़ा।

यह महान् पुरुष अध्ययन के दौरान यह भूल गया कि उनका विवाह किसी कन्या के साथ हुआ है। 'जीरादेई' ग्राम उन दिनों छपरा जिला में पड़ता था। उन्होंने छपरा जनपद के एक स्कूल से प्रवेशिका परीक्षा 1902 में दी और कलकत्ता विश्वविद्यालय में सर्वप्रथम आए। कहने की जरूरत नहीं कि बिहारी

प्रतिभा का यह अद्भुत प्रदर्शन था क्योंकि उन दिनों बिहार में कोई विश्वविद्यालय नहीं था और कलकत्ता विश्वविद्यालय बंगाल के अतिरिक्त बिहार, उड़ीसा, बर्मा तथा असम सबका विश्वविद्यालय था।

राजेन्द्र बाबू की इस सफलता ने जीरादेई और छपरा क्या, बिहार के सभी पढ़े-लिखे लोगों का मस्तक गर्व से उन्नत कर दिया। बात यहीं तक रहती तो कोई बात नहीं थी। उन्होंने आई. ए. और बी. ए. दोनों परीक्षाओं में ऐसी ही सफलता प्राप्त की। कलकत्ता विश्वविद्यालय के प्रेसीडेंसी कॉलेज में शामिल होकर इन्होंने दोनों परीक्षाओं में सर्वप्रथम स्थान प्राप्त किया। राजेन्द्र बाबू का नाम अब बिहार के जन-जन की जिह्वा पर आसीन था। राजेन्द्र बाबू को उन दिनों के अधिकांश पढ़े-लिखों की तरह वकालत का पेशा ही पसन्द था। ऐसे भी नौकरियाँ बहुत कम थीं। अतः, न्यायालयों में अधिवक्ता बनने के अतिरिक्त जीविका का अन्य साधन पढ़े-लिखे लोगों को नहीं था। अतः, राजेन्द्र प्रसाद ने स्नातकोत्तरोपरान्त बी.एल. की कक्षा में प्रवेश लिया।

राजेन्द्र बाबू ने अभी बी.एल. की कक्षा में प्रवेश लिया ही था कि दुर्भाग्यवश उनके पिता श्री महादेव सहाय की मृत्यु 1907 ई. में ही हो गई थी। उस समय राजेन्द्र बाबू की उम्र मात्र 23 वर्ष थी। इसके फलस्वरूप परीक्षाओं में उनकी रुचि घट गई। उन्होंने 1908 में अंग्रेज़ी में एम.ए. की परीक्षा दी और पास हुए। जुलाई 1908 में ये मुज़फ़्फ़रपुर कॉलेज में व्याख्याता नियुक्त हुए। एक ही साल बाद 1909 में कलकत्ता सिटी कॉलेज में वे अर्थशास्त्र के प्राध्यापक नियुक्त हुए। 1911 में उन्होंने कानून में स्नातक डिग्री प्राप्त की और कलकत्ता उच्च न्यायालय में वकालत करने लगे एवं कुछ दिनों के पश्चात् वहीं के लॉ कॉलेज में प्राध्यापन का कार्य उन्हें मिल गया। अधिवक्ता के रूप में उन्हें अच्छी ख्याति प्राप्त हुई और उन्हें गिने-चुने अधिवक्ताओं में गिना जाता था। 1916 में उन्होंने कानून में मास्टर डिग्री प्रथम श्रेणी में एवं अत्यन्त उच्च अंकों से प्राप्त की। इसी वर्ष पटना में अलग से उच्च न्यायालय की स्थापना हुई और राजेन्द्र बाबू यहाँ आ गए। बिहार आने से उनका कार्य-क्षेत्र वस्तुतः अधिक विस्तृत हुआ।

पटना विश्वविद्यालय की स्थापना 1917 ई. में हुई और राजेन्द्र बाबू उसके सीनेट और सिंडिकेट के सदस्य बने। राजेन्द्र बाबू रामायण, गीता के उपदेशों से काफी प्रभावित थे। इनके धार्मिक जीवन पर इन धार्मिक ग्रन्थों का काफी प्रभाव पड़ा था। और इसका श्रेय वे अपनी माता को देते थे। वे शुरू से ही

या यों कहिए छात्र जीवन से ही सामाजिक और सांस्कृतिक जीवन में अभिरुचि रखते थे। जब वे छात्र ही थे, तब 'बिहारी स्टूडेंट्स कान्फ्रेंस' की स्थापना की। कलकत्ते में बिहारी छात्रों का यह प्रथम संगठन था, जो काफी प्रभावोत्पादक रहा। अपितु यह बंगाल ही नहीं, देश का प्रथम संगठन था जिसका वार्षिक अधिवेशन 1942 तक होता रहा, यद्यपि 1930 से इसकी गतिविधियाँ शिथिल हो गई थीं।

राजेन्द्र बाबू का पारिवारिक जीवन विकसित हो रहा था, 1907 में उनके बड़े सुपुत्र मृत्युंजय प्रसाद का जन्म हुआ और जैसा कि पहले बताया गया उनके पिता का उसी वर्ष देहान्त हुआ था।

राजनीतिक जीवन में उनकी रुचि बढ़ने लगी। यद्यपि 1906 में वे कांग्रेस से सम्बद्ध हो गए थे, किन्तु औपचारिक रूप से 1911 में ही इसकी सदस्यता उन्होंने ग्रहण की। कुछ दिनों के बाद उनके दूसरे लड़के धनंजय प्रसाद का जन्म हुआ। राजेन्द्र बाबू के जीवन में एक महत्त्वपूर्ण मोड़ तब आया जब उन्होंने अंग्रेज़ नील-उत्पादकों के अत्याचार और उत्पीड़न के विरुद्ध मोर्चा खोलने हेतु चम्पारण पहुँचे, महात्मा-गाँधी का जी-जान से सहयोग किया। 1916 में ही उनसे गाँधी का परिचय लखनऊ राष्ट्रीय कांग्रेस अधिवेशन में हो चुका था। राजेन्द्र बाबू ने 1920 ई. में ही वकालत का पेशा छोड़ दिया और 1921 में सीनेट और सिंडीकेट से भी इस्तीफा दे दिया।

चम्पारण के किसानों पर नीलहों का जुर्म दिन-प्रतिदिन बढ़ ही रहा था। जो कृषक अपने जीविकोपार्जन के लिए खेतों में अन्न उगाना चाहते थे। उन्हें खेतों में नील उत्पादित करने हेतु विवश किया जाता था। कृषि-मजदूरों से कम मजदूरी पर अथवा मुफ्त में काम लिया जाता था। जो कोई भी विरोध करता था, चाहे वह कृषक हो अथवा कृषक-मज़दूर उसे घोर यातना दी जाती थी, कोड़े से पिटाई होती थी और कई दिनों तक भूखे रखकर काल-कोठरियों में बन्द कर दिया जाता था। चम्पारण के कृषकों के शोषण के आधार पर नील-उत्पादक अंग्रेजों ने बड़े-बड़े कारखाने और ऊँची-ऊँची कोठियाँ खड़ी कर ली थीं। सम्पूर्ण उत्पाद का यूरोपीय देशों में निर्यात होता था। देश का इससे कोई हित नहीं सधता था, उलटे चम्पारण उजड़ा जा रहा था और वहाँ के निवासियों की स्थिति गुलामों और पशुओं से बदतर हो गई थी। भय तथा आतंक का वातावरण चतुर्दिक् व्याप्त था।

कृषकों का कोई संगठन नहीं था—बनने ही नहीं दिया जाता था। ऐसी स्थिति में कोई अकेला व्यक्ति नीलहों से फरियाद करे, इसका प्रश्न ही नहीं

उठता। बिहार के अंग्रेज़ नीलहे, असम के चाय-बागानों के मालिकों से सुख-समृद्धि और रोब-दाब में कुछ कम नहीं थे। विभेद इतना ही था कि असम में आतंक, अत्याचार, अन्याय, शोषण, भुखमरी का वह नग्न नृत नहीं था जो चम्पारण में उपलब्ध था। चम्पारण की जनता को अब अपनी रक्षा करने के लिए कोई रास्ता नहीं दिखाई दे रहा था। वे अब सब कुछ ऊपर वाले पर छोड़ दिए। वे अब अपनी रक्षा करने के लिए देव! देव! पुकारने लगे। श्री राजकुमार शुक्ल जो कि चम्पारण जिले के ही थे, ने यह सोचा कि अगर चम्पारण को नीलहों से मुक्त करा सकता है, तो वह है महात्मा गाँधी। क्योंकि शुक्ल जी गाँधीजी के दृढ़ विश्वास से काफी वाकिफ थे। वे पढ़े-लिखे व्यक्ति थे और समाचार-पत्रों में रुचि लेते थे।

दक्षिण अफ्रीका के शोषित लोगों हेतु अंग्रेजों के विरुद्ध गाँधीजी ने जो ज़ेहाद छेड़ा था, संघर्ष किया था, वहाँ की जेलों की शोभा बढ़ाई थी और अन्ततः बहुत हद तक उन्हें अत्याचार-अनाचार से मुक्ति दिलाने में सफलता पाई थी, उसका उन्हें पता था। महात्मा गाँधी जिस समय भारतीय राजनीति में आये थे, उस समय यहाँ की राजनीति पर बाल गंगाधर तिलक, गोपाल कृष्ण गोखले पूर्ण रूप से छाये हुए थे। महात्मा गाँधी इन दिग्गज नेताओं के समक्ष खड़े होने में अपने को सक्षम नहीं पा रहे थे। चम्पारण उन्हें ईश्वरीय वरदान-स्वरूप प्राप्त हुआ। शुक्ल उनके पीछे ही पड़ गए। जहाँ कहीं महात्मा गाँधी पहुँचते, वहाँ वे अपनी सत्तू और चूड़े की पोटली लिए पहुँच जाते। किसी-न-किसी प्रकार महात्मा गाँधी से मिलते और चम्पारण की व्यथा-गाथा सुनाते।

कम पढ़े-लिखे शुक्ल की अभिव्यक्ति में वह कौशल नहीं था जो महात्मा गाँधी को चम्पारण की कठोर वास्तविकता से परिचित करा सके। लेकिन बार-बार का प्रयत्न व्यर्थ नहीं गया। गाँधी जी को चम्पारण की दुर्दशा का ही ज्ञान नहीं हुआ, उनमें उनका अपना भविष्य भी स्पष्ट दृष्टिगोचर हो गया। शुक्ल को गाँधी ने वचन दिया कि कलकत्ता के कांग्रेस अधिवेशन के पश्चात् वे अवश्य ही बिहार यानी चम्पारण की यात्रा करेंगे। श्री शुक्ल को मुँहमाँगा मिल गया। वे कलकत्ता जाने से नहीं चूके। सत्य-अहिंसा के व्रतधारी गाँधी भी अपने वचन से कहाँ पीछे हटने वाले थे? उन्होंने उनके साथ रेलगाड़ी से बिहार हेतु यात्रा आरम्भ कर दी।

प्रथम पड़ाव स्वभावतः पटना था। पटना के कदम कुआँ में राजेन्द्र प्रसाद का निवास था। पुनः कहना पड़ेगा कि यह भारत के प्रथम भावी राष्ट्रपति

का सौभाग्य ही था जो स्वरूप लेने लगा था। राजेन्द्र बाबू के भाग्योदय का बीजारोपण यहीं से आरम्भ होता है। किन्तु गाँधी की इस यात्रा का कटु अनुभव संयोगवश राजेन्द्र बाबू के आवास से ही आरम्भ हुआ। महात्मा गाँधी ने पटना पहुँचने का कार्यक्रम राजेन्द्र बाबू को तार से सूचित कर दिया था, लेकिन बाहर रहने के कारण गाँधी जी के आगमन की उन्हें खबर नहीं मिल सकी।

हालाँकि गाँधी जी बिहार यानी चम्पारण के लिए शुक्ल जी के कहने पर ही आए थे। लेकिन शुक्ल की बातों से वे पूर्ण तरह चम्पारण के बारे में वाकिफ नहीं हो पाए थे। अतः उन्होंने चम्पारण की हकीकत को पूर्ण रूप से जानने के लिए शुक्ल के साथ राजेन्द्र बाबू के आवास पर पहुँचे तो उन्हें बिहार के असल आभिजात्य से परिचय हुआ।

शुक्ल और गाँधी जी दोनों देखने में बहुत प्रभावोत्पादक और कुलीन लगते हों, यह बात भी नहीं थी। राजेन्द्र बाबू का आवास उस समय भृत्यों के हवाले था। इन नौकरों ने गाँधी जी को प्रायः नीच जाति का ही समझ लिया। उनकी आवभगत करना तो अलग, उन्हें कुएँ से जल लेने में भी उनको आपत्ति थी। शुक्ल के अपने ब्रह्मणत्व का परिचय देने एवं शिखा सूत्र तथा मस्तक पर त्रिपुंड से कुछ बात बनी और आवास के बरामदे के एक कोने में भोजन आदि बनाकर दोनों ने ही अपनी रात काटी। दूसरे दिन राजेन्द्र प्रसाद आए। यह सब जान-सुनकर उन्हें बहुत दुख हुआ। गाँधी को इसका बुरा क्या मानना था। लेकिन इसका सुपरिणाम यह हुआ कि दोनों ही बहुत घनिष्ठ हो गए। एक तरह से प्रायश्चित के रूप में ही राजेन्द्र बाबू ने अपना सब कुछ छोड़ दिया और गाँधी जी के साथ लग गए।

चूँकि चम्पारण राजेन्द्र बाबू का जन्म स्थान था। वे चम्पारण के कण-कण से वाकिफ थे। वे चम्पारण के किसानों पर नीलहों के अत्याचारों से पूरी तरह दुःखी थे और इसी बारे में सोच रहे थे कि किस तरह यहाँ के किसानों को नीलहों से छुटकारा दिलाएँ। इसी बीच इस मुद्दे पर वे गाँधी जी से मिले और मिलते ही फूले नहीं समाए। कदम-से-कदम मिलाकर साथ चलने का वादा किया और गाँधी जी के सर्वप्रमुख सहायक के रूप में भी रहे। चम्पारण की कहानी में विस्तार से जाने की जरूरत नहीं, हम यहाँ राजेन्द्र बाबू की भूमिका ही रेखांकित करें। चम्पारण में गाँधी के प्रवेश करते ही मुजफ्फरपुर के आयुक्त ने इन्हें चम्पारण छोड़ देने का नोटिस भिजवाया। गाँधी को इसी की प्रतीक्षा थी। उन्हें अपने सत्याग्रह की परीक्षा लेनी थी। उन्होंने चम्पारण छोड़ने से इनकार कर दिया।

गाँधी को कई कानूनी अड़चनों का सामना करना पड़ा। अदालत में भी पेशी हुई। हज़ारों की भीड़। मोहनदास करमचन्द गाँधी के महात्मा बनने की नींव चम्पारण की उस माटी में ही पड़ गई। कानून-विशेषज्ञ राजेन्द्र प्रसाद सदा साए की तरह उनके पीछे लगे रहे। अन्ततः गोरे प्रशासन को झुकना पड़ा और गाँधी जी की यह बात मान ली गई कि वह चम्पारण की ज्यादतियों की जाँच करेंगे। यह एक दुरूह कार्य था। पीड़ितों-शोषितों से आवेदन आमन्त्रित किया गया। हज़ारों उनके दर्शन और अपनी फरियाद सुनाने उपस्थित होने लगे। इन आवेदनों को सहेजना, उनका अध्ययन करना, उन पर उचित निर्णय लेना अकेले गाँधी जी के बूते की बात नहीं थी। इतने सारे अभ्यार्थियों को गाँधी जी अकेले नहीं सुन सकते थे।

राजेन्द्र प्रसाद ने दिन को दिन और रात को रात नहीं समझा और अपने कुछेक सहायकों के बल पर गाँधी जी का काम हल्का कर दिया। इससे गाँधी जी के सत्याग्रह की महत्ता सिद्ध हुई। मोहनदास करमचन्द गाँधी और राजेन्द्र प्रसाद दूध-पानी की तरह एक हो गए। जैसा कहा गया, चम्पारण ने राजेन्द्र प्रसाद को राष्ट्रपति पद तक पहुँचाने में महती भूमिका निभाई। यदि चम्पारण नहीं घटा होता तो महात्मा गाँधी देश के शिखर राजनेता नहीं होते और महात्मा गाँधी ऐसे नहीं होते तो राजेन्द्र प्रसाद अपनी समस्त मेधा और योग्यता के बावजूद अधिक-से-अधिक एक मन्त्री पद पर रहते और राष्ट्रपति-भवन की शोभा नहीं बढ़ाते। आगे की घटनाएँ इसे स्पष्ट करेंगी। ठीक है कि राष्ट्र के प्रथम-राष्ट्रपति की जय-यात्रा चम्पारण से ही आरम्भ होती है पर उनके राष्ट्रपति-भवन-प्रवेश के पहले के कुछ पड़ावों का उल्लेख हम उनके पूर्ण व्यक्तित्व और कृतित्व प्रकट करने हेतु अवश्य करेंगे।

राजेन्द्र बाबू राजनीति के साथ-साथ पत्रकारिता में भी काफी अभिरुचि रखते थे। इसमें कोई शक नहीं कि तलवार की ताकत से हमेशा अधिक कलम की ताकत रही है। राजनीतिक अभिव्यक्ति हेतु अथवा उसके दर्शन तथा लक्ष्यों के प्रचार-प्रसार हेतु पत्रकारिता जरूरी है। महात्मा गाँधी ने भी 'हरिजन' और 'यंग इंडिया' का प्रकाशन किया था। उनके माध्यम से वे सत्य का मार्ग ही प्रचारित नहीं करते रहे बल्कि उनके माध्यम से राष्ट्र को सुसंगठित करने और देश-विदेश में अपने राजनैतिक सन्देशों को सम्प्रेषित करने में भी उन्हें पर्याप्त सहायता मिली।

राजेन्द्र बाबू ने 1921 में पटना से एक हिन्दी साप्ताहिक 'देश' का सम्पादन किया। वे पटना से प्रकाशित होने वाले एकमात्र प्रमुख समाचार पत्र 'सर्च लाइट'

के निदेशक-मंडल में भी प्रवेश पाने में सफल हुए। राजेन्द्र बाबू की राजनीतिक गतिविधियाँ तेज होने लगी थीं और छपरा-निवासी होने के बावजूद वे पटना नगरनिगम के अध्यक्ष निर्वाचित हुए। यह 1924 ई. की बात है। इसे एक संयोग ही कहेंगे कि अक्सर राजनीति में प्रवेश नगरपालिका और नगरनिगम के दरवाजे से ही होता है।

राजेन्द्र बाबू के साथ भी कुछ ऐसा ही हुआ। लेकिन एक वर्ष के भीतर ही वे इस पद से त्यागपत्र दे बैठे क्योंकि नगरपालिका के कार्यों से सम्बद्ध रह कर वे देश की बड़ी समस्याओं में सहायक नहीं हो सकते थे। इस बीच राजेन्द्र बाबू ने विदेशों की भी यात्रा की। 1927 के मद्रास कॉग्रेस अधिवेशन में भाग लेने के उपरांत उन्होंने सीलोन की यात्रा की किन्तु उनकी प्रथम विदेश यात्रा ब्रिटेन की थी, जहाँ वे प्रख्यात् 'बर्मा केस' के सन्दर्भ में 1928 में गए। दूसरे ही साल अर्थात् 1929 में उन्होंने बर्मा की यात्रा की।

जब बापू ने अपनी प्रसिद्ध दांडी यात्रा नमक-कानून तोड़ने हेतु की तो उसके पश्चात् जगह-जगह नमक सत्याग्रह आयोजित किए गए। राजेन्द्र प्रसाद ने भी बिहार में यह सत्याग्रह आयोजित किया। यद्यपि जवाहरलाल नेहरू और राजेन्द्र प्रसाद के परिधान और विचार बहुत हद तक मेल नहीं खाते थे तथापि इनको महात्मा गाँधी की पतली ही सही लाठी के कारण एक-दूसरे से सम्बद्ध रहने को बाध्य रहना पड़ता था।

राजेन्द्र प्रसाद तो सरल थे और भारतीय संस्कृति के आर्य वाक्य 'वसुधैव कुटुम्बकम्' में विश्वास करते थे। उन्हें पंडित नेहरू से कोई आन्तरिक शिकायत नहीं थी। पाश्चात्य रंग-ढंग में नेहरू भले ही अपने को राजेन्द्र प्रसाद से महान् मानते हों। जब राजेन्द्र बाबू 1931 ई. में बिहार प्रान्तीय कांग्रेस समिति के अध्यक्ष निर्वाचित हुए तब उन्हें ऐसा महसूस हुआ कि उनके राजनीतिक जीवन ने कोई महत्त्वपूर्ण मोड़ ले ली हो। उन्होंने इस पद को बखूबी निभाया और उनके कार्य को देखकर उन्हें पुनः 1936 में इस पद के लिए चुन लिया गया। 1930 में उन्हें छः महीने की जेल भी हुई। पहले उन्हें छपरा जेल में रखा गया और बाद. में उन्हें हज़ारी मार्ग जेल में स्थानान्तरित कर दिया गया।

सामाजिक जीवन

1934 में बिहार में एक बहुत बड़ी दुर्घटना घटी। एक विनाशकारी भूकम्प ने राज्य के बहुत सारे हिस्सों को बर्बाद कर दिया। राहत-कार्य बहुत कठिन

था। हज़ारों लोग मृत्यु को प्राप्त हुए थे जिनके शव सड़ रहे थे। हज़ारों-लाखों बेघर हो गए थे, उनका पुनर्वास जरूरी था। इतनी ही संख्या में लोग भूख और प्यास से तड़प रहे थे। ऐसे ही अवसर पर साहसियों तथा धैर्यवानों की परीक्षा होती है। नेतृत्व भी ऐसे ही समय कसौटी पर कसा जाता है। राजेन्द्र बाबू ने जिस तरह से 1934 के विनाशकारी भूकम्प से पीड़ित लोगों की सहायता करने के लिए धन-जन का सहारा लिया और उसका सुचारु ढंग से तथा प्रभावोत्पादक रूप में उपयोग किया इससे वे बिहार के सर्वमान्य नेता के रूप में उभर आए।

इस कार्य में उन्हें महात्मा गाँधी का आशीर्वाद तथा जय प्रकाश नारायण और जवाहरलाल नेहरू का पूर्ण सहयोग प्राप्त था। राजेन्द्र प्रसाद के जीवन में अगला राजनैतिक पड़ाव 1934 ई. था, जब वे मुम्बई कांग्रेस अधिवेशन के अध्यक्ष निर्वाचित हुए। 1935 में कांग्रेस का स्वर्ण जयन्ती समारोह राष्ट्रीय स्तर पर मनाया गया। मुख्य समारोह मुम्बई में उसी स्थान पर हुआ जहाँ 1835 में कांग्रेस का प्रथम अधिवेशन हुआ था। इस अवसर हेतु डॉ. पट्टाभि सीतारमैया ने, कांग्रेस का इतिहास नामक ग्रन्थ लिखा। इसकी भूमिका कांग्रेस अध्यक्ष होने के नाते राजेन्द्र प्रसाद ने लिखी।

इसी अधिवेशन में कांग्रेस संसदीय बोर्ड का गठन हुआ। जिसके अध्यक्ष सरदार पटेल तथा सदस्य मौलाना आजाद और राजेन्द्र बाबू हुए। इस बोर्ड ने भारत सरकार अधिनियम 1935 के तहत 1937 के चुनावों के पश्चात् मन्त्रिमंडलों के निर्माण में महत्त्वपूर्ण योगदान दिया। 1937 में संयुक्त प्रान्त के मुख्य मन्त्री गोविन्द वल्लभ पन्त थे। कानपुर के औद्योगिक श्रमिकों की स्थिति बहुत खराब थी और इसको लेकर विद्रोह भी सिर उठाने लगा था। पंडित पन्त ने श्रमिकों की स्थिति के अध्ययन हेतु एक जाँच-समिति का गठन किया जिसका अध्यक्ष राजेन्द्र प्रसाद को ही बनाया गया। राजेन्द्र बाबू तो लेखनी के धनी थे ही, उनकी बुद्धि की पैठ भी गहराई तक होती थी। वह जाँच-प्रतिवेदन आज तक अत्यन्त महत्त्वपूर्ण दस्तावेजों में एक माना जाता है।

1939 में भारतीय राष्ट्रीय कांग्रेस में एक महत्त्वपूर्ण लेकिन दुर्भाग्यपूर्ण घटना घटी। नेता सुभाष चन्द्र बोस ने इंग्लैंड से आई.सी.एस. की परीक्षा तो जरूर उत्तीर्ण की लेकिन पराधीन भारत में नौकरी करना उचित नहीं समझा, उन्होंने राजनीति में प्रवेश ले लिया। महात्मा गाँधी इस समय तक कांग्रेस के सर्वेसर्वा हो चुके थे। सुभाषचन्द्र बोस के विचार गाँधी जी से भिन्न थे। वह सत्याग्रह में कम

और शस्त्रास्त्र में अधिक विश्वास करते थे। अपेक्षाकृत युवा होने से उनके कुछ अनुयायी भी हो गए थे। परिणामस्वरूप महात्मा गाँधी के न चाहते हुए भी कांग्रेस के ये अध्यक्ष निर्वाचित हो गए थे। लेकिन जल में रहकर मगर से बैर कब तक चल सकता था? गाँधी जी के प्रभाव के फलस्वरूप न केवल उन्हें कांग्रेस-अध्यक्ष का पद छोड़ना पड़ा, बल्कि वे देश छोड़कर भी चले गए।

बोस के त्यागपत्र देने के पश्चात् 30 अप्रैल 1939 को राजेन्द्र प्रसाद कांग्रेस के अध्यक्ष निर्वाचित हुए। राजेन्द्र बाबू की लम्बी जेल-यात्रा, जो तीन वर्षों की थी, 9 अगस्त 1942 से आरम्भ होकर 14 जून 1945 तक चली। उन्हें भारत-सुरक्षा-अधिनियम के अन्तर्गत गिरफ्तार किया गया था और बांकीपुर जेल पटना में रखा गया था। इन तीन वर्षों का उपयोग उन्होंने पुस्तक लिखने में किया, जिसका शीर्षक था—इंडिया डिवाइडेड। यह पुस्तक 1946 में प्रकाशित हुई और कुछ ही महीनों में इसका द्वितीय संस्करण भी आ गया। राजेन्द्र बाबू ने इसके पूर्व 1940 में ही अपनी आत्मकथा लिखी थी। 1943 में बंगाल में भीषण अकाल पड़ा। यह अंग्रेजी शासन की उपेक्षा का प्रतिफल था। हज़ारों की संख्या में लाशें पट गईं। माताएँ अर्द्धमृत शिशुओं के मांस के भक्षण को बाध्य हुईं। शवों को जलाने या दफनाने में भी विदेशी सरकार की कोई रुचि नहीं थी। उनके सड़ने से दुर्भिक्ष के बाद बीमारियों का सिलसिला चला। बंगाल की यह तबाही आज तक इतिहास-पृष्ठों में अभिशाप की तरह अंकित है। राजेन्द्र बाबू का करुणापूर्ण हृदय इस दारुण स्थिति का समाचार पढ़कर द्रवित होता रहा। ऐसे अवसरों हेतु राहत कार्य में वे दक्ष हो चुके थे।

1934 के बिहार के भूकम्प के बाद 1935 में क्वेटा में भी भयँकर भूकम्प आया था। उसके पीड़ितों की सहायतार्थ भारत में जो समिति बनी थी, उसके अध्यक्ष भी राजेन्द्र बाबू ही थे। बंगाल के इस दुर्दिन में भी वे वहाँ राहत-कार्य हेतु पहुँचाना चाहते थे। इस अकाल में करीब 50 लाख लोगों की मृत्यु हुई थी। राजेन्द्र बाबू तड़प कर रह गए क्योंकि उस समय वे बांकीपुर जेल में कैद थे और अंग्रेज सरकार को बंगाल की जनता से क्या मोह कि वह इन्हें जेल से मुक्त करें? जेल से छूटने के थोड़े ही दिनों पश्चात् राजेन्द्र बाबू को एक और महत्त्वपूर्ण राजनीतिक उपलब्धि हुई। अन्तरिम राष्ट्रीय सरकार में वे भारत के प्रथम खाद्य तथा कृषि मन्त्री नियुक्त हुए। यह बात सितम्बर 1946 की है।

केन्द्रीय मन्त्री के रूप में वह अत्यन्त ही प्रभावोत्पादक सिद्ध हुए। उनके समय एक ऐसी सफल तथा प्रभावी खाद्य-नीति अपनाई गई कि 1946 से अन्त

तक भूख से मृत्यु की संख्या प्रायः शून्य तक पहुँच गई। राजेन्द्र बाबू की लेखन-शैली और सूझ-बूझ का लोहा सारे कांग्रेसी सदस्य मानते थे। उनकी लोकप्रियता कांग्रेसियों में वृद्धिशील थी। अतः कांग्रेसियों ने एक बार फिर उनके हाथों में देश की प्रमुख राजनीति की बागडोर थमा दी।

11 दिसम्बर, 1946 ई. को इस महान् पुरुष को 'कंस्टीटयूएंट असेम्बली' का अध्यक्ष सर्वसम्मति से निर्वाचित किया गया।

1946 में ही आचार्य जे. बी. कृपलानी के त्यागपत्र के पश्चात् इन्हें भारतीय राष्ट्रीय कांग्रेस का पुनः अध्यक्ष बना दिया गया। एक वर्ष पश्चात् 1947 में वे पुनः इसके अध्यक्ष निर्वाचित हुए।

राष्ट्रपति के रूप में

राजनीतिक घटना-क्रम तेज़ी से बदल रहा था। 15 अगस्त 1947 को देश स्वतन्त्र हो गया। संविधान-सभा के सभी सदस्यों ने जिसमें डॉ. राजेन्द्र प्रसाद भी शामिल थे, भारत की सेवा का व्रत लिया और संविधान के शासन में ही भारत की सेवा निहित हो गई। अभी तक वे भारत के खाद्य मन्त्री नियुक्त थे लेकिन 18 नवम्बर 1947 को जब उन्हें भारतीय राष्ट्रीय कांग्रेस का अध्यक्ष निर्वाचित किया गया तब उन्होंने 14 जनवरी, 1948 को मन्त्री के पद से त्यागपत्र दे दिया। वह संविधान-सभा के अध्यक्ष उसके गठन-काल अर्थात् 1946 से ही थे। उन्हीं की अध्यक्षता में 26 नवम्बर, 1949 को भारत के संविधान के निर्माण का कार्य पूरा हुआ। यद्यपि संविधान-सभा में एक-से-एक प्रतिभाशाली व्यक्ति थे, जिनमें डॉ. भीमराव अम्बेडकर कानूनी विशेषज्ञ के रूप में विख्यात थे एवं संविधान-निर्माण में उनका महत्त्वपूर्ण योगदान भी था, तथापि एक प्रतिभा-सम्पन्न तथा पेशे से अधिवक्ता रहे इसके अध्यक्ष डॉ. राजेन्द्र प्रसाद का मार्ग-दर्शन संविधान की प्रस्तुति में बड़ा महत्त्वपूर्ण रहा।

राजेन्द्र बाबू का पूर्ण भाग्योदय 24 जनवरी, 1950 को हुआ। उनकी अपनी योग्यता तो थी ही, महात्मा गाँधी से उनकी निकटता और आशीर्वाद के फलस्वरूप संविधान-सभा जो उस समय भारत के संसद की रूप में भी कार्य कर रही थी, ने उन्हें सर्व-सम्मति से देश का प्रथम राष्ट्रपति निर्वाचित किया। 26 जनवरी, 1950 को 10.15 बजे दरबार हॉल में भारत के प्रथम राष्ट्रपति के रूप में इनका शपथ-ग्रहण समारोह हुआ। 31 तोपों की सलामी मिली और इन्होंने राष्ट्रपति-भवन में प्रवेश किया। इस भवन का अपना महत्त्व है। रायसीना पहाड़ी

पर निर्मित एवं ब्रिटिश और भारतीय स्थापत्य का अद्‍भुत नमूना यह अंग्रेज वायसराय हेतु बना था। इसका नाम ही था 'वायसरिगल हाउस'। जिस दिन राजेन्द्र बाबू ने प्रथम राष्ट्रपति के रूप में प्रवेश किया उसी दिन से यह राष्ट्रपति-भवन के रूप में प्रख्यात हो गया।

दो वर्षों पश्चात् 1952 के निर्वाचन के बाद राजेन्द्र बाबू राष्ट्रपति चुने गए। 13 मई, 1957 को पुनः शपथ ग्रहण की। राजेन्द्र बाबू के भाग्य देवता भली अभी अनुकूल थे। पाँच वर्षों के पश्चात् 1947 में जब पुनः मतदान हुए तो राष्ट्रपति के रूप में उन्हें ही 13 मई 1957 को शपथ लेनी पड़ी। अब तक के भारतीय इतिहास में किसी अन्य व्यक्ति ने भारत के राष्ट्रपति पद को तीन बार सुशोभित नहीं किया। पुनः कहना पड़ेगा कि राजेन्द्र बाबू की प्रतिभा उनके भाग्य एवं स्वतन्त्रता-संग्राम में इनके योगदान के अतिरिक्त महात्मा गाँधी का वरदहस्त प्रथम-प्रथम उन्हें इस पद पर स्थापित करने में काम आए।

पंडित नेहरू पहली बार राजा राजगोपालाचारी को राष्ट्रपति बनाना चाहते थे। इसके पश्चात् पंडित नेहरू के मन में दूसरी पारी हेतु राधाकृष्णन का नाम था लेकिन राजेन्द्र प्रसाद की मेधा-शक्ति, विनम्रता एवं नेतृत्व-शक्ति ने सभी पर ऐसा जादू डाल रखा था कि गाँधी की अनुपस्थिति एवं नेहरू की अनिच्छा के बावजूद वे दो-दो बार देश के राष्ट्रपति निर्वाचित हुए। डॉ. राजेन्द्र प्रसाद के नाम के पहले डॉ. लगने का विशेष कारण यह है कि 1937 में ही इलाहाबाद विश्वविद्यालय ने इन्हें डॉक्टरेट की मानद उपाधि से विभूषित किया।

इसके अतिरिक्त दिल्ली विश्वविद्यालय ने भी अपने एक विशेष दीक्षान्त समारोह में प्रिंस सीलिक और डॉ. राजेन्द्र प्रसाद को डॉक्टरेट की मानद उपाधि प्रदान की। राजेन्द्र प्रसाद की जीवनी अधूरी ही रहेगी यदि इनके लेखकीय व्यक्तित्व की चर्चा न की जाए। इन्होंने अंग्रेजी और हिन्दी में कई पुस्तकें लिखीं। इनमें प्रसिद्ध हैं—1. हिस्ट्री ऑफ द चम्पारण सत्याग्रह (1917), 2. आत्मकथा (1957), 3. इंडिया डिवाइडेड (1946), 4. ऐट द फीट ऑफ महात्मा गाँधी (1955), 5. सिंस इंडिपेंडेंस (1966) एवं 6. यूरोप-यात्रा।

अन्तिम पुस्तक में पानी के जहाज़ से की गई यूरोप की यात्रा का अत्यन्त ही सूचनापरक और आकर्षक वर्णन है।

जीवन के अन्तिम दिन

राष्ट्रपति पद पर आसीन रहते हुए भी अपने सादगीपूर्ण जीवन पर कोई आंच नहीं आने दी। उनकी त्याग भावना वही रही जो इससे पहले थी। उनके

जीवन पर गाँधीजी का गहरा प्रभाव पड़ा था। वे गाँधीजी के प्रबल समर्थक थे। वे गाँधीजी के पथ पर हमेशा चलना चाहते थे। उनकी वेशभूषा, रहन-सहन खान-पान में गाँधीजी की अमिट छाप थी। वे देश के सर्वोच्च पद तक अपनी त्याग-भावना को नहीं छोड़ना चाहते। उन्होंने राष्ट्रपति के रूप मे मिलने वाले अपने मासिक वेतन को उन्होंने दस हज़ार से घटाकर ढाई हज़ार करा दिया।

राष्ट्रपति के रूप में राजेन्द्र प्रसाद ने निम्नलिखित देशों की सद्भावना-यात्रा सम्पन्न की–

यू. एस. एस. आर. (1960)

जापान (1958)

नेपाल (1956)

मलाया और इंडोनेशिया (दिसम्बर 1958)

सीलोन (1959)

इण्डो चाइना, कम्बोडिया, उत्तरी और दक्षिणी वियतनाम एवं लाओस (मार्च 1959)

25 जनवरी 1960 को उनकी बड़ी बहन श्रीमती भगवती देवी का देहान्त हो गया जो उनकी माता के सदृश थीं। यह गम वे आजीवन नहीं भूल सके। स्वाभाविक है कि डॉ. राजेन्द्र प्रसाद और जवाहरलाल नेहरू में विचार-वैभिन्य के कारण कभी-कभी मतान्तर उपस्थित होता था। उदाहरणस्वरूप 'हिन्दू कोड बिल' जो जवाहरलाल की सहमति से पेश हुआ था और जो अध्यादेश बना ही, अपनी अत्यन्त प्रगतिशील छवि के कारण डॉ. राजेन्द्र प्रसाद को पसन्द नहीं था। मौखिक रूप में इसका इन्होंने विरोध भी किया। लेकिन भारतीय प्रजातन्त्र का जो स्वरूप है, उसमें राष्ट्रपति के हाथ बंधे होते हैं।

पाश्चात्य संस्कृति में रचे-बसे नेहरू को राजेन्द्र प्रसाद की कई बातें अमान्य लगती थीं। उदाहरणार्थ बाल्य-काल से ही धार्मिक प्रवृत्ति के व्यक्ति डॉ. राजेन्द्र प्रसाद राष्ट्रपति-भवन में भी सत्य नारायण-कथा का आयोजन करते थे। पंडित नेहरू की अरुचि ऐसे अनुष्ठानों में छिपी नहीं रहती थी लेकिन वे भारत के राष्ट्रपति के व्यक्तिगत जीवन में दखल देने की क्षमता कहाँ रखते थे? अन्ततः डॉ. राजेन्द्र प्रसाद ने 13 मई, 1962 को राष्ट्रपति-भवन में अपना तीसरा कार्यकाल सम्पन्न किया और उसे छोड़कर पटना के सदाकत आश्रम में आ गए।

उनकी निःस्वार्थ सेवाओं के फलस्वरूप उन्हें देश के सर्वोच्च अलंकरण 'भारत-रत्न' से अलंकृत किया गया।

निःसन्देह डॉ. राजेन्द्र प्रसाद देश के निष्कलुष और निर्विवाद छवि के धनी राष्ट्रपति रहे हैं। उनका राजनैतिक जीवन बहुत लम्बा खिंचा और राष्ट्रपति के रूप में भी 12 वर्षों तक वे रहे। राष्ट्रीय-अन्तर्राष्ट्रीय चिन्तकों और विचारकों में उनकी मान्यता ऐसी रही कि पंडित नेहरू के समान भारतीय नेता चाहकर भी उनका मुखर विरोध नहीं कर सके और इस प्रभावोत्पादक प्रधानमन्त्री की प्रायः अनिच्छा के बावजूद गाँधी के वरदहस्त के हट जाने के बाद भी दो-दो बार ये राष्ट्रपति चुने गए।

कहा तो यह भी जाता है कि पंडित नेहरू भी डॉ. राजेन्द्र प्रसाद की सूझ-बूझ के कायल थे और 1962 में जब भारत-चीन युद्ध छिड़ा तो अव्यवस्थिति नेहरू राजेन्द्र बाबू से जरूरी परामर्श हेतु सदाकत आश्रम, पटना पहुँचे। यह यात्रा यथासम्भव गुप्त रखी गई। भारत, मुख्यतः बिहार के इस सपूत ने 28 फरवरी, 1963 को 10.30 बजे रात्रि में सदाकत आश्रम पटना में अपनी इहलीला समाप्त की और इसी के साथ भारतीय राजनीतिक गगन का एक अत्यन्त ही देदीप्यमान नक्षत्र अस्त हो गया।

निष्कर्ष

गाँधी जी चम्पारण के किसानों पर नीलहों के अत्याचारों से पूरी तरह दुःखी थे और इसी बारे में सोच रहे थे कि किस तरह यहां के किसानों को निलाहों से छुटकारा दिलाएँ। राजेन्द्र प्रसाद ने गाँधी जी का काफी सहयोग किया। उन्होंने दिन को दिन और रात को रात नहीं समझा और अपने कुछेक सहायकों के बल पर गाँधी जी का काम हल्का कर दिया। चम्पारण ने राजेन्द्र प्रसाद को राष्ट्रपति पद तक पहुँचाने में महत्वपूर्ण भूमिका निभायी क्योंकि यदि चम्पारण की घटना घटित नहीं होती तो महात्मा गाँधी देश के राजनेता नहीं होते और अगर महात्मा गाँधी ऐसे नहीं होते राजेन्द्र प्रसाद अपनी समस्त मेधा और योग्यता के बावजूद अधिक-से-अधिक एक मंत्री पद पर रहते और राष्ट्रपति पद की शोभा नहीं बढ़ाते।

2

डॉ. सर्वपल्ली राधाकृष्णन (1888–1975)

डॉ. सर्वपल्ली राधाकृष्णन का जन्म एक ब्राह्मण परिवार में हुआ था। उनके परिवार के सदस्य मद्रास (चेन्नई) में रहते थे तथा इनके पूर्वज सर्वपल्ली ग्राम में रहा करते थे। जो कुछ समय पश्चात् जविकोपार्जन के ख्याल से तिरुताणी आ गये।

इनके युक्ति बाह्मण में प्रचलित सामान्य जनता का पूजा-पाठ एवं अन्य संस्कार कराते थे। साथ ही ये शिक्षक भी थे। ये धार्मिक प्रवृत्ति के थे। यह परिवार धनाढ्य नहीं था, किसी तरह से अपनी जीविका चलाता था। इनके बचपन का आरम्भिक जीवन तिरुताणी गाँव में गुज़रा। वे अपने पिता से ही विद्या पढ़ते रहे। तब ज़मींदारी प्रथा का बोलबाला था। एक जमींदार परिवार के साथ राधाकृष्णन के पिता का घना लगाव था।

जीवन वृत्त

राधाकृष्णन अपने भाई-बहनों में दूसरे नम्बर के थे। इनसे बड़ी एक बहन एवं तीन भाई छोटे थे। इनका जन्म सन् 1888 ई. में 5 सितम्बर को हुआ था। इनके पिता का परिचय ईसाई मिशनरियों से अच्छा खासा हो गया था। इसलिए पश्चिमी शिक्षा का ज्ञान इन्होंने अर्जित करना आरम्भ कर दिया। राधाकृष्णन एक विचारशील एवं संयत स्वभाव के व्यक्ति थे। ये बहुत चिन्तनशील एवं सामाजिक समस्याओं पर चिन्तन करने वाले व्यक्ति थे। ये सोचते बहुत ही थे।

ईसाई स्कूल और कॉलेज में विद्याध्ययन करने के कारण इनको बाइबिल का बहुत अच्छा ज्ञान हो गया। कुछ भाषाओं का इन्हें बहुत अच्छा ज्ञान था इसमें अंग्रेज़ी एक थी। अपने देश पर इन्हें बहुत गर्व था। शिक्षा एवं संस्कृति के लिए उन्होंने अपने देश को ही बेहतर समझा और इंग्लैण्ड नहीं गए। यह हमारे देश भारत के लिए एक बहुत ही गर्व की बात रही। इनकी बुद्धि बहुत प्रखर थी। ये एक होनहार छात्र थे। तिरुपति की पूजा, प्रार्थना अत्यधिक श्रद्धा से करते थे।

राधाकृष्णन प्रगति के पथ पर आगे बढ़ते गए एवं अपने पैतृक निवास से भी इनका नाता टूट गया और वेल्लौर के वाहीन कॉलेज से शिक्षा ग्रहण की। लेकिन तिरुताणी और तिरुपति की याद कभी नहीं भुला पाए।

इन्होंने ईसाई धर्म के महत्त्व को समझा। इसलिए इनका हिन्दू हृदय धर्म की ओर पूर्ण रूप से अग्रसर हुआ। उनके मन में उनका मानसिक लगाव दूसरे धर्मों के अपेक्षा अपने हिन्दू-धर्म में अधिक प्रभावी होता चली गया। इनके स्वभाव में दर्शन बस गया एवं बचपन में ही दर्शन का इन्हें अच्छा ज्ञान हो गया। ये स्वयं पढ़ते थे और छोटी कक्षाओं के बच्चों को पढ़ाते थे।

एक क्रिश्चियन कॉलेज जो मद्रास (चेन्नई) में था, में दाखिला लेने के पहले वेल्लौर से एम॰ए॰ पास कर चुके थे। यहाँ इनके सहपाठी कोई कानून पण्डित बना, कोई एडवोकेट बना। यही कारण था कि इनकी प्रतिभा का विकास होता ही चला गया। वैसे इनका झुकाव इतिहास में बहुत अधिक था। लेकिन समय और परिस्थितियों ने इनको दार्शनिक बना दिया। इनकी अन्तरात्मा बार-बार इनको दर्शन पढ़ने की प्रेरणा देती और कहती कि दर्शन ही ऐसा विषय है जो सर्वोत्तम है और उन्होंने बी॰ए॰ में यही विषय लिया।

फ़िलासफ़ी में राधाकृष्ण का मन अत्यधिक रमने लगा। पहले ही कहा जा चुका है कि इनका परिवार धनाढ्य नहीं था, इसलिए इन्हें कदम-कदम पर ग़रीबी से लड़ना पड़ता था। मगर राधाकृष्णन कभी घबराए नहीं। उन्होंने शान्ति और सन्तोष से काम लिया। राधाकृष्णन बहुत ही धैर्यशाली व्यक्ति थे। हर संकट में धैर्य एवं संयम से काम लेते थे। फ़िलासफ़ी का अध्ययन इन्होंने बड़ी लगने से किया और दर्शन में एम॰ए॰ की डिग्री ली। इसके बाद इन्होंने एक निबन्ध लिखा जिसका शीर्षक था—''दी एथिक्स ऑफ़ वेदान्त''। यह निबन्ध बहुत ही प्रभावशाली था। इसकी खूब चर्चा हुई और इससे इन्हें खूब प्रतिष्ठा प्राप्त हुई।

कहा जाता है कि पुरुष वली नहि होत है समय होत बलवान। अगर समय और परिस्थिति साथ दे जाती है तो आदमी हीरे जैसा चमक जाता है। अभी ये 20 साल के ही हुए थे, ये दर्शन में लॉजिक के अध्यापक हो गए और सहायक प्रोफ़सर के रूप में सन् 1908 ई॰ में नियुक्त हो गए। अध्यापन करते हुए जब एक वर्ष गुज़र गया तो इन्हें एस॰ टी॰ करना आवश्यक हो गया, परन्तु वेदान्त पर इनका गहरा अध्ययन होने के कारण वेदान्द पर गहराई से व्याख्यान देने लगे। सन् 1909 ई॰ में ये वेदान्त् पर व्याख्यान देने और लिखने लगे। इस तरह सन् 1911 ई॰ में इनकी कॉलेज की शिक्षा पूरी तरह समाप्त हो गई।

इतना सब होने के बाद भी उन्होंने उच्च उपाधि नहीं ग्रहण की इसको ये निरर्थक समझते थे। न तो इसके लिए ये रिसर्च करना चाहते थे और न दो साल का समय लेना चाहते थे। इसी तरह ये उच्च शिक्षा ग्रहण करने के लिए इंग्लैण्ड भी नहीं जाना चाहते थे। प्रारम्भिक अवस्था से ही ये शिक्षा एवं व्याख्यान देने लगे। ये वैदायशी दार्शनिक बन गए एवं वेदान्त का विवेचना करने लगे। उन्हीं दिनों इनका ब्याह भी हो गया। तब ब्याह छोटी उम्र में ही किए जाते थे, यह उस समय की परम्परा थी।

इनका परिवार पूर्ण रूप से सांस्कारिक था। पत्नी ब्राह्मण परिवार की संस्कार युक्त, मर्यादा के अधीन रहनेवाली धर्म के प्रति निष्ठावान् थी। ये अक्सर सोचा करते कि मेरा ब्याह इतनी छोटी उम्र में क्यों हो गया, अगर कुछ समय बाद और होता तो अच्छा रहता। इतना सब होने के बाबजूद इनका बाल विवाह इनके उत्थान को रोकने में असमर्थ था। वे अंग्रेज़ी शिक्षा की ओर तीव्र गति से अग्रसर होते चले गए। सफलता उनके साथ थी। वह सोचने का अवसर नहीं देती और उनके कदम चूम लेती। इस छोटी-सी उम्र में मद्रास प्रेसीडेन्सी कॉलेज का सहायक फ्रोफ़ेसर होना एक आश्चर्य की बात थी।

वे प्रेसीडेन्सी कॉलेज में दर्शन के सहायक प्रोफ़ेसर हो गए। वे दर्शन के ज्ञाता थे, फ़िलासफ़ी के पण्डित थे और तर्कशास्त्र के पूर्ण ज्ञाता थे। इतना विद्वान् होने के बावजूद दर्शन का निरन्तर अध्ययन आश्चर्य करते रहते थे। इनकी विद्वता का अन्दाज इस बात से लगाया जा सकता है कि सन् 1911 ई. में एम॰ए॰ करने के बाद ही वी॰ कृष्णस्वामी ने कहा था–विश्वविद्यालय में ही नहीं संसार के सभी विश्वविद्यालयों में भाषण देने के योग्य हैं। इनमें आवश्यकता से अधिक क्षमता है। ये विश्व के एक महान् दार्शनिक बनेंगे। इसमें कोई सन्देह नहीं।

डॉ॰ सर्वपल्ली राधाकृष्णन बहुमुखी प्रतिभा के धनी थे। इन्होंने दर्शन के साथ ही साथ गणित का विषय भी अपना लिया। जब वे व्याख्यान देते तो श्रोता मन्त्रमुग्ध हो जाते, वे आँखें बन्द कर लेते तथा बैठे-ही-बैठे झूमने लगते। उनके व्याख्यान का असर अमृत के समान रस घोल लेने वाला एवं आत्मिक आनन्द को प्रदान करता था।

उस समय बाल-विवाह की प्रथा प्रचलित थी। राधाकृष्णन भी इस कुप्रथा से वंचित न रह सके, जिससे उनका एवं पत्नी का विवाह 15 एवं 10 वर्ष में कर दिया गया। और उस समय वे पाँचवीं कक्षा में पढ़ रही थीं। विवाह के 3 वर्ष बाद उनका गौना हुआ। इसी वर्ष 1106 ई॰ में राधाकृष्णन ने चेन्नई के क्रिश्चियन कॉलेज से प्रथम श्रेणी में बी॰ए॰ की डिग्री प्राप्त की। बी॰ए॰ में दर्शनशास्त्र उनका प्रिय विषय था। दर्शन स्नातक में ही उन्होंने दर्शनशास्त्र में अपने को सर्वश्रेष्ठ छात्र साबित किया।

राधाकृष्णन ने अपने परिवार से दूर रहकर अध्ययन किया। इनका परिवार चेन्नई से दूर अपने पैतृक निवास पर रहता था। जब राधाकृष्णन ने बी॰ए॰ कर लिया तो उनका पूरा परिवार चेन्नई आ गया। राधाकृष्णन अपनी ग़रीबी के कारण कानून की पढ़ाई नहीं कर सके जो उस समय एक गौरव की बात मानी जाती थी। इतने बड़े परिवार का भरण-पोषण करना अकेले वृद्ध पिता के लिए सम्भव न था और अब तो राधाकष्णन् की पत्नी भी गौने के बाद ससुराल आ गई थी।

इनके परिवार की आर्थिक स्थिति इस कदर बदतर थी कि ये गृहस्थी का संचालन करने लगे और कानून नहीं पढ़ पाए। अध्ययन के प्रति उनका लगाव इस कदर था कि वे इसे अपने दिमाग़ से नहीं निकाल पा रहे थे। तब उन्होंने अपना प्रिय विषय दर्शनशास्त्र लेकर एम॰ए॰ करने का निश्चय किया। बी॰ए॰ में अच्छे अंकों के आधार पर दाख़िला लेते ही उन्हें 25 रुपये प्रतिमाह की छात्रवृत्ति दी जाने लगी। अपने आर्थिक स्थिति को पूरा करने के लिए वे बच्चों को घर पर जाकर पढ़ाते थे। इससे वे अपने परिवार का खर्च चलाते थे।

उन्होंने भारतीय दर्शन पर एक व्याख्यान तैयार किया जो परास्नातक अध्ययन के दौरान ही हुआ। इस थीसिस को उन्होंने 'द एथिक्स ऑफ वेदान्त एण्ड इट्स मेटाफिजिकल प्रीपोजिशन' (The Ethics of Vedant & its

Metaphysical Preposition) का नाम दिया। कर्म एवं उसके विभिन्न स्वरूपों की उन्होंने वेदान्तिक व्याख्या की। 'The grandfather of spiritual oneness which very few thinkers can appreciate is brought out most sublimely.' राधाकृष्णन उस समय दर्शन के क्षेत्र में अकेले थे जिसके कारण अपने दर्शन में किसी के सहयोग की अपेक्षा नहीं थी। सबसे बड़ा कारण यह था कि उस समय भारतीय दर्शन पर किसी प्रोफेसर का विशेष अध्ययन न था और न ही इसमें उन्हें कोई दिलचस्पी थी।

राधाकृष्णन दर्शन के क्षेत्र में अकेले थे फिर भी और उनके साथियों ने राधाकृष्णन की इस थीसिस का न केवल स्वागत किया, अपितु उसे पाठ्यक्रम से बाहर होते हुए भी मान्यता दिलवाई। राधाकृष्णन दर्शन के क्षेत्र में हीरा थे और प्राफ़ेसर होंगे एक जौहरी। यही कारण था कि वैचारिक भिन्नता होने के बावजूद भी जी खोलकर उन्होंने राधाकृष्णन का सहयोग किया। राधाकृष्णन के दर्शन की व्याख्या करते हुए प्रोफ़ेसर हॉग ने लिखा–

'He has displayed a Power of clear thought, an independence of judgement and a capacity of accurate and rapid assimilation of what he has read which mark him out as possessed of high intellectual bent and attainments. Whatever he deals with goes through the mill of his own mind and undigested opinion has no place with him.

परास्नातक उच्च श्रेणी में करने के पश्चात् सन् 1909 ई॰ उनकी इच्छा अधिक शिक्षा प्राप्त करने की थी। इस समय उनकी इच्छा ऑक्सफोर्ड यूनिवर्सिटी, लन्दन जाकर दर्शनशास्त्र का उच्च अध्ययन करने की थी, परन्तु परिवार की अर्थव्यवस्था दयनीय होने के कारण वे ऐसा न कर सके। फिर उन्होंने चेन्नई में रहकर ही भारतीय दर्शन शास्त्र पर अनुसंधानात्मक कार्य जारी रखने की ठानी एवं असिस्टेंट इंस्पेक्टर ऑफ स्कूल के पद पर भी इनकी नियुक्ति हुई। इसमें प्रोफ़ेसर स्केनर ने सहयोग किया।

बाद में शीघ्र ही उन्हें प्रेसीडेन्सी कॉलेज, चेन्नई में लेक्चरर के रूप में नियुक्ति मिल गई। योग्यता ही प्रगति का मापदण्ड है जो राधाकृष्णन में थी, जिससे वे प्रोफ़ेसर के पद पर भी सुशोभित हुए। इसके बाद भी उनका अध्ययन कार्य अनवरत चलता रहा। उनका अध्ययन एवं अध्यापन साथ-साथ अबाध गति से चलता रहा।

भारतीय दर्शन पर आधारित उनके लेख ही डॉ॰ सर्वपल्ली राधाकृष्णन को एक महान् व्यक्ति बनाते हैं। इनमें से एक लेख 'ए व्यू फ्रॉम इण्डिया ऑन दी वार' (A View from India on the War) का 15 मई, 1915 ई॰ को 'द एशियाटिक रिव्यू' में प्रकाशन किया गया। उनका एक अन्य लेख जो बहुत ही संवेदनशील था, भारत सरकार ने प्रतिबंधित कर दिया। ब्राह्मण एवं उनकी रूढ़िवादिता का विरोध उस समय बहुत तेजी से फैल रहा था। डॉ॰ सर्वपल्ली राधाकृष्णन पर भी इसका प्रभाव पड़ा क्योंकि वे भी ब्राह्मण थे। प्रेसीडेन्सी कॉलेज, चेन्नई में डॉ॰ सर्वपल्ली राधाकृष्णन असिस्टेंट प्रोफ़ेसर थे। ब्राह्मण विरोधी लॉबी के सक्रिय होने पर सन् 1916 में डॉ॰ सर्वपल्ली राधाकृष्णन को प्रेसीडेन्सी कॉलेज में अनन्तपुर नामक स्थान पर सहायक प्रवक्ता बनाकर भेजा गया।

अब उन्हें चेन्नई छोड़कर अनन्तपुर जाना पड़ा। प्रतिभा किसी की गुलाम नहीं होती। उन्हें तीन महीने के अन्दर ही पुनः दर्शनशास्त्र के प्रोफेसर के रूप में प्रेसीडेन्स कॉलेज बुला लिया गया। ब्राह्मण विरोधी वातावरण सक्रिय होने के कारण यह खुशी अधिक दिनों तक साथ नहीं दे सकी। अभी भी प्रेसीडेंसी कॉलेज में ब्राह्मण विरोधी लॉबी सक्रिय थी परिणामस्वरूप सन् 1917 ई॰ की गर्मियों में डॉ॰ सर्वपल्ली राधाकृष्णन को एक बार फिर प्रेसीडेन्सी कॉलेज से हटाकर राजामुंद्री स्थित एक अन्य कॉलेज में स्थानांतरित कर दिया गया। बार-बार के स्थानान्तरण से डॉ॰ सर्वपल्ली राधाकृष्णन अपनी प्रतिभा का अवमूल्य महसूस कर रहे थे। अब उन्होंने स्वयं को बिना वज़ह इधर-से-उधर किए जाने का विरोध करने के लिए तैयार कर लिया था।

स्थानान्तरण के अपमान ने उनको इसके समाधान के लिए सक्रिय कर दिया। इसी प्रयास में उन्होंने मैसूर कॉलेज में सम्पर्क स्थापित किया। उस समय शिक्षा के क्षेत्र में मैसूर कॉलेज की भी बहुत प्रतिष्ठा थी। अतः उन्होंने डॉ॰ सर्वपल्ली राधाकृष्णन को मैसूर कॉलेज के दर्शन विभाग का अध्यक्ष बनाने का निर्णय लिया। यहाँ उनके सामने सबसे बड़ी बाधा यह थी कि इग्लैण्ड से पढ़कर लौटे व्यक्तियों को ही मैसूर सरकार उच्च पर नियुक्त करती थी। विश्वेश्वरैया डॉ॰ सर्वपल्ली राधाकृष्णन के द्वारा प्रतिपादित भारतीय दर्शन से बड़े प्रभावित हुए थे। उनके प्रयासों से डॉ॰ सर्वपल्ली राधाकृष्णन को जुलाई, सन् 1918 ई॰ में मैसूर कॉलेज के अतिरिक्त प्रोफ़ेसर के रूप में नियुक्ति मिल गई।

डॉ॰ सर्वपल्ली राधाकृष्णन की प्रतिभा को सम्मान तब मिला जब उनकी नियुक्ति मैसूर कॉलेज में प्रोफ़ेसर के पद पर हुई, जिसका वेतन 500 रु॰ प्रतिमास

था। किन्तु उस समय यूरोप में जाकर पढ़ना, डिग्री प्राप्त करना या डॉक्टरेट आदि करना प्रतिष्ठा की बात मानी जाती थी। डॉ॰ सर्वपल्ली राधाकृष्णन ने अपनी सारा अध्ययन भारत में रहकर ही पूर्ण किया था। यही कारण था कि कुछ लोग द्वेषवश उनकी प्रतिभा का सम्मान नहीं करते थे। प्रतिभा से द्वेष करते थे, जो छात्रों में देखने को मिलती थी। विदेशी शिक्षा एवं परीक्षा के बारे में छात्रों ने भी उनसे प्रश्न किया था।

उनका कहना था कि मैं विदेश अध्ययन के लिए नहीं बल्कि अध्यापन के लिए जाऊँगा।

छात्र डॉ॰ सर्वपल्ली राधाकृष्णन के दृढ़ता से दिए गए इस उत्तर से बड़े प्रभावित हुए। समय के साथ वे छात्रों में बहुत प्रसिद्ध हो गए और छात्रों को अपने घर पर ही पढ़ाने लगे। चाय की चुस्कियों के बीच जब पढ़ाई होती थी तो कठिन-से-कठिन प्रश्नों को भी वे बड़ी सरलता से समझा देते थे। उनके शिष्य उनसे सहयोग और अपनत्व का व्यवहार पाते थे। जब छात्र उनसे विदा लेते थे तो वे उनसे हाथ मिलाने में भी संकोच न करते थे। इस प्रकार वे अपने शिष्ट एवं कोमल व्यवहार तथा अध्यापन की कला से छात्रों में प्रसिद्ध हो गए। इससे उनका मन विष से भर गया और उन्होंने महाराज कॉलेज छोड़ने का मन बना लिया।

डॉ॰ सर्वपल्ली राधाकृष्णन की इच्छा प्रेसीडेन्सी कॉलेज मैसूर जाने की थी। इसके लिए उन्होंने एक पत्र भी लिखा था। उनकी प्रतिभा की चमक कलकत्ता विश्वविद्यालय के उपकुलपति सर आशुतोष मुखर्जी तक भी जा पहुँची। उनकी प्रतिभा एवं प्रतिष्ठा ने डॉ॰ सर्वपल्ली राधाकृष्णन को कलकत्ता विश्वविद्यालय में स्थान दिलाया। उन्होंने डॉ॰ सर्वपल्ली राधाकृष्णन को पत्र लिखकर कलकत्ता विश्वविद्यालय के दर्शन विभाग का कार्यभार लेने का आग्रह किया। राधाकृष्णन की इच्छा प्रेसीडेन्सी कॉलेज मैसूर जाने की थी। इसके लिए उन्होंने एक पत्र भी लिखा था। किन्तु जब दूसरी ओर से कोई सकारात्मक उत्तर न मिला तो अब उन्होंने कलकत्ता विश्वविद्यालय ही जाने का निश्चय किया।

रविन्द्रनाथ टैगोर के प्रति उनके मन में बड़ा लगाव था। उनके पास में वे सन्तोष का अनुभव कर रहे थे। कलकत्ता विश्वविद्यालय उन दिनों दुनिया-भर के विद्वानों का गढ़ बना हुआ था। इस विश्वविद्यालय में अनेक देशों के विद्वान् प्रोफ़सर विद्यमान थे। यही कारण था कि डॉ॰ सर्वपल्ली राधाकृष्णन दर्शन विभाग का कार्यभार वहन करने में कुछ संकोच कर रहे

थे। अन्ततः फरवरी, 1921 ई॰ को उन्होंने मैसूर के महाराजा विश्वविद्यालय से त्याग पत्र देकर कलकत्ता विश्वविद्यालय ग्रहण कर लिया। कलकत्ता विश्वविद्यालय में एक 'पीठ' जॉर्ज-5 'प्रोफ़ेसर और फ़िलॉसफ़ी' की थी। इस पीठ के पहले प्रोफ़ेसर डॉ॰ ब्रजेन्द्रनाथ सील खाली विश्वविद्यालय, मैसूर के वाइस चान्सलर होकर मैसूर चले गए थे।

इस खाली पद के लिए ही डॉ॰ सर्वपल्ली राधाकृष्णन की नियुक्ति की गई थी। उन्हें कलकत्ता विश्वविद्यालय की इसी जार्ज-5 पीठ पर नियुक्त किया गया। भारतीय एवं यूरोपीय दर्शनशास्त्रियों के द्वारा प्रशंसा उनके द्वारा सृजित भारतीय नवीन दर्शन की सराहना न केवल भारतीय विद्वानों ने की, बल्कि यूरोपियन दर्शनशास्त्रियों ने भी इसे सराहा। इस सराहना से प्रेरित होकर उन्होंने 'इंडियन फ़िलॉसफ़िकल कांग्रेस' नामक दर्शनिक संगठन बनाने का निश्चय किया। वे अपने इस निश्चय को मूर्त रूप देने में जुट गए। डॉ॰ सर्वपल्ली राधाकृष्णन अन्ततः कलकत्ता में भारतीय दर्शन विभाग के सर्वोच्च पद पर पहुँच गए।

जब इण्डियन 'इंडियन फ़िलॉसफ़िकल कांग्रेस' के गठन की चर्चा अपने समकक्ष विद्वानों में की तो सभी ने उन्हें सहयोग देने का आश्वासन दिया। अन्ततः उन्होंने भारतीय और अंग्रेज़ विद्वानों को शामिल कर उन्होंने एक दार्शनिक संगठन की स्थापना की जिसमें भारतीय और अंग्रेज़ विद्वान् भी शामिल थे और वे इसके अध्यक्ष। दिसम्बर, सन् 1925 ई॰ में भारतीय दार्शनिक कांग्रेस का प्रथम अधिवेशन आयोजित किया गया। इस अधिवेशन का अध्यक्ष गुरु रविन्द्रनाथ टैगोर को बनाया गया।

इसके बाद भारत के विभिन्न नगरों में प्रतिवर्ष इस संस्था का अधिवेशन आयोजित किया जाने लगा। इस प्रकार यह संस्था देश की एक लोकप्रिय संस्था बन गई और इस संस्था के जो सदस्य थे उनको बहुत ही सम्मान एवं प्रतिष्ठा मिली। कलकत्ता विश्वविद्यालय में डॉ॰ सर्वपल्ली राधाकृष्णन को पूरा सम्मान दिया जा रहा था। सन् 1926 ई॰ में उन्हें विश्वविद्यालय ने ब्रिटिश साम्राज्य के विश्वविद्यालयों की कॉन्फ्रेन्स में अपना प्रतिनिधि बनाकर भेजा। इसके बाद सर आशुतोष मुखर्जी की मृत्यु के पश्चात् उन्हें सन् 1927-1928 ई॰ और सन् 1930 ई॰ में पोस्ट ग्रेजुएट-इन-आर्ट्स का अध्यक्ष बनाया गया। इन्हें विश्वविद्यालय की ओर से अन्तर्राष्ट्रीय दार्शनिक क्रांग्रेस हारवर्ड यूनिवर्सिटी में भी सम्मिलित होने का गौरव मिला।

यही नहीं, बल्कि इन्होंने कलकत्ता विश्वविद्यालय में 'आट्‌र्स फैकल्टी क्लब' नामक एक पूर्णतः लोकतान्त्रिक संस्था की भी स्थापना की। डॉ॰ सर्वपल्ली राधाकृष्णन ने एक बार यह कह दिया था कि वह विदेश में अध्ययन के लिए नहीं बल्कि अध्यापन के लिए जाएँगे। उनका यह कहना बाद के समय में सही साबित हुआ। सन् 1926 ई॰ में वे शिकागो विश्वविद्यालय में और सन् 1929-1930 ई॰ में ऑक्सफोर्ड विश्वविद्यालय के मानचेस्टर कॉलेज में प्रोफ़ेसर रहे। सन् 1936 ई॰ में वे ऑक्सफोर्ड विश्वविद्यालय में प्राच्य धर्मों और नीतिशास्त्र के प्रोफ़ेसर रहे। सन् 1931 ई॰ से सन् 1939 ई॰ तक उन्होंने राष्ट्रसंघ की बौद्धिक सहकारिता सम्बन्धी अन्तर्राष्ट्रीय समिति के सदस्य के रूप में कार्य किया। डॉ॰ सर्वपल्ली राधाकृष्णन हिन्दू विश्वविद्यालय और आन्ध्र विश्वविद्यालय के उपकुलपति के पदों पर भी प्रतिष्ठित हुए।

राजनैतिक जीवन

डॉ॰ सर्वपल्ली राधाकृष्णन ने अपने देश की अस्मिता के लिए अपने देश की संस्कृति का प्रचार-प्रसार किया और विदेशी संस्कृति पर देश की संस्कृति को सर्वोत्तम सिद्ध किया। उस समय देश का जनमानस महात्मा गाँधी के नेतृत्व में अंग्रेज़ों के विरुद्ध स्वाधीनता की लड़ाई लड़ रहा था। डॉ॰ सर्वपल्ली राधाकृष्णन ने देश को स्वाधीन कराने के लिए कांग्रेस में एकता लाने के सराहनीय प्रयास किए। अपने देश का गौरव एवं प्रतिष्ठा बढ़ाने के लिए उन्होंने भाषणों एवं लेखों का प्रयोग किया। भारत के लोगों को भारत की प्रतिष्ठा एवं सम्मान बढ़ाने के लिए अपने लेख द्वारा स्वाधीनता संग्राम की ओर लगने की संज्ञा दी। उनके अन्तःस्थल पर गाँधीजी का गहरा प्रभाव था और उनसे प्रेरित होकर उन्होंने अपनी जीवनधारा देश के कल्याण हेतु राजनीति की ओर मोड़ ली थी।

महात्मा गाँधी के व्यक्तित्व और विचारों का उन पर इतना प्रभाव पड़ा कि वे जीवनपर्यंत उनसे अभिभूत रहे। 4 अक्टूबर, सन् 1955 ई॰ को 'गाँधीजी के उपदेश और संयुक्त राष्ट्रसंघ' विषय पर आयोजित भाषण शृंखला का उद्‌घाटन भाषण देते हुए उन्होंने कहा—

"गाँधीजी असल में एक धर्मनिष्ठ व्यक्ति हैं। मनुष्य-जाति की एकता में उनकी आस्था है, हमारा वर्णन और लिंग, धर्म और देश चाहे जो हो, हम

सब एक ही परमात्मा की सन्तान हैं। प्रत्येक धार्मिक व्यक्ति यह विश्वास करता है कि उसका सारी मानव-जाति से रक्त सम्बन्ध है। उदाहरणार्थ—सुकरात ने मृत्यु शय्या पर पड़े हुए यह घोषित किया था कि वह न तो अधिनियन है और न यूनानी, बल्कि विश्व का नागरिक है।"

सारी दुनिया ईश्वर की उत्पत्ति है अतः वह एक परिवार की भाँति है। सच्चे धर्म का पालन करने वाला व्यक्ति यही समझता है—धर्म की मूल विशेषताएँ हैं अभय और अहिंसा। किसी के प्रति नुकसान और द्वेष की भावना का त्याग ही अहिंसा का अर्थ है। सभी धर्म अभय यानी भय से मुक्त होना और अहिंसा सिखाते हैं। बुद्ध ने इन्हें प्रज्ञा और करुणा कहा है। आदमी क्रोध को अक्रोध से जीते, वह बुराई को भलाई से जीते और कदर्य को दान से जीते और असत्य को सत्य से जीते। ईसा ने इन्हें सत्य और स्वतंत्रता कहा है। सत्य से हम स्वतन्त्र हो जाएँगे।

जब हमारे अन्दर अहिंसा पर आधारित प्रेम उत्पन्न हो जाएगा तभी हम सम्यक् एवं उचित व्यवहार कर पाएँगे। प्रेम की विजय होती है और घृणा विनाशकारी होती है। यदि हम सभी को ईश्वर ने ही बनाया है तो हम सभी आपस में भाई हुए और सभी युद्ध भाई-भाई का युद्ध हुआ है और सभी गलतफहमियों को हिंसा से नहीं, बल्कि शान्तिपूर्ण तरीकों से दूर करना होगा, 'तुमने सुना है और तुमसे कहा गया है कि अपने पड़ोसी से प्रेम करो और शत्रु से घृणा करो।'

गाँधीजी हमेशा अपनी बुराई को ही शत्रु मानते थे और उसको ही हमेशा पूरा किया करते थे। लेकिन वे किसी को शत्रु नहीं मानते, क्योंकि सब मनुष्य भाई-भाई हैं, इसलिए गाँधीजी ने शान्तिपूर्ण समझौते का तरीका अपनाया। उन्होंने अहिंसा एवं नम्रता की शक्ति दिखाई। प्रारम्भ से ही हम शक्ति पर अत्यधिक आस्थावान रहे हैं। तथापि धीरे-धीरे हम शक्ति के स्थान पर समझौते को और बाध्यता के स्थान पर सहमति को अपना रहे हैं। पिता-पुत्र, गुरु-शिष्य, संरक्षक-संरक्षित और स्वामी-सेवक के संबंधों में हम अपने विचारों को सुधार रहे हैं और बलपूर्वक थोपने के स्थान पर सहानुभूतिपूर्ण समझौते का प्रयोग कर रहे हैं।

अनेक देश हिंसक तरीके से युद्ध के द्वारा झगड़े को निपटाते हैं। सैनिक शक्ति में विश्वास शक्तिशाली राष्ट्रों की अन्तर्राष्ट्रीय नीति का आवश्यक अंग रहा है। लड़ाई के शस्त्रों में हाल ही में जो उन्नति हुई है, वह हमें अपने

प्राचीन युद्ध के हिंसक तरीकों को त्यागने के लिए बाध्य करती है। वर्तमान समय बहुत ही महत्त्वपूर्ण है जो भविष्य को प्राचीन से अलग करती है। हमारा हिंसक रास्ता अवरुद्ध हो गया है। अगर हम सैनिक तरीके इस्तेमाल करते हैं तो हम समयता का अन्त कर देंगे।

आज विश्व द्विध्रुवीय हो गया है जिसमें सैनिक शक्ति तथा अणुओं हाइड्रोजन बम इकट्ठा किया जा रहा है। और यह आशंका हो रही है कि इस संदर्भ में जो लड़ाई होगी, उससे किसी राष्ट्र, विचाराधारा या मानवीय आदर्श को लाभ नहीं होगा। इन सबका निष्कर्ष हमें बताता है कि यदि हम प्राचीन युद्ध एवं हिंसक तरीके का प्रयोग करेंगे तो मानवता ही मिट सकती है।

यह स्पष्ट है कि शान्ति बलवान के लिए नहीं, बल्कि न्यायी के लिए है—'यतो धर्मस्ततो जयः।' शान्ति तब तक कायम नहीं होगी, जब तक लोग न्यायी बनना नहीं सीखेंगे और वे न्यायी बनना तब तक नहीं सीखेंगे, जब तक कि वे शक्ति पर विश्वास करना नहीं छोड़ेंगे। संयुक्त राष्ट्र-संघ हमें सन्धि, समायोजन और समझौते के शान्तिपूर्ण तरीके अपनाने के लिए कहता है। युद्ध के विभिन्न कारणों को ख़त्म करने के लिए संयुक्त राष्ट्र-संघ और उसकी संस्थाएँ अग्रसर हैं। जब विज्ञान ने हमें सारी मनुष्य जाति की सभ्यता को लाभ पहुँचाने में समर्थ बना दिया है, तब ग़रीब और सम्पन्नता के, भूख और भोजन के, असुरक्षा और शक्ति के, गुलामी और आजादी के ये वैषम्य क्यों मौजूद हैं? आज के वैज्ञानिक युग में हम मूलभूत विषमता को दूर करने की सामर्थ्य रखते हैं।

ग़रीबी और गलतफहमियों को दूर करना और आदमी की आत्मा को मुक्त करना संयुक्त राष्ट्र का लक्ष्य है। अपने उद्देश्य को पूरा करने की नाकामी का वजह दूसरा है। इसकी वज़ह यह है कि जिन राष्ट्रों ने संयुक्त राष्ट्र-संघ के चार्टर को माना है, वे अपने कर्त्तव्यों को निभाने के अनिच्छुक हैं या उसके लिए तैयार नहीं हैं या उसकी सामर्थ्य नहीं रखते है। कुछ विकसित देश संयुक्त राष्ट्र के रूप में उपयोग कर रहे हैं। जब कहीं आक्रमण होता है, तब कभी-कभी तो सामूहिक कार्यवाही को प्रोत्साहन दिया जाता है और कभी उसका विरोध किया जाता है। कुछ देश आपस में गुटबन्दी करके उन्हें सैनिक सहायता देना उचित माना जाता है औ कुछ देशों को शस्त्र बेचना तक अनुचित माना जाता है।

अपने कर्तव्यों को छोड़कर आपसी गुटबन्दी की बात पर ध्यान देना ही दुर्भाग्य है। इससे संयुक्त राष्ट्र-संघ का नैतिक प्रभुत्व निर्बल हो जाता है। संयुक्त राष्ट्र की प्रतिष्ठा पर और इसलिए भी आती है कि को, जिन्हें उसका सदस्य होना चाहिए था, उसमें प्रवेश नहीं दिया गया है। लाखों आदमी अब भी गुलाम हैं और उनके प्रतिनिधि उसमें नहीं हैं। भेद-भाव के कारण संयुक्त राष्ट्र संघ की सार्वभौमता को हानि पहुँची है। कुछ देश जाति एवं अपनिवेशों के आधार पर शासन की नीति बनाते रहते हैं। यद्यपि यह मानवीय अधिकार के विरुद्ध है, तथापि संयुक्त राष्ट्र-संघ उन्हें चार्टर के उसूलों पर चला सकने में असमर्थ है। अल्जीरिया के प्रश्न पर संयुक्त राष्ट्र संघ में आज जो विवाद चल रहा है, वह इसका एक उदाहरण है।

यह सब इसलिए होता है कि पश्चिम के शक्तिशाली राष्ट्र वाद-विवाद का नेतृत्व करते हैं और वाद-विवाद में एशिया के सबसे बड़े राष्ट्र को भी हिस्सा नहीं दिया जाता है। मानवता के इतिहास में देखा गया है कि उत्थान के बाद पतन निराशा के बाद जागृति आती है। हमारी निराशा जितनी बढ़ चुकी है, उससे यह धारणा पक्की हो जाती है कि अपनी राष्ट्रीयता और अपनी भौतिक उपलब्धियों के घमण्ड से हमने दुनिया को महाविनाश के कगार पर ला दिया है। हम अन्धे हमारी मानवता ग़लत विश्वास के रास्ते पर गतिशील है। हमें एक ऐसी शिक्षाः की आवश्यकता है जो राजनीतिक अथवा शक्ति के एकता से ऊपर उठकर देखने का ज्ञान दे सके। व्यक्ति को यह सिखाने की ज़रूरत है कि वह इस या उस गुट की या देश की बात न सोचकर सारी मानवता की बात सोचे। हमें आधुनिक साधनों तथा अन्तजातीय सम्पर्कों से ऊपर उठकर सोचना है।

वह समय समाप्त हो चुका है, जब विभिन्न जातियाँ और राष्ट्र अपने अलग-अलग कानूनों और संस्थाओं के साथ अपने को दूसरों से अपेक्षाकृत अलग रखते थे। हमें इस तरह का ज्ञान अर्गित करना है जो अपने भेदों की अपेक्षा अपने को ही नवनियोलित करता है। संयुक्त राष्ट्र-संघ में अनेक कमियाँ हैं फिर भी दुनिया जिन दो गुटों में बटी हुई है, उनको मिलाने के लिए यह एक पुल का काम करता है। जो समस्याएँ लोगों को विभक्त किए हुए हैं, उन पर विचार-विमर्श करने के लिए यह एक मंच है और जिन प्रश्नों में एकता है। एकता के सम्बन्ध में विचार-विमर्श के लिए संयुक्त राष्ट्र एक केन्द्र के रूप में कार्य करता है। आपसी समझौते को बढ़ाना इसका लक्ष्य है।

हमारे समाज की प्रगति लोकतन्त्र में है और हमें इसके लिए एक संगठन की आशा एवं उस पर विश्वास रखना चाहिए। सच्चे लोकतन्त्र का और शान्ति का अंगांगी सम्बन्ध है। विश्व के वर्तमान इतिहास में गाँधीजी ने अंतर्राष्ट्रीय संबंधों में अहिंसा की नीति को अपनाकर स्वयं को मानव जाति का सबसे बड़ा सेवक सिद्ध किया।"

डॉ॰ सर्वपल्ली राधाकृष्णन एक सच्चे आस्तिक व्यक्ति थे। वे उस धर्म के अनुयायी थे, जो विश्व बन्धुत्व, समानता, सहयोग और शान्ति में अपना विश्वास व्यक्त करता हो। वे सच्चे धार्मिक, सच्चे आस्तिक थे और सच्चे देशभक्त थे। एक बार स्टालिन ने इनको एक महान् व्यक्ति बताया और कहा कि डॉ॰ सर्वपल्ली राधाकृष्णन महापण्डित हैं, महान् वक्ता हैं और एक आदर्श लेखक व विचारक हैं, यह सब निर्विवाद है।

वे निडर और निर्भयी भी हैं, वे राजनीतिक न होकर उससे दूर रहने वाले एक महान् राष्ट्र सेवक है। डॉ॰ सर्वपल्ली राधाकृष्णन ने देश की सेवा करने के लिए राजनीति को अपनाया था। फिर भी वे कुशल राजनीतिक नहीं थे और राजनीति के द्वारा भी जहाँ तक संभव था, वे देश की सेवा करना चाहते थे। फलस्वरूप उन्होंने राजनीति में प्रवेश किया और देशसेवा की।

सामाजिक जीवन

सन् 1908 ई॰ में डॉ॰ सर्वपल्ली राधाकृष्णन ने अध्यापन के कार्य में प्रवेश किया और सन् 1908-16 ई॰ तक इस कार्य में लगे रहे। सन् 1918 ई॰ में इस युवा विद्वान तथा महान् दार्शनिक को मैसूर रियासत में बुलाया गया और महाराज कॉलेज में दर्शन का प्रोफ़ेसर बना दिया गया। वे शिक्षक रहे थे और अब भी थे, लेकिन अध्यापन के साथ-साथ उनका अध्ययन व लेखन का कार्य चलता रहा/बढ़ रहा था। वे सन् 1921 ई॰ तक मैसूर में रहे और अपने कार्य का पूरी तरह सम्पादन करते रहे। वे सवेसे में रहे और अपने कार्य का पूरी तरह सम्पादन करते रहे। वे सुबह और शाम टहला करते थे। वे ब्रिज भी खेलते थे। वे भाषण भी देते थे एवं निबन्ध भी लिखते थे। उनकी सर्वमुखी प्रतिभा को देखकर लोग चकित हो जाते थे।

कई बार उनके शिष्य एवं सहयोगी प्रोफ़ेसर उनसे इंग्लैण्ड में पढ़ने के लिए पूछा करते थे। तब वे हँस देते और कहते कि मैं यूरोप में पढ़ने तो नहीं जाऊँगा। हाँ, पढ़ाने ज़रूर जाऊँगा। लोग आश्चर्य-चकित रह जाते और

उनका मुँह देखने लगते। उनके समान योग्य और प्रतिष्ठित कोई भी शिक्षा शास्त्री मैसूर में नहीं था वे ब्राह्मण थे। लोग चौंक कर रह जाते कि ब्राह्मण होते हुए भी यह व्यक्ति अंग्रेज़ी का विद्वान् कैसे हो गया? उनके वस्त्र सांस्कारिक एवं धार्मिक होते थे। लम्बा कद, इकहरा बदन, सफ़ेद पगड़ी, जो उनके लम्बे चेहरे पर दक्षिण भारतीय ढंग से बंधी रहती, वह हमेशा ऊँची रहती। उन्नत ललाट, चमकदार ऐनक, जो पतली थी, उससे उनकी आंखें झाँकती थीं। नाक लम्बी थी, पतली थी, होंठ पतले थे। वे एक प्रकार का सफ़ेद अचकन वस्त्र पहनते थे। कभी-कभार वे सफ़ेद पतलून भी पहन लेते थे।

वे बन्द कालर का कोट पहनते जो बहुत लम्बा होता। जैसे हमारे प्रथम प्रधानमन्त्री पं॰ जवाहरलाल नेहरू बच्चों को बहुत प्यार करते थे, बच्चे उन्हें श्रद्धा से नेहरू चाचा कहते थे, पं॰ सर्वपल्ली राधाकृष्णन नेहरू की भाँति बच्चों को बहुत प्रेम करते थे। वे बच्चों से मिलने में तनिक भी संकोच नहीं करते। उनसे वे बड़े प्यार से बातें करते थे और बच्चों के प्रेम का नतीजा ही था कि उनके लिए अपनी व्यस्तता से भी समय निकाल लेते थे।

यही तो उनकी विशेषता थी। हाँ, पत्रकारों से मिलने में वे संकोच करते और बहुत कम मिलते थे। डॉ॰ सर्वपल्ली राधाकृष्णन की प्रतिष्ठा इस कदर था कि जब वे मैसूर से विदा हो रहे थे उस समय का दृश्य बहुत ही दर्शनीय था, जो कभी भुलाया नहीं जा सकता। रेलवे का प्लेटफ़ार्म लोगों और छात्रों की भीड़ से खचाखच भरा था। छात्रों की आँखों से आँसू बह रहे थे। डॉ॰ सर्वपल्ली राधाकृष्णन अपने कम्पार्टमेन्ट के दरवाजे पर खड़े थे। उनकी आँखों में आँसू आ गए थे और आँसुओं के साथ ही सबसे अलग हो रहे थे। जैसे ही ट्रेन छूटी और गार्ड ने हरी झण्डी दिखलायी वैसे ही जोर से डॉ॰ सर्वपल्ली राधाकृष्णन के जय-जयकार के नारों से आसमान गूँज उठा।

अपनी कम आयु में ही डॉ॰ सर्वपल्ली राधाकृष्णन कितने लोकप्रिय हो गए थे। यह उनका सौभाग्य था, देश का सौभाग्य था और था हम सबका सौभाग्य। उन्होंने लेखन के क्षेत्र में उतर कर कई लेखों एवं पुस्तकों को लिखा।

डॉ॰ सर्वपल्ली राधाकृष्णन ने विश्व कवि रविन्द्रनाथ टैगोर को भी आश्चर्यचकित कर दिया और 'उनको पूछना पड़ा' कि आपने इतनी अच्छी पुस्तक की रचना कैसे की? मुझे आश्चर्य हो रहा है। कोई दूसरा ऐसी पुस्तक नहीं लिख सकता। तब रविन्द्रनाथ टैगोर को उनकी पुस्तक गीतांजलि पर नोबल पुरस्कार प्राप्त हो चुका था और वे विश्व कवि की श्रेणी में आ गए थे।

डॉ॰ सर्वपल्ली राधाकृष्णन ने अपनी पहली पुस्तक लिखी थी–"दी रेन ऑफ़ रिलीजन इन कांटेम्परेरी फ़िलासफ़ी" और दूसरी पुस्तक थी "दि फ़िलॉसफ़ी ऑफ़ रविन्द्रनाथ"। इन दोनों पुस्तकों ने डॉ॰ सर्वपल्ली राधाकृष्णन की ख्याति विश्व में फैला दिया था और डॉ॰ सर्वपल्ली राधाकृष्णन का नाम पूरे विश्व में गर्व के साथ लिया जाने लगा।

अपने देश की अस्मिता को गौरवान्वित करने के लिए गीता जैसा उनका अनमोल हीरा मिल गया था। गीता-रहस्य पर उनकी कलम चल पड़ी। वे गीता पर लिखने लगे। जब उनकी पुस्तक गीता-रहस्य तैयार हो गई तो वे चौंक गए। लोग उनकी प्रतिभा का लोहा मानने लगे। अब डॉ॰ सर्वपल्ली राधाकृष्णन कलकत्ता विश्वविद्यालय में दार्शनिक प्रोफ़ेसर हो गए थे। विश्वविद्यालय की विभिन्न संस्थाओं और कमेटियों में अनेक पदों को वे सुशोभित किए। सन् 1936 ई॰ में कलकत्ता विश्वविद्यालय में उनको ब्रिटिश साम्राज्य के जितने भी विश्वविद्यालय थे उनकी कॉन्फ्रेन्सों में, अपना प्रतिनिधि बनाकर भेजा। अब उनकी चर्चा अमेरिका में अत्यधिक होने लगी। डॉ॰ सर्वपल्ली राधाकृष्णन की प्रतिभा शक्ति निरन्तर बढ़ती जा रही थी। वे पूरे विश्व में प्रसिद्ध हो गए थे और उनके लिए कहा जाने लगा कि उन जैसा उनके समान शिक्षा शास्त्र का ज्ञाता और दार्शनिक विद्वान् विश्व में नहीं है।

इतना सब होने पर भी डॉ॰ सर्वपल्ली राधाकृष्णन का जीवनयापन का टेग अपरिवर्तनीय रहा। अपना भोजन और नियम नहीं बदला–वे केले के पत्तों पर ही रखकर भोजन करते थे। वे अंग्रेज़ी, हिन्दी, तेलुगू, तमिल और बंगला भाषा में भी भाषण देते थे। उस समय आन्ध्र विश्वविद्यालय का उद्‌घाटन सन् 1929 ई॰ में किया गया। डॉ॰ सर्वपल्ली राधाकृष्णन को वहाँ का वाइस चान्सलर बनाया गया और वे कुलपति कहलाए। उन दिनों महात्मा गाँधीजी का अहिंसा आन्दोलन चल रहा था। खादी का ज़ोर-शोर से प्रचार चल रहा था। लोग खादी पहनते, सूत कातते और चर्खा चलाते।

हर जगह सभाएँ होती थीं और घोषणा की जाती थी–"स्वराज्य हमारा जन्मसिद्ध अधिकार है" और हम स्वराज्य लेकर रहेंगे। स्वतन्त्रता आन्दोलन से डॉ॰ सर्वपल्ली राधाकृष्णन बहुत प्रभावित हुए। वे भी देश के प्रति श्रद्धावान हो गए और उनका अन्तःकरण भी कहने लगा कि वे भारत की स्वतन्त्रता देखेंगे तभी उनके चित्त को शान्ति मिलेगी। अपने अधिकार के लिए देश के प्रत्येक नागरिक का उसका धर्म है। हिन्दू विश्वविद्यालय के उपकुलपति पद

को भी उन्होंने सन् 1939 ई॰ से सन् 1948 ई॰ तक सुशोभित किया। उन्होंने अपने उत्तरदायित्व का पूर्णतया निर्वाह किया। क्या मज़ाल कि कोई उँगली उठा जाए और आधी बात कह जाए।

उन्होंने सबसे महत्त्वपूर्ण कार्य यह किया कि उन्होंने सभी ब्रह्मपतियों के वेतन को बढ़ाने का कार्य किया। उस समय भी भारत गुलामी की जंजीरों से जकड़ा हुआ था। अंग्रेज़ हुकूमत करते थे। डॉ॰ सर्वपल्ली राधाकृष्णन के व्याख्यान इंग्लैण्ड, अमेरिका और यूरोप के सभी देशों में होते रहते थे। पूरा देश उनसे पूर्णतया प्रभावित था। यही कारण था कि हर विश्वविद्यालय में उनकी चर्चा थी, उनका महत्त्व था और उनकी प्रतिभा को हर जगह और तन्य नहीं हो पाया था। आदर के साथ देखा जाना हुआ यूनिवर्सिटी न भी अपितु नियुक्ति का सम्मान दिया। लेकिन वाह रे! राधाकृष्णन वे शाकाहारी के शाकाहारी ही बने रहे, मांसाहारी कभी नहीं बने। गाँधीजी के सम्मान के एक सभिनन्द ग्रंथ रचित गया। और उसका सम्पादन राधाकृष्णन कर रहे थे।

तब जर्मनी के रेडियो ने कहा था कि डॉ॰ सर्वपल्ली राधाकृष्णन उन महान् युग-निर्माताओं में से हैं जिनको युग प्रवर्तक कहना चाहिए।

ऑक्सफोर्ड में रहकर राधाकृष्णन ने कहा कि ऑक्सफोर्ड और कैम्ब्रिज जैसे विश्वविद्यालय हमारे देश में भी होने चाहिएँ। वे हमेशा ऊँची आकांक्षा रखते थे पर वे सर्वदा सादा विचार से युक्त बने रहे। सादगी थी। वे देश के एक गौरव थे जिनमें अहंकार नाम-मात्र को नहीं था। स्वार्थ तो उनके कभी हुआ भी नहीं था। वे निःस्वार्थ भाव से काम करते थे।

ब्रिटिश शासन को तीन भाग के रूप में डॉ॰ सर्वपल्ली राधाकृष्णन ही बटा करते थे। पहला भाग था ईस्ट इण्डिया कम्पनी जो सन् 1857 ई॰ की क्रान्ति के बाद ख़त्म हो गया, दूसरा था साम्राज्यवादी शासन जो प्रथम विश्व-युद्ध में कमज़ोर हो गया। उनके अनुसार ब्रिटिश काल में एक नए युग की शुरुआत 1914 के बाद हुई।........... सन् डॉ॰ सर्वपल्ली राधाकृष्णन दो व्यक्ति को बहुत अधिक मानते थे उनमें से पहले थे महात्मा गाँधी एवं दूसरे सुभाषचन्द्र बोस। उनका अंतःकरण कहता था कि ये दो शक्तियाँ ऐसी हैं जो स्वराज्य लेकर रहेंगी।

महात्मा गाँधी अहिंसा के पुजारी हैं, वे शान्तिपूर्वक स्वराज्य चाहते हैं और नेताजी सुभाषचन्द्र बोस गर्म दल के नेता हैं, वे नेताजी के क्रान्ति के आह्वान को भी बहुत अधिक पसन्द करते थे। और क्रान्ति के द्वारा ही अपना जन्मसिद्ध

अधिकार प्राप्त करना चाहते हैं। दोनों की विजय होगी और एक दिन यह भारत स्वतन्त्र होकर रहेगा। उनके जीवन में ही यह सपना साकार हो गया। सन् 1947 ई॰ में भारत पूर्णतया स्वतन्त्र हो गया, 26 जनवरी, 1950 ई॰ को भारत गणराज्य बन गया एवं पहला गणतन्त्र दिवस मनाया।

पं॰ जवाहरलाल नेहरू भारत के प्रथम प्रधानमन्त्री बने थे। उनकी इच्छा थी कि रूस से भारत का सम्बन्ध बेहतर हो। वह एक कम्युनिस्ट देश था और भारत प्रजातन्त्र। इसलिए नेहरूजी की इच्छा थी कि रूस के दूत के रूप में डॉ॰ सर्वपल्ली राधाकृष्णन को चुना जाय। डॉ॰ सर्वपल्ली राधाकृष्णन के फौलादी विनम्रता को प्रधानमन्त्री अच्छी तरह जानते थे। क्रोध वे जानते नहीं। वे प्रत्येक कड़े से कड़े प्रश्न का उत्तर देने में पूरी तरह सक्षम हैं। तब संसार में चार मित्र राष्ट्र थे और आज भी हैं। पहला राष्ट्र ब्रिटेन जिसे कूटनीतिज्ञ कहा जाता है। दूसरा फ्रांस जो संसार का सबसे पुराना सभ्य और धनी देश है। तीसरा अमेरिका जो विश्व का राजा है, सोना, चांदी, कपास, गेहूँ, मक्का ये सब उसके पास प्रचुर मात्रा में हैं। अमेरिका की पूरे विश्व में धाक है और उसके पास पूरी सामर्थ्य है।

मित्र राष्ट्रों में रूस चौथा था। कम्युनिस्ट राष्ट्र होते हुए भी उसने अपनी शक्ति को बहुत बढ़ा लिया। भारत के संविधान निर्माण का कार्य पूरा हो चुका था। इसके तहत भारत एक गणतन्त्र राज्य बन गया था। 26 जनवरी को गणतन्त्र दिवस मनाया गया।

तत्पश्चात् नेहरूजी ने राधाकृष्णन के सामने रूस में राजदूत बनकर रहने का प्रस्ताव पारित किया तो वे हँसे और कहने लगे कि मैं बासठ साल का हो गया हूँ, मैं आपके प्रस्ताव को मानते हुए भी ऑक्सफोर्ड को नहीं छोड़ूँगा मेरी यही शर्त है कि......

डॉ॰ सर्वपल्ली राधाकृष्णन की शर्त को समझते हुए नेहरू जी ने उसे मान लिया। वे राजदूत बनकर रूस पहुँच गये। रूस ने उनके राजदूत बनने के लिए अपनी अनुमति देने में दो सप्ताह भी नहीं लगाये और उनका हार्दिक अभिनन्दन तथा स्वागत किया। अब रूस और भारत की मैत्री प्रगाढ़ होती चली गयी। उनके कारण रूस और भारत एक-दूसरे के मित्र हो गए। मास्को की सर्द वातावरण से डॉ॰ सर्वपल्ली राधाकृष्णन पहले वे फर का कोट पहनते, फिर फर की टोपी लगाते तथा फर के ही बूट पहनते। इस तरह उन्होंने रूस

की कड़ी सर्दी पर विजय पाई और उन्हें कोई कष्ट नहीं हुआ। वे वर्ष में तीन बार प्रत्येक बार आठ सप्ताह के लिए ऑक्सफोर्ड जाते। तब उन्हें अनुभव होता कि अब उनका दिमाग़ बिलकुल ताज़ा हो गया है।

वे अत्यंत प्रतिभा से युक्त थे। पूर्ण रूप से भारतीय होते हुए भी वे इसके अलावा इंग्लैण्ड में पढ़ने भी नहीं गए थे, लेकिन अंग्रेज़ी ऐसी बोलते थे, जैसे वह उनकी मातृ-भाषा हो। अंग्रेज़ी में लिखना और अंग्रेज़ी में पढ़ना एक आश्चर्य है। रूस के लौह पुरुष कहे जाने वाले स्टालिन से उनके प्रगाढ़ सम्बन्ध थे। स्टालिन ने उनको सर्वाधिक महत्त्व दिया और सम्मान की दृष्टि से देखा। स्टालिन और डॉ॰ सर्वपल्ली राधाकृष्णन के सम्बन्ध इतने अधिक धनिष्ठ हो गये थे कि दोनों एक-दूसरे को देखते तो खुशी से फूले नहीं समाते। डॉ॰ सर्वपल्ली राधाकृष्णन की धनिष्टता के कारण स्टालिन उनकी पीठ को थपथपाया करते थे। डॉ॰ सर्वपल्ली राधाकृष्णन के भारत लौटने के बाद ही स्टालिन की मृत्यु हो गई। जब स्टालिन ने उनको विदा किया तो उनकी आँखों में आँसू आ गए। स्टालिन का कहना था कि डॉ॰ सर्वपल्ली राधाकृष्णन विद्वान् बाद में हैं, पहले वे ब्राह्मण हैं, पण्डित हैं, उच्च कुल के हैं, लेकिन मेरी नज़रों में वे मनुष्य हैं।

वे जहाँ भी जाते हैं सिर आँखों पर लिए जाते हैं। मानवता के गुण उनमें विद्यमान थे इसलिए वे दूसरों को भी अपनाने में हिचक नहीं करते थे। डॉ॰ सर्वपल्ली राधाकृष्णन जैसे प्रतिभाशाली व्यक्ति पर रूस को भी गर्व था कि महान् प्रतिभाशाली प्रकाण्ड विद्वान और उच्चकोटि का भव्य पुरुष भारत से राजदूत बनकर रूस में आया है। वह मनुष्य नहीं देवता है। उनमें सामान्य मनुष्य के इतर विशिष्ट गुण मौजूद थे।

रूस से भारत लौट आने के बाद भी ऑक्सफोर्ड जाने का उनका नियम नहीं बदला तो नेहरूजी और अन्य भारतवासी सोचने लगे कि चिंगारी को मुट्ठी में बन्द करके कभी नहीं रखा जा सकता है। डॉ॰ सर्वपल्ली राधाकृष्णन केवल भारत के ही नहीं, संसार के दार्शनिक हैं। संसार के लिए विलक्षण विद्वान् हैं। उनके भाषण विश्व में अत्यधिक लोकप्रिय हैं। उनके निबन्ध-लेख और उनकी पुस्तकें पूरे संसार को चौंका रही हैं, इसमें कोई सन्देह नहीं। सभी दृष्टियों से देखने पर वे आसमान में एकाकी तारे के समान है और अतुलनीय है। डॉ॰ सर्वपल्ली राधाकृष्णन जैसे महान् व्यक्ति पाकर हमारा देश भी गर्व करता

है। भारत की धरती हमेशा ऐसे ही विलक्षण व्यक्तियों को जन्म देती रही है, जो युगों के बीत जाने पर भी कभी भुलाये नहीं जा सकते।

भारत ने एक लोकतन्त्र राज्य के रूप में सन् 1952 ई॰ में अपना पहला चुनाव कराया। राष्ट्रपति डॉ॰ राजेन्द्र प्रसाद और उपराष्ट्रपति डॉ॰ सर्वपल्ली राधाकृष्णन को निर्विरोध चुना गया। गौरव की बात तो यह है कि अपने इस पद को डॉ॰ सर्वपल्ली राधाकृष्णन ने 11 मई, 1962 ई॰ तक बढ़ाया अर्थात् उपराष्ट्रपति के पद को 10 साल तक सुशोभित करते रहे। इस बीच वे दिल्ली विश्वविद्यालय के कुलपति भी रहे। साहित्य एकेडेमी की स्थापना हो चुकी थी। वे उसके उपाध्यक्ष बना दिए गए।

उपराष्ट्रपति होते हुए वे राज्यसभा के अध्यक्ष भी रहे। उन्हें अधिकार था कि वे संविधान में भी आवश्यकतानुसार परिवर्तन कर सकते थे। एक महान् प्रतिभाशाली होने के बावजूद उनकी तुलना एवं उपमा किसी से नहीं की जा सकती। उनके लिए पूरा संसार कहता कि वे भारत राष्ट्र के भाग्य विधाता हैं। वे भारत के ही नहीं संसार के सम्मानित नागरिक हैं। संसार के लिए एक बहुत बड़ी देन उनका दर्शन और साहित्य है। भारतीय इतिहास में सन् 1962 ई॰ का 12 मई का दिन बहुत महत्त्वपूर्ण दिन है। यह संसार के लिए भी न भुलाने वाला दिन है क्योंकि इसी दिन राधाकृष्णन राष्ट्रपति बने थे। विश्व शान्ति का नेता नेहरूजी को बताया करते थे। वे भारत के ही नेता नहीं, पूरे संसार के नेता हैं।

नेहरू के समान ही परिस्थिति डॉ॰ सर्वपल्ली राधाकृष्णन की थी। दुनिया में सर्वत्र उनको प्रतिष्ठा दी जाती थी। और उनके लिए कहा जाता कि वे एक महान् दार्शनिक हैं। वे प्लेटो से कम नहीं सुकरात से पीछे नहीं। इनके दर्शन का इस दुनिया में ऐसा बोलबाला है कि डॉ॰ सर्वपल्ली राधाकृष्णन एक फ़िलासफर हैं, एक प्रोफ़ेसर हैं, एक महान् व्यक्ति हैं। चोटी के लेखक हैं, अनोखे ग्रन्थकार हैं। इतना सब होते हुए भी शान्ति के एकमात्र प्रतीक हैं। उनकी प्रतिभा का पूरा संसार लोहा मानता है इसमें कोई सन्देह नहीं। वे जब राज्यसभा के अध्यक्ष थे तब भी यह कहा जाता था कि वे एक दिग्गज नेता हैं और तर्कशास्त्र में वे अद्वितीय थे।

उनके तर्कों से कोई भी असहमत नहीं हो सकता था। राज्यसभा के अध्यक्ष के रूप में रहने पर भी उनसे किसी को कोई शिकायत नहीं थी। यह भी

एक विशिष्टता थी। वे स्वयं तो बोलते ही थे, दूसरे लोगों को भी बोलने का खूब मौका देते थे। यही उनकी विशेषता थी। किसी का मन दुखाना, किसी के साहस पर चोट करना, किसी को असन्तुष्ट करना, यह उनकी नीति नहीं थी। वे जन्म-जात एक साधारण मानव थे और अन्त तक असाधारण ही बने रहे। वे युगपुरुष थे। वे युग के संचालक एवं प्रणेता थे। जब विश्व में क्रान्ति हो रही थी और यह क्रान्ति पर अग्रसर था। दिन पर दिन प्रगति की ओर अग्रसर हो रही थी।

किन्तु सर्वपल्ली राधाकृष्णन शान्ति के पक्ष में रहे, उन्होंने शान्ति की ही पूजा की, शान्ति का ही आह्वाहन किया और गाँधीजी की तरह ही उनका भी कहना था कि अहिंसा परम धर्म है। अहिंसा संसार को जीवित रखने की एक ऐसी कड़ी है जो सोते जीवन में भी रक्त का संचार करती है। शान्ति में जीने वाला व्यक्ति सुख का जीवन जीता है। उसका मौलिक जगत शान्तिपूर्ण रहता है। शिक्षक, प्रोफ़ेसर, कुलपति, राष्ट्रपति, उपराष्ट्रपति बनने के बावजूद डॉ॰ सर्वपल्ली राधाकृष्णन को अहंकार छू नहीं सका। उन्हें यह सोचने का मौका ही नहीं मिला कि मैं क्या हूँ और किस पद पर हूँ।

हमेशा यही अनुभव करते रहे कि मुझे जो उत्तरदायित्व सौंपा गया है, मुझे पूर्णतया उसका निर्वाह करना चाहिए। जो व्यक्ति अपने उत्तरदायित्व का निर्वाह कर ले जाता है और करता रहता है वहीं कर्म को पूजा समझने वाले व्यक्ति को वे धन्य समझते थे। उनका कहना था कि हर मनुष्य को अपने कर्म का पालन करना चाहिए। सफलता का रहस्य कर्म और कर्त्तव्य है उससे दूर रहना नहीं। वे ऐसे व्यक्ति थे जो एक साथ ही अपने सिर पर न जाने कितने उत्तरदायित्व ओढ़ लेते फिर उससे बोझ कभी अनुभव नहीं करते, शान्तिपूर्वक उसका निर्वाह किए चले जाते। इसीलिए तो कहा जाता है कि वे आसाधारण प्रतिभा के धनी थे।

कठिन परिस्थिति में भी वे धैर्य का परिचय देते थे और पीछे की तरफ़ कभी मुड़कर नहीं देखते। डॉ॰ राजेन्द्र प्रसाद के दुबारा राष्ट्रपति पद को सुशोधित करने को वे अच्छी तरह जानते थे। वे अस्वस्थ रहते हैं और 62 के बाद शायद वे इस पद पर नहीं रहेंगे। उनका अन्तःकरण कह रहा था कि सम्भवतया तब उन्हें राष्ट्रपति पद को ग्रहण करना पड़ेगा। वे जिस तरह अभी कर्मठ हैं, भविष्य में भी वैसे ही लगनशील और जागरूक रहेंगे। समय का पहिया तेजी के साथ धूम रहा था। दिन सप्ताह बन गए और सप्ताह महीने। सन् 1952 ई॰ से 62

ई॰ आने में देर नहीं लगी। समय एक पंखयुक्त पक्षी की तरह उड़ रहा था और सन् 1952 ई॰ से 62 ई॰ का समय पता ही नहीं चला।

राष्ट्रपति के रूप में

उपराष्ट्रपति के कार्यकाल में डॉ॰ सर्वपल्ली राधाकृष्णन ने अनेक देशों से भारत की मित्रता सम्बन्ध बनाए। उनकी बातें इतनी गहरी, तार्किक और कोमल होती थीं कि लोग उनसे निस्संकोच मैत्री सम्बन्ध स्थापित करने में अपने ही देश का कल्याण समझते थे।

संयुक्त राज्य अमेरिका की यात्रा को डॉ॰ सर्वपल्ली राधाकृष्णन ने सन् 1954 ई॰ में सम्पन्न किया। वहाँ सीनेट में उन्होंने स्पष्ट कहा कि हमने अपने संविधान में बहुत-सी अच्छी बातें अमेरिका के संविधान से ली हैं। दरअसल वे कोई भी अच्छाई किसी भी व्यक्ति या स्थान से लेने में कोई गुरेज न करते थे। यही नहीं, बल्कि उसे कह देने में भी न हिचकते थे। अपने विशिष्ट गुणों के कारण ही वे एक अद्वितीय व्यक्ति बन गए।

संयुक्त राज्य अमेरिका के सीनेट में 17 नवम्बर, सन् 1954 ई॰ को अपने विशिष्ट प्रतिभा का प्रकाश विजेस और डॉ॰ सर्वपल्ली राधाकृष्णन ने सीनेट के सदस्यों को सम्बोधित किया। अपने सम्बोधन में उन्होंने कहा–

''इस विश्वविख्यात सभा के सदस्यों के सामने भाषण करने का मुझे यह जो अवसर मिला है, इसे मैं अपना बड़ा सम्मान समझता हूँ। जैसे कि अभी भारत के उपराष्ट्रपति राज्यसभा का, जो आपके सीनेट के समकक्ष है, सभापतित्व करता है। वास्तव में एक यही नहीं, बल्कि अनेक अन्य बातें भी हमने आपके संविधान से ली हैं। उनमें हमारा न्याय, स्वतन्त्रता, समानता और भ्रातृभाव, इन उपदेशों का कथन भी है।

यह कथन स्वतन्त्रता के घोषणा-पत्र में जेफ़रसन के जो निम्नलिखित शब्द हैं, उनको प्रतिध्वनित करता है। सब मनुष्यों को ईश्वर ने समान बनाया है, और उनको कुछ अधिकार दिए गए हैं, जिन्हें वापस नहीं लिया जा सकता। इन अधिकारों में से कुछ हैं, जीवित रहने, स्वतन्त्र रहने और सुखी बनाने के अधिकार। ये सभी वाक्य एक विशेष विश्वास से निकल कर आए थे केवल प्रचार के लिए नहीं कहे गए थे। उन्होंने संयुक्त राज्य अमेरिका के बाहर और भीतर लाखों लोगों को प्रेरणा दी है।

15 अगस्त, सन् 1947 ई॰ में हम सभी लोग स्वतन्त्र हो गए थे। हमें स्वतन्त्रता के संग्राम के दिनों में आपकी सरकार और जनता से जो सहानुभूति और सहायता प्राप्त हुई, उसको हम धन्यवाद के साथ स्मरण करते हैं। भारतीय स्वतन्त्रता के समय अधिकतर देश हमारे एकता के रख पाने पर सन्देह करते थे कि हमारा शासन प्रबन्ध छिन्न-भिन्न हो जाएगा, कि देश में व्यवस्था होने के साथ-साथ कानून को कोई नहीं मानेगा और जीवन और सम्पत्ति की कोई सुरक्षा नहीं रहगी। लेकिन अब ये सन्देह दूर हो गए हैं। हम देश की एकता को बनाए रखने में सफल रहे हैं। शासन-प्रबन्ध पहले की तरह सुचारु रूप से चल रहा है। कानून और व्यवस्था पहले की तरह है। देश का कोई भी हिस्सा ऐसा नहीं है, जहाँ सरकार का आदेश न माना जाता हो।

हमारे देश में देश-विदेश के सभी लोग, बिना किसी प्रकार का नुकसान उठाए सर्वत्र घूमने के लिए स्वतन्त्र हैं। हमारे कार्य की विशालता यह है कि उसके कारण लोग सन्देह में पड़ जाते हैं। मात्र प्रदर्शित करते हैं, जो हमारे देश को करना है। हमारी आबादी छत्तीस करोड़ है और मतदाताओं की संख्या 17 करोड़ है जिनमें से केवल 10 करोड़, 60 लाख लोगों ने पिछले आम चुनाव में भाग लिया इससे आपको हमारे देश के सामने जो कार्य हैं, उसकी विशालता का आभास मिल जाएगा। हम जानते हैं कि जो लोग लोकतन्त्र के इस प्रयोग में रुचि रखते हैं, वे भारत में एक लोकतन्त्र में विश्वास करते है और उसमें सहानुभूति भी रखते हैं और लोकतन्त्र के विकास के लिए अपना योगदान देंगे।

राजनीतिक स्वतन्त्रता हमारा मुख्य लक्ष्य नहीं है। वह तो सामाजिक समानता और आर्थिक न्याय क़ा साधन है। जेफ़रसन ने अपने अन्तिम पत्र में लिखा था—'मनुष्य-जाति अपनी पीठ के ऊपर काठी रखकर पैदा नहीं हुई और न कुछ ईश्वर के कृपापात्र लोग सवार की पोशाक में जायज़ तरीके से उस पर सवारी करने के लिए पैदा हुए।' राजनीतिक स्वतन्त्रता के माध्यम से सरकार आम जनता को सामाजिक और आर्थिक रूप से समान अवसर प्रदान कर सकती है। हम अपने देश में एक सामाजिक-आर्थिक क्रान्ति लाने के प्रयत्न में लगे हैं। 'क्रान्ति' शब्द से हमें डरने की ज़रूरत नहीं है। इसका मतलब घेरा बाँधना या रक्तपात नहीं है। इसका मतलब केवल तेजी के साथ बड़े-बड़े परिवर्तन करना है। हम न केवल अपने उद्देश्यों, बल्कि अपने साधनों में रुचि भी रखते हैं, न केवल 'क्या करना है' में, बल्कि 'कैसे करना है' में भी रुचि रखते हैं।

भारत ने सही एवं शान्तिपूर्ण तरीके से स्वतन्त्रता प्राप्त कर देश को एक जुट किया और अब हम अपने लोगों के आर्थिक स्तर को ऊँचा उठा रहे हैं। अगर ये तरीके मन्दगामी और उलझे हुए भी हों हम आशा करते हैं कि वे द्रुतगामी और प्रभावशाली होंगे। अगर हम बल प्रयोग और भाईचारे की राजनीति को प्रतिष्ठित करने में असफल भी हो जाएँ तब भी हम विश्वास करते हैं कि यह असफलता अस्थायी मात्र होगी, क्योंकि चीज़ों की एक प्राकृति होती है जिसमें अच्छाई उसके मूल में होती है। दया और प्रेम, क्रूरता और घृणा के समान ही बढ़ते-घटते हैं। हमारा पूर्व का इतिहास और रीति-रिवाज़ सिद्ध करते हैं कि शान्तिपूर्ण तरीकों से स्थायी परिणाम प्राप्त होते हैं। हमें समस्याओं को तलवार से नहीं सुलझाना है, लेकिन धैर्य के साथ-साथ उन्हें सुलझाना आवश्यक है।

हम महसूस करते हैं कि इस नाभिकीय युग में मानसिक बोध और संयंत्र को खोना एक बहुत बड़ा पागलपन है और ख़तरनाक तो है ही। कोई भी विधान स्थिर नहीं है और सामाजिक-व्यवस्था भी स्थिर नहीं है और कोई भी संविधान स्थायी नहीं है। अगर समय हो और धैर्य हो तो मानवीय प्रकृति और मानवीय प्रकृति को प्रतिबिम्बत करने वाली समाज-व्यवस्थाओं में आधारभूत परिवर्तन किए जा सकते हैं। जब भारतीय सरकार ने उनको उपराष्ट्रपति पद स्वीकार करने के लिए कहा—मैंने इस सम्बन्ध में कुछ किताबें देखीं। 'फ्रीमेन्सन्स मोनिटर' में यह उल्लेख है—

"साधारण हथौड़ा मिस्त्री का हथियार है जिसे वह टेढ़े-मेढ़े पत्थरों के कोने तोड़ने में इस्तेमाल करता है, ताकि वे भवन-निर्माण के लिए उपयुक्त बन सकें, लेकिन हमको अपने मन और अन्तःकरणों को दोषमुक्त करने के ऊँचे उद्देश्य के लिए इसका इस्तेमाल सिखाया गया है।"

हथौड़े का उपयोग कुछ चीज़ों को तोड़ने के लिए मिस्त्री करते हैं। टेढ़े-मेढ़े पत्थर से मूर्ति का निर्माण करने में हथौड़े का इस्तेमाल होता है। मानवीय प्रकृति कच्ची सामग्री है। अभी और बग़ैर सँवारी हुई और अपूर्ण है। मानवीय प्रकृति का पुनर्गठन करने के लिए इस हथौड़े का इस्तेमाल किया जा रहा है। अच्छे, ज्ञानवान और अनुशासनिक व्यक्तियों को बनाने के लिए इन उपकरणों का प्रयोग किया जाता है।

भारत के प्रारम्भिक लोकतन्त्र और राज्यसभा के द्वारा हथौड़ों रूपी उपराष्ट्रपति पद भेंट करता हूँ। और आशा करता हूँ कि इस सीनेट के विधान निर्माता

सभी राष्ट्रपति और अन्तर्राष्ट्रीय समस्याओं पर शान्ति और संयम के साथ, भावना और पूर्वाग्रहों को छोड़कर, अपनी महान् जनता और मनुष्य जाति की सेवा के महान् उद्देश्य से प्रेरित होकर विचार करेंगे। मेरी कामना है कि यह हथौड़ा हमारे दो देशों की मैत्री को बढ़ाने का और हमारे दो राष्ट्रों के मध्य सहयोग और समझौता बढ़ाने का प्रतीक हो।"

डॉ॰ सर्वपल्ली राधाकृष्णन जब तक उपराष्ट्रपति रहे उस समय भी मानव और विश्व कल्याण की वकालत की। सन् 1961 ई॰ में जब डॉक्टर राजेन्द्र प्रसाद बीमार पड़े तब कुछ दिनों तक राष्ट्रपति के कार्य सम्पादन में भी उनकी कुशलता प्रतिदर्शित होती है। डॉ॰ राजेन्द्र प्रसाद का राष्ट्रपति पद से त्याग-पत्र 13 मई सन् 1962 ई॰ में हुआ। इसी दिन 31 तोपों की सलामी के बीच विश्व प्रसिद्ध दार्शनिक डॉ॰ सर्वपल्ली राधाकृष्णन ने गणतन्त्र भारत के राष्ट्रपति पद की शपथ ली। इस अबसर पर अपने उत्तरदायित्व का भार डॉ॰ सर्वपल्ली राधाकृष्णन को सौंपते हुए श्री राजेन्द्र प्रसाद ने कहा 'विश्व-इतिहास की यह एक महत्त्वपूर्ण घटना है कि केवल कुरसी बदलने से सत्ता डॉ॰ सर्वपल्ली का कार्य पूरा हो गया।'

डॉ॰ सर्वपल्ली राधाकृष्णन ने उपराष्ट्रपति के पद को 10 वर्षों तक सुशोभित लिया और बाद में डॉ॰ सर्वपल्ली राधाकृष्णन ने राष्ट्रपति पद का गौरव बढ़ाया। 1954 में उन्हें भारत-रत्न की उपाधि प्रदान की गई जो सर्वथा उनके अनुरूप थी। 1957 में उन्हें पुनः उपराष्ट्रपति का पद प्रदान किया गया। जून-जुलाई 1960 और अगस्त-सितम्बर 1961 में भी उन्होंने कार्यकारी राष्ट्रपति के रूप में कार्य किया।

जीवन के अन्तिम दिन

अन्ततः डॉ. राधाकृष्णन के जीवन का स्वर्णिम काल आ पहुँचा। डॉ. राजेन्द्र प्रसाद ने मई 1962 में राष्ट्रपति का पद अन्तिम रूप में त्याग दिया और जैसा कि पहले इंगित किया गया, 13 मई 1962 को डॉ. राधाकृष्णन ने भारत के राष्ट्रपति के रूप में शपथ-ग्रहण कर ली। राष्ट्रपति के रूप में उन्होंने अपने वेतन को और घटाया और उसे 2000 तक ला दिया। उपराष्ट्रपति और राष्ट्रपति के रूप में उन्होंने अनेक देशों की यात्रा की जिनमें संयुक्त राज्य अमेरिका, यू.एस.एस.आर., यू.के., चाइना, जापान, हंगरी, आयरलैंड,

अफगानिस्तान, चेकोस्लोवाकिया, बुल्गारिया, सिंगापुर तथा इंडोनेशिया आदि प्रमुख देश हैं।

यहाँ यह उल्लेखनीय है कि उस समय तक वे पहले विदेशी अतिथि थे जिन्हें 'हेलीकॉप्टर' से सीधे 'व्हाइट' हाउस के मैदान में उतार कर आदर प्रदर्शित किया गया। 1967 में डॉ. राधाकृष्णन का राष्ट्रपति के रूप में कार्यकाल समाप्त हो गया। यद्यपि कांग्रेसियों ने उनसे दुबारा राष्ट्रपति-पद सम्भालने हेतु आग्रह किया लेकिन उनकी स्वीकृति नहीं मिल सकी। 1967 में वह अपने गृह-नगर मद्रास लौट गए और सक्रिय राजनीतिक से संन्यास लेकर पूर्णतया अवकाश-प्राप्त जीवन व्यतीत करने लगे।

डॉ. राधाकृष्णन ने 87 वर्ष की लम्बी आयु प्राप्त की। वे सादा खाना खाने वाले अल्पभाषी व्यक्ति थे। जीवन के अन्तिम वर्षों में सामान्य लोग भी इनसे सहजता से मिल लेते थे। एक ऐसे ही भेंटकर्त्ता ने उनसे प्रश्न किया—"अपने दीर्घ जीवन का राज़ बताने की कृपा करेंगे?"

डॉ. राधाकृष्णन ने हल्की मुस्कराहट के साथ कहा—"कम खाओ (ईट लेस)'। दुर्भाग्यवश डॉ. राधाकृष्णन के अन्तिम कुछेक वर्ष बुरे बीते। कभी का अप्रतिम स्मरण-शक्ति पूर्णतया खो चुका था। उनकी यह दशा देखकर बहुत लोग व्यथित हुए, लेकिन नियति क़े सामने किसकी चलती है?

अन्ततः 17 अप्रैल 1975 को इस महान् पुरुष को परम पिता परमेश्वर ने अपनी सत्ता में समाहित कर लिया। सम्पूर्ण देश की जनता और अखिल विश्व के विद्वान् शोक-सन्तप्त हो उठे। भारत के इतिहास में कोई भी राष्ट्रपति अपनी राजनैतिक कुशलता, चातुर्य तथा अपनी बुद्धिमत्ता हेतु याद किया जाएगा—किन्तु एक विश्वप्रसिद्ध दार्शनिक तथा बहुआयामी विद्वता हेतु किसी को स्मरण किया जाएगा तो वह होंगे भारत के द्वितीय राष्ट्रपति डॉ. सर्वपल्ली राधाकृष्णन।

मूल्यांकन

प्राचीन आचार्यों की श्रेणी में डॉ. सर्वपल्ली राधाकृष्णन, जगत्‌गुरु शंकराचार्य, रामानुजाचार्य, बल्लभाचार्य तथा माधवाचार्य ने हिन्दुत्व की रक्षा की और हिन्दू जाति को आगे बढ़ाया। डॉ. सर्वपल्ली राधाकृष्णन के अनुसार शंकराचार्य बीसवीं सदी में यदि न होते तो वे भारत का इतिहास किसी दूसरी भाषा में लिखते

और शायद वह अंग्रेज़ी होती। इसीलिए वे राष्ट्र के कर्णधार और भारत माता के सपूत कहे जाते हैं।

भारत का नवजागरण उन्नीसवीं शताब्दी में हुआ। और इसे हिन्दू जाति का जागरण काल कहा जाता है। स्वामी विवेकानन्द ने अमेरिका में अपना जो महत्त्वपूर्ण भाषण दिया उससे भारत को महान् गौरव प्राप्त हुआ। जो लोग अपने राष्ट्र और देश के गौरव को नहीं समझते थे या जिन पर पश्चिमी सभ्यता का रंग चढ़ा है, वे भारतीय नहीं, भटके हुए मुसाफ़िर हैं जो अपनी छाया को भी नहीं पहचानते और दर्पण में भी अपने चेहरे की पहचान नहीं कर पाते। भारतीयता की रक्षा करने में और हिन्दुत्व को बचाने के लिए डॉ॰ सर्वपल्ली राधाकृष्णन प्रशंसा के पात्र हैं।

प्राचीन सभ्यता तुम्हारे साथ ऐसी जुड़ी रही जैसे चोली और दामन। तुम इंग्लैण्ड गए धोती पहनकर। तुम ऑक्सफोर्ड गए धोती पहनकर। तुम स्टालिन से मिलने गए तब भी धोती पहने थे। तुमने सिर पर सफेद पगड़ी बाँधी थी और सफ़ेद धोती धारण की थी। तुमने ऐसे परिधान धारण किए जो ऋषि और मुनि पहनते थे। तुम हमारे लिए, देश के लिए सौभाग्य का सूरज बनकर आए। अपनी चमकीली किरणों से ऐसा प्रकाश छोड़ गए कि जिसने देश के अन्धकार को दूर भगाने के साथ-साथ उसको एकदम ख़त्म कर दिया। धार्मिक परम्पराओं में भारत महान् है। भारत के गीत महात्मा गौतम बुद्ध ने गाए। स्वामी रामकृष्ण परमहंस ने भी उन गीतों को दोहराया।

मोहनदास करमचन्द गाँधी जो आदि पुरुष बनकर आया, जिसने पूरे विश्व को शान्ति का उपदेश दिया। उन्होंने भी भारत के गीत मौन स्वर में गाए जो अहिंसा के प्रतीक बन गए। जिस देश में विश्वपूज्य लोगों ने जन्म दिया हो, वह देश कभी पीछे नहीं रह सकता। पूरी विश्वास के साथ हम यह कह सकते हैं। डॉ॰ सर्वपल्ली राधाकृष्णन भारत के दूसरे राष्ट्रपति थे। यह व्यक्ति वेदान्त का प्रचारक था। यह शान्ति का प्रतीक था। यह अहिंसा का पुजारी था।

यह एक महान् दार्शनिक था और प्रकाण्ड विद्वान् भी जिसकी वाणी और कलम का लोहा पूरे भारत ने माना। राष्ट्रपति के सर्वोच्च पद पर बैठकर उन्होंने सिद्ध कर दिया कि आत्म-चिन्तन क्या है और अध्यात्म किसे कहते हैं? तत्त्वज्ञान क्या है? महान् दार्शनिक प्लेटो ने जिस आदर्श को संसार के सामने रखा था, हमारे राधाकृष्णन ने भी उसी आदर्श को सामने रखा और सबको बता दिया

कि दार्शनिक अपनी विवेचना अपने-आप करता है। हमारे देश में अकेले-राधाकृष्णन ने ही ज्ञान अर्जित किया है। कोई भी उनकी आलोचना नहीं कर पाया। यह कितने बड़े गर्व की बात है।

वे कबीर से भी आगे थे। उनमें जाति-पाँति का कोई भी भेदभाव नहीं था। वे विश्व-मन्दिर के एकमात्र पुजारी थे। उनके गीत शान्ति के थे। उनकी पूजा की थाली में जो फूल थे, वे शान्ति के सुमन थे और उनसे शान्ति की ही सुगन्ध आ रही थी। वे अहिंसा के पुजारी थे, इसीलिए उन्होंने किसी से भेदभाव नहीं किया। उन्होंने किसी भी देश की मिट्टी को माटी नहीं कहा, वे यही कहते थे कि वे अपने देश की माटी को सोना और उसमें ऐसी सुगन्ध कहा जो पारिजात के फूलों से आती है।

डॉ॰ अम्बेडकर के समान डॉ॰ सर्वपल्ली राधाकृष्णन के पास आडम्बर की नीति नहीं थी। वे सत्य बोलते, प्रिय बोलते और वह सत्य मधुर होता है। कड़वा सत्य तो बोलना वे जानते ही नहीं थे। यही कारण है कि पूरे संसार में उनकी पूजा होती है। वे एक विलक्षण प्रतिभावाले असाधारण मानव थे। वे ऐसे नेता थे जो बरबस ही लोगों को अपने पीछे चलने के लिए विवश कर देते थे उनके बोली में, उनके भाषण में ऐसा अमृत था कि सुनने वाले अमर हो जाते हैं। वे मनुष्य से देवता बन जाते थे।

डॉ॰ सर्वपल्ली राधाकृष्णन एवं वाणी के रूप में राधाकृष्णन साक्षात् प्रतिमूर्ति थे। मनुष्यता क्या है? यह उनसे पूछें। सन्तोष क्या है? इसकी परिभाषा वे जानते थे। वे सबको अपना बना लेते हैं ऐसा जादू भी जानते थे। वे इस आधुनिक युग के एक ऐसे दार्शनिक महापुरुष थे कि जिनके आगे लोग सुकरात को भूल गए। एथेन्स से भी महान नगर बना दिया। वे महान शक्ति थे, वे महामानव थे। अगर डॉ॰ सर्वपल्ली राधाकृष्णन की व्याख्या करने पर उसे यही मिलेगा कि वे भारत के महान् अध्यात्मवेत्ता थे और दर्शनशास्त्र के पण्डित थे। उन्होंने अहिंसा का मार्ग दिखलाया।

उन्होंने राष्ट्र को नयी दिशा दी। उनकी मान्यताओं को लेकर अगर कोई भी व्यक्ति इस संसार में विचरण करे तो उसे कहीं पर भी अशान्ति के दर्शन नहीं होंगे। शान्तियुक्त पूर्णता का अनुभव करेगा। डॉ॰ सर्वपल्ली राधाकृष्णन भारत के समर्थक थे। वे हम सबको यही प्रेरणा देते रहते कि आगे बढ़ो। आगे बढ़ने का नाम ही ज़िन्दगी है। कदम उठते रहे साथ-साथ बढ़े और तुम अपने में स्वयं ही गौरव का अनुभव करो। मानवता हमेशा मानवता रहती है यही

उनका विशेष मत था। हर मनुष्य को चाहिए कि वह दूसरे मनुष्य को पहचानने की कोशिश करे। जब हम दूसरे को पहचान लेंगे, उसके विचारों से अवगत हो गए होंगे तो हमारे मन से शंका का भूत निकल जाएगा और हम सबको एक ही दृष्टि से देखने लगेंगे जिसमें बन्धुत्व होगा।

मानवता भाई-चारे का ही दूसरा नाम है मानवता में जब विकार आ जाता है तभी प्रतिक्रिया होती है और प्रतिक्रिया ही युद्ध को जन्म देती है जिसे अशान्ति कहते हैं। अगर विश्व में शान्ति की स्थापना करना चाहते हो तो बन्धुत्व के बीज बोना शुरू कर दो। मानवता से ही बन्धुता फलती-फूलती है। सभी कुछ यहाँ तक कि संसार अपना है। हमारे डॉ॰ सर्वपल्ली राधाकृष्णन का यही कहना था और अपनी इसी नीति को लेकर वे जहाँ भी गए वहाँ उनका सम्मान हुआ। यह अनुभव किया गया कि वहाँ की जनता को उनकी आवश्यकता है।

किसी को अपना शत्रु न मानना ही उनका सबसे बड़ा गुण था। उनकी वाणी का जादू प्रत्येक के सिर पर चढ़कर बोलता था। वे प्रत्येक को अपने रंग में बदल लेते। उसमें अपने ही दर्शन करते और उसे अपना बना लेते। डॉ॰ सर्वपल्ली राधाकृष्णन ही थे जो गाँधीजी को अतिमानव कहा करते थे। वे उनकी कृती से ओत-प्रोत हो गए। ऐसे ही स्टालिन को जिनके लिए कहा जाता था कि वह लौहपुरुष है, वह फौलाद का आदमी है, डॉ॰ सर्वपल्ली राधाकृष्णन ने स्पर्श किया तो उन्हें लगा कि यह ऐसा कोमल कुसुम है जो बहुत ही नाज़ुक है और अत्यन्त ही सुगन्धपूर्ण है। उनमें कठिन से कठिन कार्य को सरल तथा सरल से सरल कार्य को कठिन बनाने की क्षमता थी। इन्हीं सब गुणों के कारण ही उन्हें युग पुरुष की संज्ञा दी जाती थी।

3

डॉ. ज़ाकिर हुसैन

(1897–1969)

डॉ. जाकिर हुसैन भारत के तृतीय राष्ट्रपति थे। वे राजनैतिक उपलब्धियों तथा वैदिक प्रखरता के कारण ही भारत के सर्वोच्च पद पर पहुँच सके थे।

भारत के द्वितीय राष्ट्रपति डॉ. सर्वपल्ली राधाकृष्णन की तरह वे राजनीति से दूर नहीं रहे, अपितु अल्पसंख्यक समुदाय के होने के बावजूद उन्होंने अंग्रेज़ी शासन के विरुद्ध बोलने में कभी कोई परहेज़ नहीं किया और अपनी युवावस्था से ही सक्रिय राजनीति में प्रमुखता से भाग लेने लगे। गाँधीवादी विचार धारा के समर्थक डॉ. हुसैन ने जिस समय राष्ट्रपति पद को सुशोभित किया उस समय गाँधी जी की भी मृत्यु हो चुकी थी तथा देश की परिस्थितियाँ और काफी परिवर्तित हो चुकी थीं और राजनीति में भी गाँधीवादी विचारधारा की उपेक्षा की जाने लगी थी। किन्तु ज़ाकिर हुसैन को जीवन के आरम्भिक वर्षों तथा बाद में भी महात्मा गाँधी का भरपूर मार्गदर्शन प्राप्त हुआ था।

वे गाँधी के सिद्धान्तों, नीतियों तथा गाँधी-दर्शन में पूर्ण विश्वास रखते थे। अतः वे अन्त तक गाँधी के सच्चे अनुयायी बने रहे और राष्ट्रपति के पद को सुशोभित करने के बाद भी गाँधीवाद का प्रभाव उन पर पूरी तरह बना रहा। एक तरह से कहा जा सकता है कि शायद पहले-पहल एक सही अर्थ में गाँधीवादी भारत के राष्ट्रपति के पद को सुशोभित कर सका। यों तो डॉ. राजेन्द्र प्रसाद भी गाँधीवादी थे किन्तु गाँधी जी के प्रति डॉ. प्रसाद की श्रद्धा जहाँ बहुत हद तक मूक थी वहीं डॉ. ज़ाकिर हुसैन गाँधी जी के प्रति अपनी

निष्ठा को लेकर मुखर थे। वे खुल्लमखुल्ला महात्मा गाँधी के दर्शन, सिद्धान्त और नीतियों के सम्बन्ध में लोगों के समक्ष अपनी निष्ठा व्यक्त करने में कभी पीछे नहीं रहे। चाहे उनकी विदेश यात्रा हो अथवा राष्ट्रीय स्तर की कोई सभा प्रत्येक अवसर पर उन्होंने गांधी जी के विचारों के प्रति लोगों का ध्यान आकर्षित करने का प्रयास किया।

यह सचमुच इस देश हेतु और इसकी धर्मनिरपेक्ष छवि हेतु दुर्भाग्य की बात है कि डॉ. ज़ाकिर हुसैन राष्ट्रपति-भवन में पाँच वर्षों की निर्धारित अवधि नहीं व्यतीत कर सके। वे मात्र प्रायः दो वर्षों तक इस सर्वोच्च पद पर रहे। उनकी ताजपोशी भारत के तृतीय राष्ट्रपति के रूप में 9 मई 1967 को हुई थी। उन्हें क्रूर काल ने 3 मई 1969 को ही निगल लिया। डॉ. जाकिर हुसैन के जानने वाले कुछ व्यक्ति उन्हें डॉ. जाकिर हुसैन खान कहकर पुकारते थे। इसका कारण है, वे वस्तुतः अफ़गान थे। उनके दादा का नाम था गुलाम हुसैन खान। गुलाम हुसैन खान ने फ़ौज की नौकरी की थी और बड़ी शान-शौकत के साथ रहते थे। यह पठान-परिवार उत्तर प्रदेश के फ़रुखाबाद ज़िला के कायमगंज में चला आया था।

जीवन वृत्त

डॉ. जाकिर हुसैन का जन्म 8 फरवरी 1897 को हैदराबाद में हुआ था। डॉ. जाकिन हुसैन के पिता फिदा हुसैन जो कि पेशे से एक वकील थे, वह 1888 में ही हैदराबाद चले आये थे। फिदा हुसैन खान ने वकालत के पेशे में काफ़ी धन अर्जित किया और हैदराबाद के बेगम बाज़ार में एक शानदार दो मंज़िली इमारत खड़ी की। इसी हवेली में डॉ. ज़ाकिर हुसैन ने जन्म लिया। यह नियति की लीला ही थी जो डॉ. ज़ाकिर हुसैन को स्वावलम्बन का पाठ पढ़ाना चाहती थी। अतः वे जब मात्र दस वर्ष के ही थे तो पिता की मृत्यु मात्र 39 वर्ष की उम्र में हो गई।

डॉ. ज़ाकिर हुसैन की माता का नाम नाज़नीन बेगम था। पति के असामयिक निधन से डॉ. ज़ाकिर हुसैन की माता को मानसिक आघात पहुँचना स्वाभाविक था, लेकिन उन्हें ज़ाकिर हुसैन और उनके छः भाइयों की परवरिश और शिक्षा-दीक्षा का भी प्रबन्ध करना था। अतः वे पति के ग़म में बहुत दिनों तक उनके द्वारा सौंपे गए दायित्व की अवहेलना नहीं कर सकती थीं। पारिवारिक स्तर पर डॉ. ज़ाकिर हुसैन का दुर्भाग्य उनका पीछा नहीं छोड़ रहा था।

पति की मृत्यु के मात्र चार वर्ष पश्चात् ही नाज़नीन बेगम, अर्थात् डॉ. ज़ाकिर हुसैन की माँ की मृत्यु प्लेग के कारण 1911 ई. में हो गई। जीवन की आरम्भिक अवस्था में घटी इन दो दर्दनाक घटनाओं ने डॉ. हुसैन को संवेदनशील बना दिया, यही वजह रही है कि वे जीवनपर्यन्त दीन-दुखियों, उपेक्षितों और बंधितों की पीड़ा को लेकर चिन्तित रहे। माता भले ही कम ही दिनों तक अपना वात्सल्य इन्हें प्रदान कर सकीं लेकिन माता की गोद ही डॉ. ज़ाकिर हुसैन की पहली पाठशाला सिद्ध हुई। भाइयों में वह तीसरे थे। अतः, अधिकांश सहोदर इनसे छोटे ही थे। उनसे लड़ाई-झगड़ा स्वाभाविक था, जाकिर हुसैन के हृदय में अपने छोटे भाइयों के प्रति वात्सल्य भाव रहता था वह उनकी शैतानियों को सरलता से सहन कर लेते थे।

उनके छोटे भाई भी जब तब उन्हें पीट दिया करते थे। फिर भी वह उनसे बदले की भावना नहीं अपितु स्नेह के भाव से ही पेश आते थे। इसी को कहते हैं–'होनहार बिरवान के होत चीकने पात।' ज़ाकिर हुसैन बाल्यकाल से ही आध्यात्मिक प्रवृत्ति के थे। माता की मृत्यु के पश्चात् वे सबसे अधिक जिस व्यक्ति से प्रभावित हुए, वह एक सूफ़ी सन्त हसन शाह थे। धार्मिक प्रवृत्ति का बीज किशोरावस्था में ही डॉ. ज़ाकिर हुसैन के मन-मस्तिष्क में इस सूफ़ी सन्त ने आरोपित कर दिया। मुस्लिम परम्परा के अनुसार उनकी प्रारम्भिक शिक्षा घर पर ही सम्पन्न हुई। कुरआन शरीफ़, फ़ारसी, उर्दू, अरबी और अंग्रेज़ी की भरपूर पढ़ाई दस वर्ष की उम्र तक घर पर ही हुई।

माता की मृत्यु इनकी चौदह वर्ष की उम्र में हुई थी, अतः जीवन के आरम्भिक दस वर्षों को इनकी माता की परोपकारिता, सदाचरण तथा सादा जीवन एवं उच्च विचार का चारित्रिक प्रभाव इन पर अच्छी तरह पड़ा, जो इनके आगे के व्यक्तित्व को स्वरूप देने में सहायक हुआ। माना जाता है कि वे सारी विशेषताएँ जो एक इन्सान हेतु आवश्यक होती हैं, उन्हें इनकी माता ने इनके अन्दर दस वर्षों की उम्र की अवधि में ही भर दीं। अपने सातों भाइयों में जाकिर हुसैन पर ही अपनी माता के उच्च विचारों और श्रेष्ठ व्यक्तित्व का ज्यादा प्रभाव था। शायद नाज़नीन बेगम के अन्तर्मन ने इंगित कर दिया था, 'यह बालक आगे चलकर खानदान का ही नाम रोशन करने वाला नहीं होगा बल्कि इतिहास में भी एक अमर स्थान प्राप्त करेगा'। स्कूली शिक्षा हेतु जाकिर हुसैन को इस्लामिया हाई स्कूल, इटावा भेज दिया गया।

यहाँ उन्होंने 1907 में पाँचवीं कक्षा में नामांकन कराया। इनके नेतृत्व की परीक्षा इस विद्यालय में ही हो गई। यह हाई स्कूल मुसलमान बच्चों को पाश्चात्य शिक्षा तो प्रदान करता ही था, उन्हें उनकी जड़ों से भी जोड़े रखने में रुचि लेता था, अर्थात् इस्लाम धर्म, इस्लामी संस्कृति और इस्लामी रीति-रिवाज एवं सभ्यता से भी उन्हें परिचित कराया जाता था। अनुशासनप्रिय, इस आधुनिक सह आध्यात्मिक मदरसा या उच्च पाठशाला में धार्मिक रीति-रिवाज़ों पर प्रचुर जोर था। नमाज पढ़ने की पाबन्दी ऐसी थी कि जो लड़का कभी नमाज़ पढ़ने से रह जाए तो उसे खाना नहीं मिलता था। एक बार कुछ लड़कों को यही दंड मिला। लड़कों ने हड़ताल कर दी।

यद्यपि ज़ाकिर हुसैन इस हड़ताल में शामिल नहीं हुए तथापि इनके मन ने तर्क किया कि नमाज़ पढ़ना तो जरूरी है, लेकिन भूलवश नमाज़ छूट जाए तो खाना बन्द करना अन्याय और शोषण के अतिरिक्त कुछ नहीं क्योंकि भोजन का पैसा तो छात्र पहले ही जमा करा चुके थे। वे पाठशाला अधिकारियों से एक हड़ताली के रूप में नहीं अपितु छात्रों के प्रतिनिधि के रूप में मिले और उनके समक्ष यही तर्क रखा। उल्लेखनीय बात यह है कि ज़ाकिर हुसैन की उम्र अन्य छात्रों की अपेक्षा बहुत कम थी, डॉ. हुसैन के तर्क से प्रभावित होकर विद्यालय-अधिकारियों ने हड़ताली विद्यार्थियों के लिए भोजन का प्रबन्ध किया तथा इस नियम को सदैव के लिए समाप्त कर दिया।

विश्व में घटित होने वाली घटनाओं को जानने की जिज्ञासा हुसैन के अन्दर विद्यालयी जीवन से ही उत्पन्न हो गयी थी। जिसके लिए वह अखबार पढ़ते थे। अख़बार पढ़ने की, उनको आदत ऐसी पड़ी कि वे उसे ख़रीदने हेतु निकट के रेलवे स्टेशन पर प्रतिदिन पहुँच जाते और दौड़ते-पड़ते हॉस्टल लौट आते जिससे किसी को कुछ कहने का अवसर नहीं मिले और अध्ययन में भी बाधा न हो। दरियादिली ज़ाकिर हुसैन में बचपन से ही थी। अतः, अपने द्वारा परिश्रमपूर्वक लाए गए अख़बार को मात्र स्वयं नहीं पढ़ते बल्कि छात्रावास के अन्य छात्रों को भी प्रमुख समाचार पढ़कर सुनाते और उनकी समीक्षा भी करते।

उल्लेखनीय है कि राजनीति में उनकी रुचि बाल्यकाल से ही बढ़ गई थी। उस समय इटली और तुर्की में युद्ध हो रहा था। तुर्की इस्लामी देश था। अतः, भारतीय मुसलमानों की तुर्की के प्रति सहानुभूति थी। वहाँ के लोगों हेतु भारत में चन्दा वसूल किया जाता। ज़ाकिर हुसैन इसमें भी पीछे नहीं रहते।

जुम्मे की नमाज़ के बाद वे तुर्कीवासियों हेतु चन्दा वसूल करते थे। एक दिलचस्प घटना का वर्णन यहाँ जरूरी है, एक बार इटावा की मस्जिद में उन्होंने भाषण दिया। इसके पश्चात् अपनी टूटी-फूटी फ़ारसी में ही चन्दा इकट्ठा करते समय उन्होंने कहा—'लाइयो हज़रात! जो तांबे के पैसे इस टोपी में डालेंगे वे शीशे की गोलियों में तब्दील होकर दुश्मन के सीने के पार होंगे।'

एक सफ़ेद दाढ़ी वाले बुज़ुर्ग पर ज़ाकिर हुसैन के इस कथन का इतना प्रभाव पड़ा कि वह फूट-फूट कर रोने लगा और अपने बटुए की सारी राशि ज़ाकिर हुसैन की टोपी में उलट दी। ज़ाकिर हुसैन की शादी की भूमिका एक ऐसे ही समारोह के समय स्वतः ही गढ़ गई। उस समय इन्होंने कायमगंज से एक बड़ा प्रभावोत्पादक भाषण दिया था। वहीं पर इनके भावी श्वसुर के पिता अर्थात् शाहजहाँ बेग़म के दादा उपस्थित थे। ज़ाकिर हुसैन के विचारों से वह इतने प्रभावित हुए कि उन्होंने अपनी पोती की शादी जाकिर हुसैन के साथ करने का निर्णय ले लिया।

जाकिर हुसैन की पत्नी शाहजहां बेगम जिन्हें प्यार से तितली बुलाते थे, बेहद सुन्दर तथा संस्कारी महिला थी। उन्होंने अपने सौन्दर्य को कभी प्रदर्शन का विषय नहीं बनाया। वे परदे में ही रहना पसन्द करती थीं। ज़ाकिर हुसैन के राष्ट्रपति बनने के बाद भी अहंकार तथा दिखावे का प्रदर्शन नहीं किया। सदा पर्दे की ओट में रहकर अपने पति और बच्चों की सेवा में ही इन्होंने अपनी ज़िन्दगी बिता दी। पति की मृत्यु के पश्चात् वे अवसादग्रस्त रहने लगी थीं और कुछ वर्षों के बाद उन्होंने खुदा के घर की राह ली।

जाकिर हुसैन गाँधी जी के विचारों से प्रभावित होकर अक्टूबर 1920 में असहयोग आदोलन में सम्मिलित हो गये। उस समय वे अलीगढ़ मुस्लिम विश्वविद्यालय के छात्र थे। वह अर्थशास्त्र और विधि में इस विश्वविद्यालय के *'मोहम्मडन ऑरिएंटल कॉलेज'* से परीक्षाओं की तैयारी कर रहे थे। वे एक अच्छे व्याख्याता तो थे ही, अच्छे लेखक भी थे। अतः सहज ही छात्रों के नेता बनकर उभर आए। गाँधी की पुकार पर इन्होंने अपने कई सहयोगियों के साथ इस शिक्षण-संस्थान को त्याग ही दिया। इनके साथ इस आन्दोलन में कूदने वालों में प्रमुख अली-बन्धु थे—मौलाना मुहम्मद अली एवं मौलाना शौकत अली। स्कूली जीवन में वह अपने शिक्षक अल्ताफ हुसैन से काफी प्रभावित थे।

ज़ाकिर हुसैन के त्याग तथा धैर्य एवं छात्रों तथा शिक्षकों के प्रति उनके प्रेम को देखकर अल्ताफ़ हुसैन ने कहा था कि मेरा विश्वास है कि ज़रूरत

पड़ने पर तुम बड़ी-से-बड़ी कुर्बानी देने में भी पीछे नहीं हटोगे। ज़ाकिर हुसैन अपने इस अध्यापक का अहसान कभी नहीं भूले और अपने 71वें जन्म-दिवस के अवसर पर इन्होंने स्पष्ट कहा—"मेरे ऊपर सबसे अधिक अहसान मेरी माता का है, तदुपरान्त मेरे अध्यापक, दिवंगत अल्ताफ़ हुसैन का। ऐसा इन्सान मुझे अभी तक नहीं मिला। मुझे लगता है, ऐसे इन्सान अब क्यों नहीं पैदा होते। संसार ऐसे इन्सानों से खाली होता जा रहा है?' डॉ. जाकिर हुसैन जिस समय मोहम्मडन एंग्लो ऑरिएंटल कालिज में शिक्षा ग्रहण कर रहे थे अपने जीवन के महत्त्वपूर्ण बदलाव से वंचित रह गये। उनके प्राचार्य डॉ. ज़ियाउद्दीन इनसे बहुत प्रभावित थे।

ज़ाकिर हुसैन तो अच्छे वक्ता थे ही, और ऐसा कोई सामयिक विषय नहीं था जिस पर वे भाषण नहीं कर सकते थे। उनके भाषण हेतु जब उन्हें 'हेरोल्डपोक्स' एवं 'कैम्ब्रिज स्पीकिंग प्राइज़' प्रदान किया गया, तो डॉ. ज़ियाउद्दीन का उनके प्रति लगाव और बढ़ गया। उन्होंने ज़ाकिर हुसैन से स्पष्ट कहा कि वह इनके लिए डिप्टी कलक्टर का पद उनके एम.ए. पास करते-करते ही दिला सकने में सक्षम हैं। कोई भी व्यक्ति इस प्रस्ताव को सहर्ष स्वीकार कर लेता लेकिन ज़ाकिर हुसैन ऐसा नहीं कर सकते थे। वे पूरी तरह राष्ट्रवादी थे और उनके आदर्श थे मौलाना अब्दुल कलाम आज़ाद की बुद्धिमत्ता और उनके धार्मिक विचारों से वह पूरी वह प्रभावित थे।

सामाजिक जीवन

जाकिर हुसैन ने अपने आध्यात्मिक गुरु सूफी सन्त हसन शाह से आध्यात्मिक शिक्षा ग्रहण की थी। हसन शाह, जब भी ज़ाकिर साहब कायमगंज जाते, उनके यहाँ प्रातः आते और संध्या को चले जाते। वे चाय तो अवश्य पी लेते लेकिन ज़ाकिर साहब के यहाँ खाना नहीं खाते। सूफ़ी हसन शाह अमीर किधर से होते? दैत्य उनके साथ लगा रहता धार्मिक किताबों को पढ़ने का और ज़ाकिर हुसैन को समझाने का उनको बहुत शौक था। लेकिन वे पुस्तकें नहीं खरीद सकते थे। अतः, जहाँ कहीं भी अच्छी किताबें मिलतीं, उनकी नकल कर लेते और ज़ाकिर हुसैन को भी पढ़ाते और उसकी नकल करने को कहते। ये पुस्तक अक्सर सूफ़ी मत की होतीं और उनकी नकल करने से डॉ. ज़ाकिर हुसैन को बहुत लाभ होता। उनकी लेखन-शैली भी अच्छी हो गई।

हसन शाह ने अपने व्यवहार से ज़ाकिर हुसैन में धार्मिकता और पीड़ितों एवं अभावग्रस्तों के प्रति प्रेम भरा। एक उदाहरण उद्धरणीय होगा–

एक बार ज़ाकिर हुसैन बीमार पड़े तो सूफ़ी बुजुर्ग हसन शाह स्वयं उनका पेशाब लेकर हकीम के यहाँ गये जो प्रायः डेढ़ किलोमीटर की दूरी पर रहता था। कभी वह उन्हीं से एक विधवा औरत को पैसा भिजवाते और कभी ज़रूरतमन्द गरीबों हेतु राशि भेजते। वे ज़ाकिर हुसैन से सूफ़ी पुस्तकों की केवल नकल ही नहीं कराते, अपितु उनका अर्थ भी समझाते थे।

ज़ाकिर हुसैन के मन में जन्म से ही सूफ़ियाना भाव था। उनके आध्यात्मिक गुरु ने मन में परोपकारिता, धार्मिकता और दीन-दुःखियों के प्रति प्रेम और सहानुभूति की भावना उत्पन्न कर दी जिसने जाकिर हुसैन को एक नेक और श्रेष्ठ व्यक्ति बना दिया।

ज़ाकिर साहब सूफ़ी मत के प्रबल समर्थक हो गए और उनका विश्वास था कि इंसान और इंसान में प्रबल मुहब्बत होनी चाहिए। इस मुहब्बत में जाति, धर्म, नस्ल और रंग आड़े नहीं आते। सभी मनुष्य समान हैं, मानवता की भावना ही सर्वोपरि है। सच्चा धार्मिक व्यक्ति वही है जो मानव-मानव में अन्तर नहीं करता।

डॉ. ज़ाकिर हुसैन स्वाध्यायप्रिय थे और एक बार उन्होंने राष्ट्रपति के रूप में अपने भाषण में कहा था–"पुस्तक बहुमूल्य साथी है। यह बहुमूल्य साथी है उनके लिए जो एकाकी हैं। साथ ही यह बहुमूल्य अध्यापक है उनके लिए जो कुछ सीखना चाहते हैं और यह आनन्दानुभूति का विस्मयकारी स्रोत है।" सूफी मत की धारणा से प्रभावित जाकिर हुसैन में धार्मिक सहिष्णुता तथा धर्म निरपेक्षता थी। वह सभी धर्मों को सम्मान की दृष्टि से देखते थे। यही कारण है कि राष्ट्रपति-भवन में एक इस्लामपंथी के रहने से हिन्दुस्तान के मुसलमानों ने कभी यह नहीं समझा कि उनका ही एक प्रतिनिधि राष्ट्राध्यक्ष के रूप में सुशोभित है। उन्होंने केरल में एक भाषण में स्पष्ट कहा–'सच्चा धर्म जोड़ता है, यह कभी भी तोड़ नहीं सकता। धर्म तो आध्यात्मिक अनुभूति है।

डॉ. ज़ाकिर हुसैन प्रायः प्रथम राजनीतिज्ञ थे जिन्होंने धर्मनिरपेक्षता की सही परिभाषा दी। उन्होंने स्पष्ट कहा–'धर्मनिरपेक्षता' धर्महीनता नहीं है बल्कि यह सभी धर्मों के प्रति एक सदृश सम्मान का बोधक है। डॉ. ज़ाकिर हुसैन का अपने गुरु के प्रति बेहद श्रद्धा और सम्मान था। उन्होंने एक बार कहा, "सूफ़ी बुज़ुर्ग हसन साहब ने मुझे शिष्टाचार और सभ्यता की शिक्षा देने का काम अपने जिम्मे

ले लिया और ज़िन्दगी के उस मोड़ पर, जब जिन्दगी एक पक्के सांचे में ढलनी शुरू होती है, ऐसे प्यार से, जो माँ के प्यार से कम न था, मुझे रास्ता दिखाया। अफ़सोस कि मुझे कुल मिलाकर कोई आठ-नौ महीने उनकी ख़िदमत में गुजारने नसीब हुए। तदुपरान्त वे दुनिया से रुखसत हो गए। यदि मुझे यह सोअबत नसीब न होती तो शायद मेरी ज़िन्दगी का रंग कुछ और होता। उनकी याद आज तक मेरे लिए प्रेरणा स्रोत बनी हुई है।

राजनीतिक गतिविधियों से जुड़े होने के बावजूद भी डॉ. जाकिर हुसैन में आध्यात्मिकता कम नहीं थी। धर्म और समाज एवं जीवन के प्रति उनके विचार को इन मार्मिक पंक्तियों में देखा जा सकता है–'दुआ कीजिए कि राजभवन के एक फ़कीर दरवेश की तरह दिन काट लूँ। माया-मोह मुझ पर सवार न हो जाए। दीदा-बेदारी और खुदा अन्देसी नसीब हो।' (जागरूकता और ईश्वर का भय बना रहे).....राजभवन में फ़कीरों को ही रहना चाहिए। असल चीज़ तो अल्लाह से लगाव है, जिसे नसीब हो जाए। डॉ. हुसैन ने 1920 में गाँधी के आह्वान पर अलीगढ़ मुस्लिम विश्वविद्यालय और उसके अंगीभूत कालेज को छोड़ दिया था।

इस समय देश में ख़िलाफ़त, असहयोग और स्वदेशी आन्दोलन बहुत ज़ोर-शोर से चल रहे थे। गाँधी ने जब इन आन्दोलनों का पक्ष लिया तो हिन्दू-मुसलमान-दोनों, अंग्रेज़ों को इस देश से बहिष्कृत करने हेतु एकजुट हो गए। गाँधी की पुकार पर सम्पूर्ण देश के महाविद्यालयों, विश्वविद्यालयों और स्कूलों के छात्रों ने इनका बहिष्कार किया। मुसलमान-छात्र भी इनमें पीछे नहीं थे। अलीगढ़ विश्वविद्यालय छोड़ने के उपरान्त जाकिर हुसैन तथा उनके साथियों ने स्कूलों का बहिष्कार करने वाले छात्रों की शिक्षा के प्रबन्ध का निर्णय लिया। वह दिल्ली आ पहुँचे एवं हकीम अजमल खाँ एवं मौलाना मुहम्मद आदि नेताओं से मिले। तय हुआ कि ऐसे छात्रों हेतु एक अखिल भारतीय शिक्षण संस्थान का निर्माण हो।

29 अक्टूबर, 1920 को जामिया मिलिया इस्लामिया (राष्ट्रीय मुस्लिम विश्वविद्यालय) की स्थापना हुई। प्रारम्भ में कुछ कठिनाई आई। लेकिन इनका हल निकाल लिया गया। शिक्षकों की कमी थी तो वरिष्ठ छात्र कनिष्ठ छात्रों को पढ़ाते थे। बाहर से कुछ प्रमुख शिक्षाशास्त्री और विद्वान बुलाए जाते जिनके भाषण से वरिष्ठ और कनिष्ठ–सभी छात्र लाभान्वित होते। दिल्ली के तिबिया कॉलेज से कुछ कोठरियाँ किराये पर लेकर शिक्षण कार्य प्रारम्भ किया गया।

डॉ. जाकिर हुसैन उच्च शिक्षा प्राप्त करना चाहते थे। अतः उन्होंने बर्लिन विश्वविद्यालय से अर्थशास्त्र में पी-एच. डी. करने का मन बनाया। पानी के जहाज द्वारा वे जर्मनी पहुँचे जहाँ वे करीब सवा तीन बरस रहे। उन्होंने सर्वप्रथम 'इंस्टीट्यूट ऑफ फॉरेनर्स' में नामांकन कराया और जर्मन भाषा का अध्ययन किया। 1923 में उन्हें पी.एच.डी. में प्रवेश मिल गया। डॉ. ज़ाकिर हुसैन ने बर्लिन में केवल अर्थशास्त्र का ही अध्ययन नहीं किया, उन्होंने उस देश की शिक्षा, सभ्यता और संस्कृति में भी रुचि ली। जानकार एवं प्रभावोत्पादक व्यक्तियों से परिचय बढ़ाकर उन्होंने अपने ज्ञान-क्षेत्र का विस्तार दिया। ऐसे कुछ व्यक्तियों में ख़्वाजा अब्दुल हमीद, अबीद हुसैन, श्रीमती एडील, मिस बेर्डा फिलिप्स बौरन, श्रीमती नम्बियार के अतिरिक्त मु. जाबिर, मुहम्मद मुजीब एवं प्रो. जोमो बार्ट तथा एडवर्ड स्प्रिगल का नाम लिया जा सकता है।

प्रो. लोमोबार्ट ने उनके डाक्टरेट की उपाधि में योगदान दिया। जोमोबार्ट केवल अर्थशास्त्र के ही प्रो. नहीं थे, बल्कि अपने समय के महान् दार्शनिक और चिन्तक भी थे। उसी प्रकार एडवर्ड स्प्रिंगर भी उस युग के शिक्षाशास्त्री तथा महान् विद्वान थे। साहित्य और संस्कृति में भी उनकी पैठ थी। स्प्रिंगर नैतिकता, आध्यात्मिक मूल्य एवं आपसी व्यवहार में शालीनता के पक्षधर थे। स्प्रिंगर ने डॉ. ज़ाकिर हुसैन के नैतिक स्तर को और वृद्धिशील किया और उनके चिन्तन को नए आयाम भी दिए। जर्मन में शिक्षा ग्रहण करने के दौरान ही डॉ. जाकिर हुसैन ने बर्लिन के प्रसिद्ध प्रेस से दीवान-ए-गालिब के संस्करण का प्रकाशन कराया।

डॉ. ज़ाकिर हुसैन को बर्लिन विश्वविद्यालय से पी.एच.डी. की डिग्री मिल गई और 1926 ई. में वे स्वदेश वापस आए। जर्मनी में रहते हुए ही उन्होंने डेनमार्क, स्वीडन और नार्वे की यात्रा की। उन्होंने डेनमार्क और स्वीडन में संचालित 'डेयरी फार्म' का अवलोकन किया और पशुओं की बेहतर देखभाल की प्रक्रिया से परिचित हुए। श्रीमती सरोजनी नायडू की बहन श्रीमती नम्बियार के यहाँ डॉ. जाकिर हुसैन की मुलाकात जर्मन महिला सुश्री फिलिप्स बोरन से हुई। वह ज़ाकिर साहब से इतनी प्रभावित हुई कि भारत आ गई। इस्लाम धर्म अपना लिया।

उनके आगमन की सूचना पर ज़ाकिर साहब उन्हें लेने मुम्बई गए थे। वह ज़ामिया मिलिया के स्टॉफ में शामिल हो गई और फिर जामिया की ही होकर रह गईं। जामिया में वे आपाजान के नाम के विख्यात थीं। बर्लिन में

इस महिला ने डॉ. ज़ाकिर हुसैन को जर्मनवासियों के मानसिक और सांस्कृतिक संसार से परिचित कराने में बहुत योगदान किया था। जर्मनी के महान् संगीतज्ञों और साहित्यकारों से मिस. बोरन ने परिचित कराया। उन्हीं के कारण डॉ. हुसैन ने जर्मनी के अच्छे ओपराओं, आर्ट-नुमाइशों और कला-स्कूल देखे। इसी महिला के मार्गदर्शन में ज़ाकिर साहब जर्मन संस्कृति, शिक्षा और ललित कलाओं के आकर्षक पक्षों से परिचित हुए।

मायदा असद के अनुसार—दोनों में गहरी दोस्ती थी। किन्तु दोनों की अपनी-अपनी जिन्दगी थी जिसे वे अलग-अलग गुजारते थे। डॉ. हुसैन का आपाजान यानी बोरन के साथ आत्मिक रिश्ता था। 1924 से शुरू यह आत्मीयता का रिश्ता 1943 में बोरन की मृत्यु के पश्चात् ही समाप्त हुआ है। उन्हें जामिया के कब्रिस्तान में दफना दिया गया। स्वदेश लौटने पर डॉ. ज़ाकिर हुसैन ने जामिया की दुर्दशा देखी। वित्तीय अवस्था एकदम खराब थी। जामिया मिलिया इस्लामिया की स्थापना और उसके संरक्षण में हकीम अजमल खाँ का बहुत बड़ा हाथ था। संस्थान की आमदनी का स्त्रोत हकीम साहब की आय थी। वे खानदानी रईस थे और एक तरह से वे जामिया का सम्पूर्ण खर्च चला रहे थे।

गाँधीवादी विचारधारा के समर्थक तथा हिन्दू-मुस्लिम एकता के प्रबल पक्षधर हकीम अजमल खां की मृत्यु 29 दिसम्बर 1927 के हो गयी। इनकी मृत्यु से जामिया की आय का स्त्रोत समाप्त गया। लेकिन डॉ. ज़ाकिर हुसैन इससे बहुत निराश नहीं हुए क्योंकि हकीम अजमल खाँ ने उनके आत्मबल को पर्याप्त दृढ़ कर दिया था। उनका स्पष्ट मानना था कि अल्लाह की रहमत में सदा यकीन करना चाहिए और उसे मायूस रहना कुफ्र (अधर्म) है। महात्मा गाँधी की भी जामिया इस्लामिया में अत्यधिक रुचि थी और उन्होंने जब जामिया की बदहाल स्थिति के बारे में सुना तो कहा कि यदि जामिया में आर्थिक समस्या है तो वह जामिया हेतु भिक्षाटन करने को भी प्रस्तुत हैं।

इन सब बातों से डॉ. ज़ाकिर हुसैन को बहुत बल मिला और उन्होंने हर हालत में जामिया को जीवित रखने का प्रण किया। फरवरी 1926 में डॉ. जाकिर हुसैन जर्मन से भारत वापस आ गये। यहाँ उन्हें 29 वर्ष की ही अवस्था में जामिया मिलिया इस्लामिया का वाइस चांसलर बना दिये गये। डॉ. ज़ाकिर हुसैन के जीवन ने यहीं से एक परिवर्तन लिया। अब वे शिक्षाविद्, राजनीतिक चिन्तक, संस्कृति-संगीत प्रेमी के साथ ही देश के एक प्रमुख संस्थान के

अर्थशास्त्री-कुलपति के रूप में प्रतिष्ठित हो गए। जामिया मिलिया को आगे बढ़ाने में वहाँ के प्राध्यापकों ने पर्याप्त योगदान दिया। सभी प्राध्यापकों ने दृढ़ संकल्प किया कि बीस साल तक इस संस्थान को कोई नहीं छोड़ेगा और कोई 150 रु. से अधिक वेतन नहीं लेगा। शुरू में सदस्यों की संख्या मात्र 11 थी जो धीरे-धीरे बढ़कर 24 हो गई। वास्तविकता तो यह है कि 150 रु. का वेतन शायद ही किसी को मिला। स्वयं डॉ. ज़ाकिर हुसैन को 75 रु. से कभी अधिक नहीं मिला। जब 1948 में उन्होंने जामिया को छोड़ा, उस समय इनका वेतन मात्र 80 रु. था।

जामिया की आर्थिक दशा में इससे कोई खास सुधार नहीं हुआ। अतः वित्तीय दशा सुधारने हेतु फरवरी 1928 में एक महत्त्वपूर्ण निर्णय लिया गया। हकीम अजमल खाँ की स्मृति में एक विशाल सभा का आयोजन हुआ जिसकी अध्यक्षता पं. मोतीलाल नेहरू ने की। देश-भर के प्रधान हिन्दू-मुस्लिम नेता इस सम्मेलन में शामिल हुए। सर्वसम्मति से यह निर्णय हुआ कि हकीम अजमल खाँ के नाम को गौरव प्रदान करते हुए एक 'अजमल जामिया निधि' की स्थापना हो जिसमें कम-से-कम आठ लाख रुपए जमा किए जाएँ। किन्तु यह योजना सफल नहीं हो सकी।

इस निधि की असफलता का एक अप्रत्यक्ष कारण घनश्याम दास बिड़ला के पत्र में ढूँढ़ा जा सकता है। जिसे उन्होंने महात्मा गाँधी को लिखा था। महात्मा गाँधी जामिया से बहुत प्रभावित थे। उसकी आर्थिक स्थिति से चिन्तित होकर उन्होंने बिरला को एक पत्र लिखा, असका आशय यह था कि यह संस्थान राष्ट्रीय तो कतई नहीं है। यह एक सम्प्रदाय विशेष की ही संस्था अधिक है। इसके छात्रावास की दीवार पर किसी हिन्दू नेता की तस्वीर नहीं है यद्यपि इन पर अनवर पाशा और कमाल पाशा की तस्वीरें लटकी हुई हैं। पुस्तकालयों की अधिकांश पुस्तकें अरबी में हैं। बिरला ने स्पष्ट लिखा कि संस्था के वर्तमान वातावरण में कोई हिन्दू विद्यार्थी शिक्षा प्राप्त करने वहाँ नहीं जाएगा। बिड़ला के इस पत्र ने गाँधी जी को वहाँ की वास्तविकता से परिचित करा दिया क्योंकि गाँधी जी इसे धर्मनिरपेक्ष शिक्षण संस्थान समझते थे परन्तु उस समय की राजनीतिक परिस्थितियाँ ऐसी थीं कि प्रमुखतः इस्लामी संस्थान होने के बावजूद जामिया से नाता नहीं तोड़ा जाय।

जामिया की माली स्थिति जैसी की तैसी रह गई लेकिन सेठ जमाल मोहम्मद इसकी सहायता में आगे आए। स्वयं डॉ. ज़ाकिर हुसैन ने हैदराबाद और भोपाल

की यात्राएँ कीं। जामिया की तिजोरी प्रायः भर गई। जामिया को दिल्ली से ओखला लाया गया और एक बड़े भूखंड पर इसकी नींव पड़ी। गाँधी या डॉ. ज़ाकिर हुसैन के लाखों प्रयासों के बावजूद जामिया की एक धर्मनिरपेक्ष छवि बनी हो, ऐसा नहीं कहा जा सकता। यदि इसे पं. नेहरू और राजगोपालाचारी का सहयोग मिला तो वहीं जिन्ना और लियाकत अली इसके शुभचिन्तकों में रहे।

17 नवम्बर, 1946 को जब इसका रजत-जयन्ती-समारोह आरम्भ हुआ तो इसमें उपस्थित लोगों के नाम से ही स्पष्ट होता है कि इनमें केवल राष्ट्रवादी मुसलमान ही नहीं थे, जिन्ना और लियाकत अली के समान हिन्दुओं से घृणा करने वाले लोग भी थे। डॉ. ज़ाकिर हुसैन का झुकाव अब राजनीति की ओर हो चुका था। मृदुभाषी तथा बुद्धिमान डॉ. जाकिर हुसैन ने नेहरू के साथ संबंधों को घनिष्ठ बनाया। उन्होंने उन पर स्पष्ट करना चाहा कि जामिया स्वतन्त्रता-संग्राम के प्रशिक्षण को प्राथमिकता दे रहा है। डॉ. ज़ाकिर हुसैन स्वयं ही महात्मा गाँधी से उनके साबरमती आश्रम में जून, 1926 में मिले थे और तदुपरान्त ही महात्मा गाँधी ने समय की नज़ाकत या संस्थान की महिमा को देखते हुए उसमें रुचि लेना आरम्भ किया था। इन दोनों बातों में कौन प्रमुख था, इस समय इस सम्बन्ध में कहना कठिन है। जो हो, डॉ. ज़ाकिर हुसैन ने अपने जीवन की एक महती उपलब्धि हासिल की और वह थी 28 नवम्बर 1948 को अलीगढ़ मुस्लिम विश्वविद्यालय में कुलपति के रूप में उनकी पदस्थापना।

इस पद के अतिरिक्त उन्होंने जो अन्य प्रमुख शैक्षणिक पद प्राप्त किए उनमें प्रमुख थे–हिन्दुस्तानी तालीमी संघ–सेवाग्राम 1938-1941 अध्यक्ष, विश्वविद्यालय शिक्षा आयोग 1948-49 सदस्य, शैक्षणिक पुनर्गठन समितियाँ–बिहार, उत्तर प्रदेश एवं मध्य प्रदेश। सदस्य, भारतीय विश्वविद्यालय आयोग (1948-49) सदस्य, प्रेम आयोग (1952-54) सदस्य, वर्ल्ड यूनिवर्सिटी सर्विस (1956) अध्यक्ष, यूनिवर्सिटी ग्रांट कमीशन सदस्य।

इन्हें दो बार राज्यसभा का सदस्य मनोनीत किया गया। एक बार जुलाई, 1952 में और दूसरी बार अप्रैल, 1956 में। डॉ. जाकिर हुसैन ने उत्तरी तथा मध्य भारत में शिक्षा माध्यम के रूप में लुप्त हो रही उर्दू को सही स्थान दिलाने की दिशा में काफी प्रयत्न किये। उनके समर्थक कहते हैं कि उर्दू उनकी मातृभाषा थी और उसे उचित हक दिलाने का उन्हें पर्याप्त हक था

डॉ. ज़ाकिर हुसैन ने 1956 में सऊदी अरब के तत्कालीन शासक के आमन्त्रण पर वहाँ की भी यात्रा की। 7 जुलाई 1957 को इन्हें बिहार का

गर्वनर बनाया गया। इस पद पर इन्होंने 1962 तक कार्य किया। डॉ. ज़ाकिर हुसैन का सौभाग्य-सूर्य पूर्णता उदित हो चुका था। उन्हें और श्रीमती विजया लक्ष्मी पूर्णतमा को उप राष्ट्रपति के पद के उम्मीदवार के रूप में देखा जा रहा था। अन्ततः सफलता डॉ. ज़ाकिर हुसैन को ही मिली। विद्याव्यसनी पंडित नेहरू को शिक्षाशास्त्रियों से स्वाभाविक प्रेम था। उनकी यह भावुकता बहुत हद तक डॉ. राधाकृष्णन तथा डॉ. ज़ाकिर हुसैन दोनों की उपलब्धियों के मूल में है। 13 मई, 1962 को वे उप राष्ट्रपति के रूप में स्थापित हुए। राष्ट्रपति हो जाने के फलस्वरूप डॉ. राधाकृष्णन ने यह पद रिक्त किया था।

डॉ. जाकिर हुसैन ने उपराष्ट्रपति की हैसियत से निम्नलिखित देशों की यात्रा कीं–

यू.एस.एस.आर. (1963), इथियोपिया एवं सूडान (1963), अल्जीरिया, ट्यूनीसिया और मोरक्को (1964), कुवैत, सउदी अरबिया, जोर्डन, टर्की एवं यूनान-मई-जून (1965), थाईलैंड, सिंगापुर, कम्बोडिया, मलेशिया–अक्टूबर (1966) आदि प्रमुख थे।

राष्ट्रपति के रूप में

डॉ. सर्वपल्ली राधाकृष्णन द्वारा दूसरी बार राष्ट्रपति का पद संभालने में अस्वीकृति व्यक्त करने के पश्चात् इस पद हेतु निर्वाचन हुआ। इस पद के सबसे योग्य उम्मीदवार के रूप में डॉ. जाकिर हुसैन को देखा गया। यों प्रचार-अभियान के समय अस्वस्थ डॉ. ज़ाकिर हुसैन नई दिल्ली से बाहर मिसिगन विश्वविद्यालय के 195वें वार्षिक अधिवेशन में भाग लेने चले गए थे और चुनाव के मात्र तीन दिन पहले देश वापस लौटे। 9 मई, 1967 को भारत के तीसरे राष्ट्रपति के रूप में वे निर्वाचित हो गए। 13 मई, 1967 को प्रातः 8.30 बजे संसद भवन के केन्द्रीय कक्ष में भारत के मुख्य न्यायाधीश के. एन. वान्चू ने इन्हें पद और गोपनीयता की शपथ दिलाई। देश के सर्वाधिक बड़े अल्पसंख्यक वर्ग के एक योग्यतम प्रतिनिधि को राष्ट्रपति के रूप में पाकर भारत के देश-विदेश में अपनी धर्म-निरपेक्ष छवि स्थापित करने में सफलता पाई।

तत्कालीन कांग्रेस अध्यक्ष कामराज ने भी इस तथ्य को रेखांकित किया कि डॉ. ज़ाकिर हुसैन को राष्ट्रपति निर्वाचित कर भारतीय गणतन्त्र ने अपनी धर्म-निरपेक्ष छवि की पुनर्स्थापना की है। डॉ. हुसैन के राष्ट्रपति पद पर चयनित

हो जाने के पश्चात् तत्कालीन प्रधान मंत्री श्रीमती इन्दिरा गाँधी ने अल्प शब्दों में अपना अभिमत प्रकट करते हुए कहा कि राष्ट्रपति ज़ाकिर हुसैन ने अपने जीवन भर के त्याग और सेवा के बल पर सम्पूर्ण राष्ट्र का प्रेम, आदर एवं सदिच्छा को अर्जित किया है। राष्ट्रपति के रूप में इनका कार्यकाल प्रायः दो वर्ष तक रहा, यह पहले ही उल्लिखित किया जा चुका है। इस अवधि में उन्होंने केवल दो देशों की यात्राएँ कीं। जुलाई 1968 में यू. एस. एस. आर. की और अक्टूबर 1968 में नेपाल की।

डॉ. ज़ाकिर हुसैन को डी-लिट् की मानद उपाधि दिल्ली, आगरा, इलाहाबाद और कैरो विश्वविद्यालय से प्रदान की गई थी। 1954 में उन्हें पद्म विभूषण के अलंकरण से अलंकृत किया गया और 1963 में उन्हें भारत के सर्वोच्च अलंकरण 'भारत-रत्न' से सम्मानित किया गया। अन्य विशेषताओं के अतिरिक्त डॉ. ज़ाकिर हुसैन की सर्वाधिक विशेषता शिक्षा में उनकी अतुलनीय रुचि थी। विश्वविद्यालयों पर उनका ध्यान विशेष था। उनके भाषण का एक अंश यहाँ उद्धत कर शिक्षा, विशेषकर उच्च शिक्षा के उनके दृष्टिकोण को स्पष्ट किया जा रहा है—

'प्रथम और अत्यन्त महत्त्वपूर्ण' कार्यक्रम हमारी उच्च शिक्षा-पद्धति का लोगों के जीवन, उनकी इच्छाओं और आकांक्षाओं से इस तरह सम्बद्ध करना है कि वह पाश्चात्य विश्वविद्यालयों से प्राप्त परम्परा और हमारे राष्ट्रीय नेता यथा—डॉ. एनी. बेसेंट, लाला लाजपत राय, रवीन्द्रनाथ टैगोर, पण्डित जवाहरलाल नेहरू और महात्मा गाँधी के मूल्यों और कार्यक्रमों के अनुकूल हो।'

महान् शिक्षाविद् डॉ. ज़ाकिर हुसैन स्पष्टतः शिक्षा के क्षेत्र में पाश्चात्य और पौर्वात्य दोनों की विशेषताओं और श्रेष्ठताओं के सम्मिश्रण को देखने के आकांक्षी थे।

शैक्षिक विचार

देश के शिक्षा तन्त्र के विकास के लिए जीवन अर्पित करने वाले महान व्यक्तियों में डॉ. जाकिर हुसैन का नाम सबसे पहले आता है। उन्होंने प्राथमिक, माध्यमिक तथा विश्वविद्यालय स्तर पर शिक्षण पद्धति के विकास में योगदान दिया। उन्होंने महात्मा गाँधी द्वारा बीजारोपित 'बेसिक शिक्षा' का क्रमिक विकास तथा प्रतिष्ठापन किया।

वर्धा शिक्षा योजना

23 अक्टूबर, 1937 में वर्धा में आयोजित शिक्षा सम्मेलन के अध्यक्ष के रूप में भाषण देते हुए गाँधी जी ने कहा था, ''मेरी शिक्षा-योजना का आशय यह नहीं है कि बालक पढ़ाई के साथ धन्धों को सीखें, बल्कि आशय यह है कि बालकों को जो भी ज्ञान दिया जाए, वह किसी उद्योग या दस्तकारी द्वारा ही दिया जाय। दस्तकारी के उद्देश्य को समझाते हुए गाँधी जी ने कहा, ''मेरा उद्देश्य तो उद्योग अथवा दस्तकारी द्वारा बालक के मस्तिष्क को सुन्दर बनाना है।''

वर्धा सम्मेलन में ही प्राथमिक शिक्षा का बीजारोपण हुआ। यही कारण है कि प्राथमिक शिक्षा को वर्धा शिक्षा योजना भी कहते हैं।

वर्धा सम्मेलन में सर्वसम्मति से अग्रलिखित प्रस्ताव स्वीकार किए गए–

1. शिक्षा का माध्यम मातृ-भाषा हो।
2. देश के सात वर्ष तक के बालकों के लिए निःशुल्क शिक्षा की व्यवस्था की जाय।
3. स्वावलम्बी शिक्षा की व्यवस्था की जाय।
4. बेसिक शिक्षा हस्त-कला पर आधारित हो।

जाकिर हुसैन समिति

वर्धा सम्मेलन के निर्णयों को कार्यरूप में परिणत करने हेतु डॉ. जाकिर हुसैन की अध्यक्षता में एक समिति गठित की गई। 2 दिसम्बर, 1937 को इस समिति ने अपनी प्रथम रिपोर्ट में बुनियादी शिक्षा-योजना के सिद्धान्त, उद्देश्य और संगठनों पर प्रकाश डाला। सन् 1940 में समिति की दूसरी रिपोर्ट में बुनियादी शिक्षा के पाठ्यक्रम का विवेचन किया गया। हरिपुरा कांग्रेस अधिवेशन में जाकिर हुसैन समिति की सिफारिशें मंजूर की गई।

शिक्षा का प्रयोजन

डॉ. जाकिर हुसैन ने राष्ट्रीय शिक्षा को विशेष रूप से महत्त्व दिया, क्योंकि उनका विश्वास था कि शिक्षा के द्वारा ही राष्ट्रीय एकीकरण संभव है। उन्होंने शिक्षा के अग्रलिखित उद्देश्य बताये–

(1) सामाजिक उद्देश्य—डॉ. जाकिर हुसैन ने व्यक्तित्व एवं सामाजिक उद्देश्य की पारस्परिकता पर विशेष रूप से बल दिया, यद्यपि वह व्यक्ति से अधिक समाज को सर्वोपरि समझते हैं। डॉ. जाकिर हुसैन के अनुसार मानसिक जीवन का विकास समाज से ही संभव है, क्योंकि मानसिक जीवन अन्य किसी मानसिक जीवनों से ही उत्पन्न होता है।

उनके अनुसार वह शिक्षा दोषपूर्ण है, जो केवल व्यक्तिगत हित के लिये हो। शिक्षा में मानव, मानव के प्रति प्रेग हो, त्याग की भावना, सहयोग और सहिष्णुता होनी चाहिये।

डॉ. जाकिर हुसैन ने व्यक्ति में प्रेम, सहिष्णुता, त्याग, बलिदान और मानवता के गुणों को बढ़ावा देने वाली शिक्षा को सच्ची शिक्षा कहा है।

(2) आध्यात्मिक उद्देश्य—डॉ. जाकिर हुसैन ने शिक्षा का मुख्य लक्ष्य आध्यात्मिक उन्नयन माना है, जिसकी पूर्ति व्यक्तिगत चरित्र की पवित्रता और दृढ़ता द्वारा सम्भव है और जो पूर्णतया शाश्वत मूल्यों, आदर्शों और सांस्कृतिक उपलब्धियों से होती है।

डॉ. जाकिर हुसैन ने राष्ट्रीय शिक्षा को विशेष रूप से महत्त्व दिया, क्योंकि उनका विश्वास था कि शिक्षा के द्वारा ही राष्ट्रीय एकीकरण सम्भव है।

पाठ्यक्रम

डॉ. जाकिर हुसैन ने प्राथमिक शिक्षा के तहत पाठ्यक्रम की जो रूपरेखा प्रस्तुत की है वह विशेष रूप से प्रारम्भिक शिक्षा तक ही सीमित है। पाठ्यक्रम में उन्होंने पुस्तकीय ज्ञान की उपेक्षा क्रिया प्रधान शिक्षा को महत्त्व दिया। उन्होंने पाठ्यक्रम में हस्त उद्योग के उपयोग को विशेष बल दिया। इसका उद्देश्य यह था कि बालक में इसके द्वारा इतनी कुशलता आ जाये कि वह आवश्यकता पड़ने पर आत्मनिर्भर भी हो सके। उन्होंने पाठ्यक्रम इस प्रकार निश्चित किया, जिससे विद्यालय, घर और समाज के जीवन में सामंजस्य उत्पन्न होता है। डॉ. जाकिर हुसैन का विचार था कि समय-समय पर पाठ्यक्रम में परिवर्तन होना चाहिये, क्योंकि किसी भी सिद्धान्त को स्थायी मानना दोषपूर्ण है। डॉ. जाकिर हुसैन ने पाठ्यक्रम में उपयोगितावादी दृष्टिकोण को अपनाया है।

शिक्षण सिद्धान्त

डॉ. जाकिर हुसैन पर अनेक शिक्षाशास्त्रियों, मनौवैज्ञानिकों के विचारों विशेषकर रूसो का प्रभाव पड़ा, जिसके कारण उन्होंने प्रचलित पुस्तकीय शिक्षा का घोर विरोध किया। उनका कथन था कि इस शिक्षा द्वारा बालक की प्रतिभा का विकास नहीं हो पाता है, न ही उसका मानसिक विकास सम्भव हो पाता है। वर्तमान शिक्षा प्रणाली बालक को निष्क्रिय श्रोता बनाती है। अतः डॉ. जाकिर हुसैन ने अग्रलिखित शिक्षा सिद्धान्त प्रतिपादित किये हैं–

1. मनोवैज्ञानिक सिद्धान्त पर आधारित शिक्षण,
2. अनुभव के आयोजनों के सिद्धान्त पर आधारित शिक्षण,
3. क्रियात्मकता एवं मनन के सिद्धान्त पर आधारित शिक्षण,
4. स्वमूल्यांकन सिद्धान्त पर आधारित शिक्षण।

अध्यापक

डॉ. जाकिर हुसैन का मानना था कि अध्यापक ही छात्र रूपी अनगढ़े पत्थर को मूर्ति की शक्ल देते हैं। छात्रों के व्यक्तित्व को नया आयाम देने में अध्यापक की मुख्य भूमिका होती है। शिक्षक प्रेम, दया, सद्‌भाव और त्याग की प्रतिमूर्ति होते हैं। डॉ. जाकिर हुसैन ने अध्यापक को उच्च कोटि का स्थान दिया है और साथ ही साथ उसको अपने दायित्व के प्रति पूर्ण रूप से सजग रहने को कहा। अध्यापक का कार्य बालक में अच्छे गुणों का विकास करना होता है और चरित्र का विकास करना होता है। इस दायित्व का निर्वाह करने से पूर्व शिक्षक को स्वयं को भी उसी के अनुरूप ढालना होगा, तभी प्रभाव पड़ सकता है।

शिक्षा के स्तर

डॉ. जाकिर हुसैन के अनुसार अग्रलिखित शिक्षा के स्तर होना चाहिए–

(1) पूर्व-प्राथमिक शिक्षा–डॉ. जाकिर हुसैन ने पूर्व-प्राथमिक शिक्षा को विशेष महत्त्व दिया, क्योंकि विकास की गति की जितनी शीघ्रता, उसकी प्राथमिक अवस्था में होती है, उतनी अन्य आयु अवस्था में नहीं होती। इस अवस्था में बालक के शारीरिक विकास पर विशेष ध्यान देना चाहिए। बालक अपने वातावरण से अधिक प्रभावित होता है, अतः इस पर विशेष ध्यान देना चाहिए। बालक

की शिक्षा में रचनात्मक एवं हाथ के कार्य का विशेष महत्त्व है, क्योंकि इस आयु में रचनात्मक प्रवृत्ति बहुत अधिक होती है।

(2) प्राथमिक शिक्षा—डॉ. जाकिर हुसैन प्राथमिक शिक्षा को ही शिक्षा की आधारशिला मानते हुए छात्रों की शिक्षा पर अत्यधिक जोर देते थे। उनका विचार था कि 6-14 वर्ष तक की आयु में शिक्षा अनिवार्य एवं निःशुल्क होनी चाहिए। राज्य का दायित्व है कि प्राथमिक शिक्षा के प्रसार एवं विकास के लिए प्रयास करे।

(3) माध्यमिक शिक्षा—शिक्षा का मूल उद्देश्य सामाजिक संस्कृति का विकास और हस्तान्तरण है। बालक को प्रारम्भिक स्तर पर संस्कृति का प्रभाव देना सम्भव नहीं हो पाता। बालक जब माध्यमिक स्तर पर आता है तो उसमें मानसिक शक्तियों का विकास होने लगता है। उसमें आलोचनात्मक प्रवृत्ति का विकास होने लगता है। इस दृष्टि से माध्यमिक स्तर की शिक्षा का विशेष महत्त्व है।

(4) उच्च शिक्षा—डॉ. जाकिर हुसैन ने विश्वविद्यालय स्तर पर स्वायत्तता की माँग की, उन्होंने विश्वविद्यालय को विचारों का घर माना। दूसरों के ज्ञान को ही अर्जित कर लेना मात्र उद्देश्य न हो, न ही परीक्षा को उत्तीर्ण करना या डिग्री प्राप्त करना शिक्षा का उद्देश्य हो वरन् विद्यार्थी में सत्य और पूर्णता की खोज के प्रति वास्तविक जिज्ञासा और आस्था हो। विद्यार्थी में स्वतन्त्र रूप से खोज प्रवृत्ति का विकास हो। अन्वेषण द्वारा वह नये-नये ज्ञान की वृद्धि करे, राष्ट्रीय भावना का विकास हो। सामाजिक दायित्व की भावना का विकास हो, क्योंकि यही विद्यार्थी कल के राष्ट्र एवं समाज के कर्णधार होंगे।

(5) विशेष शिक्षा—विशेष शिक्षा के अन्तर्गत डॉ. जाकिर हुसैन ने वैज्ञानिक शिक्षा पर बल दिया। देश की प्रगति विज्ञान द्वारा ही सम्भव है। आज संसार में जो प्रगति हुई, वह विज्ञान के ही द्वारा है। विज्ञान ने ही संसार में क्रान्तिकारी परिवर्तन किया। अतः शिक्षा में विज्ञान को महत्त्व न देना बहुत बड़ी भूल होगी। डॉ. जाकिर हुसैन ने विज्ञान में धर्म या नैतिक मूल्यों को भी सम्मिलित किया, क्योंकि इस तरह विज्ञान की प्रगति मानवता के नाश के लिये नहीं केवल मानव के हित के लिये होगी।

4

वाराहगिरि वेंकट गिरि

(1894–1980)

वाराहगिरि वेंकट गिरि को राष्ट्रपति डॉ. जाकिर हुसैन के अकस्मात् निधन के तुरन्त बाद ही 24 अगस्त 1969 को भारत का चौथा राष्ट्रपति बनाया गया। इस अवसर पर उनका सम्मान करते हुए, उन्हें 31 तोपों की सलामी दी गई। भारत के राष्ट्रपति पद को सुशोभित करने वाले शख्ससियतों का सूक्ष्म अवलोकन करने पर यही तथ्य उभर कर सामने आता है कि इनके व्यक्तित्व का उचित मूल्यांकन नहीं हुआ। इसके फलस्वरूप स्थिति यहाँ तक पहुँच गई है कि यदि देश के राष्ट्रपतियों का नामोल्लेख करने हेतु कहा जाय तो अधिकांश वाराहगिरि वेंकट गिरि के नाम को विस्मृत ही कर जाएँगे। श्री गिरि के व्यक्तित्व का सम्यक् अध्ययन किए बिना उनके सम्बन्ध में निर्णय पारित कर देने वालों ने उनके प्रति अन्याय ही किया है।

जाने-माने पत्रकार और विवादित लेखक खुशवन्त सिंह ने तो उन्हें चार राष्ट्रपतियों अर्थात् डॉ. राजेन्द्र प्रसाद डॉ. सर्वपल्ली राधाकृष्णन, डॉ. ज़ाकिर हुसैन एवं वाराहगिरि वेंकट गिरि में गिरि को सर्वाधिक कमजोर, दूसरे शब्दों में दुर्बलतम राष्ट्रपति घोषित किया। उनके अनुसार उनके समय में राष्ट्रपति पद की गरिमा की अवमानना हुई–'यह भारत का दुर्भाग्य ही था कि जहाँ उसने अपनी स्वतन्त्रता की चौथाई शताब्दी में तीन अत्यन्त शक्तिशाली प्रधानमन्त्री प्राप्त किए वहीं उसे चार राष्ट्रपतियों में सबसे कमजोर राष्ट्रपति प्राप्त हुआ।'

खुशवन्त सिंह के अनुसार ही जहाँ डॉ. राजेन्द्र प्रसाद (1950-1962), डॉ. राधाकृष्णन (1926-1967) एवं डॉ. ज़ाकिर हुसैन (1967-1969) सभी महान् कद के व्यक्ति थे, जिनके विचारों का आदर नेहरू, शास्त्री और इन्दिरा गाँधी तक करते थे, वहीं वाराहगिरि वेंकट गिरि ने वही किया जिसे करने हेतु श्रीमती इन्दिरा गाँधी ने प्रधानमन्त्री के रूप में उन्हें निर्देशित किया। खुशवन्त सिंह ने उनके सम्बन्ध में निम्नलिखित पंक्ति लिखने में अवश्य ही उनके व्यक्तित्व के अध्ययन में अपने ज्ञान के किंचित अभाव का प्रदर्शन किया–

'गिरि में वे बौद्धिक विशिष्टताएँ प्राप्त नहीं थीं जो उनके पूर्ववर्तियों को थीं और यह पूर्ण रूप से प्रधानमन्त्री के ही प्राणी थे।'

यह कथन पूर्णतया सत्य नहीं है। यहाँ ये परिस्थितियाँ विचारणीय हैं जिन्होंने वाराहगिरि वेंकट गिरि को प्रधानमन्त्री श्रीमती इन्दिरा गाँधी के प्रति कुछ कमज़ोर तो कर दिया हो, लेकिन उनकी बौद्धिक या शैक्षणिक योग्यताएँ उन्हें अपने पूर्ववर्ती राष्ट्राध्यक्षों से बहुत न्यून नहीं बनातीं। जिसकी पुष्टि निम्न विवरण से स्पष्ट होती है–

प्रधानमन्त्री के प्रति वफ़ादार होने का कारण उस समय की वे राजनीतिक परिस्थितियाँ थीं जो अब तक के स्वतन्त्र भारत के इतिहास में अभूतपूर्व थीं। भारतीय राष्ट्रीय कांग्रेस में 1969 में पहली बार अन्तर्कलह की परिस्थितियाँ उत्पन्न हुईं। यह नियति की विडम्बना ही थी कि अपने को राजा-निर्माता (किंग मेकर्स) घोषित कराने वाले कामराज और उनके वरिष्ठ सहयोगी जिन्होंने एक कड़ी प्रतिद्वंद्विता के मध्य से उबार कर श्रीमती गाँधी को प्रधानमन्त्री बनाया, वे उनकी विचारधारा और जुझारू व्यक्तित्व से अपरिचित थे। श्रीमती गाँधी ने पद पर आसीन होने के पश्चात् स्वयं को इन वरिष्ठ नेताओं के अधीन पाया। इन वरिष्ठ नेताओं ने समझा था कि इन्दिरा गाँधी के भाग्य-विधाता होने के फलस्वरूप वे उन्हें उँगलियों पर नचाएँगे। किन्तु इतिहास गवाह है कि श्रीमती गाँधी किसी के इशारे पर नाचने नहीं बल्कि दूसरों को अपने इशारे पर नचवाने में कुशल थीं। प्रधानमन्त्री के रूप में इन्दिरा गाँधी ने अपने स्वनामधन्य भाग्य-विधाताओं की कृतज्ञता का बोझ अपने सिर पर बहुत दिनों तक ढोये चलना उचित नहीं समझा और प्रतिफल की परवाह किए बिना उसे उतार फेंका। पार्टी-अध्यक्ष कामराज और उनके सहयोगियों के विचारों की उपेक्षा उन्होंने आरम्भ कर दी और देश को अपने स्वतन्त्र निर्णय के आधार पर चलाना चाहा।

श्रीमती गाँधी की इस स्वतन्त्र विचारधारा के परिणाम स्वरूप पार्टी अध्यक्ष कामराज के नेतृत्व में इन्दिरा गाँधी को पराजित करने के उद्देश्य से विरोधी संगठित होने लगे। यहीं पर आती है वाराहगिरि वेंकट गिरि की दुर्भाग्य-गाथा और सौभाग्य-गाथा भी। कांग्रेस बहुसंख्यक सदस्यों वाली शासक पार्टी थी और उसने जिसे चाहा राष्ट्रपति के अवकाश-ग्रहण करने के पश्चात् उप राष्ट्रपति को ही यह पद प्राप्त हो जाता था। निर्वाचन तो दिखावा था। कांग्रेस द्वारा निर्धारित व्यक्ति के समक्ष अन्य प्रत्याशियों की पराजय पहले से ही सुनिश्चित थी। इसी परम्परा या परिपाटी ने सर्वपल्ली राधाकृष्णन तथा डॉ. ज़ाकिर हुसैन दोनों को राष्ट्रपति के पद तक पहुँचाया।

प्रधानमन्त्री श्रीमती गांधी को शिकस्त देने के उद्देश्य से कांग्रेस ने कामराज के नेतृत्व में चली आ रही परम्परा को त्यागते हुए राष्ट्रपति के उम्मीदवार के रूप में खड़ा कर दिया। इन्दिरा गाँधी अपनी बुद्धिमत्ता और चातुर्य और बहुत हद तक दूर-दृष्टि हेतु भी विख्यात थीं।

इस घटना के पीछे छिपे षड्यंत्र को भाँपने में उन्हें विलम्ब नहीं हुआ और षड्यंत्र की सफलता में अपने राजनीतिक भविष्य पर लगने वाले प्रश्नचिह्न को पहचानने में भी उन्होंने किसी मतिभ्रम का परिचय नहीं दिया। उन्होंने उप राष्ट्रपति वाराहगिरि वेंकट गिरि को अपने विश्वास में लिया और उन्हें स्वतन्त्र रूप से राष्ट्रपति के रूप में निर्वाचन-हेतु खड़ा होने पर राज़ी कर लिया। वाराहगिरि वेंकट गिरि ने भावी निर्वाचन में भाग लेने हेतु उप राष्ट्रपति के पद से निम्नलिखित एक पंक्ति में त्याग-पत्र दे दिया—

'मैं वी.वी. गिरि ने उपराष्ट्रपति के पद से 20 जुलाई, 1969 के पूर्वाह्न में अपना त्यागपत्र दे दिया।'—वी. वी. गिरि।

इस घोषण को नियमतः सरकारी गज़ट में क्रमांक 2936 के रूप में प्रकाशित किया गया। वाराहगिरि वेंकट गिरि इस प्रकार राष्ट्रपति पद हेतु निर्वाचन में भाग लेने योग्य हो गए। परिस्थितियों और भाग्य ने इंदिरा गाँधी का साथ दिया।

नीलम संजीव रेड्डी की सफलता को सुनिश्चित करने हेतु पार्टी अध्यक्ष कामराज ने प्रधानमन्त्री को -'ह्रीप' जारी करने को कहा। लेकिन भविष्य से आक्रान्त और परिस्थितियों से प्रायः एकाकी जूझने वाली तथाकथित अबला नारी पार्टी के इस अनुरोध पर कहाँ झुकने वाली थीं! उन्होंने 'ह्रीप' जारी करने से

इनकार कर दिया। परिणामस्वरूप नीलम संजीव रेड्डी तथा वाराहगिरि वेंकट गिरि एक दूसरे के समक्ष राष्ट्रपति पद के चुनाव में खड़े हो गये। स्वतन्त्र भारत के इतिहास में राष्ट्रपति पद हेतु यह वास्तविक निर्वाचन था। दोनों सदस्य एक तरह से कांग्रेसी ही थे। अतः, किसी तीसरे का अखाड़े में कूदना अपनी मिट्टी पलीद कराना ही था।

इस राजनैतिक महासमर का परिणाम जानने हेतु केवल भारतीय जनता ही नहीं विश्व के सभी देश उत्सुक थे। भारतीय जनता बहुत ध्यानपूर्वक इस राजनीतिक पैंतरे को देख रही थी और जिन्हें इसके पीछे छिपे षड्यंत्र से वह अनभिज्ञ वे स्पष्ट रूप में इन्दिरा गाँधी को पार्टी–विरुद्ध रवैये हेतु दोषी भी करार दे रहे थे। दूसरे शब्दों में कहें, तो ऐसे लोग एक ऐसे न्यायाधीश की भूमिका निभा रहे थे जो बिना 'केस' की फाइल को पढ़े और बिना साक्ष्यों को ठीक से समझे फ़ैसला सुना देता है। इन्दिरा गाँधी का भविष्य जब स्वयं अंधकारग्रस्त था तो पार्टी का अनुशासन मानने-न-मानने का एक धुँधला प्रश्न भी कहाँ खड़ा होता था? कहना पड़ेगा कि यदि नीलम संजीव रेड्डी उस समय भारत के राष्ट्रपति बन गए होते तो 1969 के बाद देश का इतिहास कुछ और होता और इस महाद्वीप का भूगोल भी नहीं परिवर्तित होता जिस बदलाव के फलस्वरूप बांग्ला देश का निर्माण हुआ। एक ही पार्टी के समान प्रतिष्ठा वाले दो प्रत्याशी चुनावी मैदान में आमने-सामने थे। दोनों में से विजय श्री किसका वरण करेगी जानने के लिए सम्पूर्ण देश की दृष्टि चुनावी परिणाम पर टिकी हुई थी।

श्रीमती गाँधी और वाराहगिरि वेंकट गिरि के भाग्य ने अन्ततः साथ दिया और प्रायः नगण्य विभेद से अर्थात् 50.2 प्रतिशत मतों से वाराहगिरि वेंकट गिरि राष्ट्रपति निर्वाचित हो गए। कांग्रेस पार्टी में आयी दरार बढ़ती चली गयी आखिर में 14 नवम्बर 1969 को कांग्रेस दो गुटों में विभाजित हो गई। कांग्रेस पार्टी की स्थापना 1885 ई. में हुई थी और 1885 से 1969 के दीर्घ इतिहास में पार्टी में विरोध के स्वर यदा-कदा उठे भी थे जिन्हें उस समय के दिग्गज काग्रेसियों ने अपनी उदारता और सौहार्द के बल पर सुलझा लिया था और पार्टी को विभाजन का मुख नहीं देखना पड़ा था। 1969 में शायद महान् नेताओं की परम्परा समाप्त होने लगी थी और प्रतिफल पार्टी के दुर्भाग्यपूर्ण विभाजन के रूप में आया। इन्दिरा गाँधी के साथ रहने वाले लोग (कांग्रेस आई) कहलाए और दूसरे घड़े के लोग कांग्रेस (अ) के नाम से जाने गए।

मत-मतान्तरों और विभाजन का सिलसिला जो कांग्रेस-पार्टी में 1969 ई. में आरम्भ हुआ वह बदस्तूर आज तक जारी है। हमें इसके इतिहास में नहीं जाना, पर यह तो स्पष्ट करना ही था कि जिन परिस्थितियों में वाराहगिरि वेंकट गिरि राष्ट्रपति के पद पर पहुँचे थे उन्हें प्रधानमन्त्री इन्दिरा गाँधी के प्रति कृतज्ञ होना ही था। ऐसे भी वाराहगिरि वेंकट गिरि को किसी असंवैधानिक व्यवहार का दोषी नहीं ठहराया जा सकता। भारतीय संविधान के अनुसार राष्ट्रपति को मन्त्रि-परिषद् के नेता प्रधानमन्त्री की सलाह पर चलता ही है।

भारतीय संविधान का अनुच्छेद 53 (1) स्पष्ट करता है–'संघ की कार्यकारिणी शक्ति राष्ट्रपति में निहित होगी जिसे वह स्वयं प्रत्यक्ष रूप में या अपने अधीनस्थ अधिकारियों के माध्यम से संविधानानुकूल प्रयोग करेगा।' स्पष्ट है, संघ की कार्यकारिणी शक्ति राष्ट्रपति, उप राष्ट्रपति और मन्त्रि-परिषद् के प्रमुख के रूप में प्रधानमन्त्री में समाहित है। एक राष्ट्रपति के इतने सारे उत्तरदायित्व होते हैं जिनसे वह पूरी तरह से अवगत भी नहीं होता है। एक अप्रत्यक्ष रूप में निर्वाचित राष्ट्रपति की शक्ति प्रत्यक्ष रूप में निर्वाचित प्रधानमन्त्री से कम होनी ही है। एक तरह से प्रधानमन्त्री की इच्छा, जनता की इच्छा है और इस इच्छा का उल्लंघन कोई भी राष्ट्रपति नहीं करना चाहेगा।

संविधान में हुए 42वें संशोधन में अनुच्छेद 74(1) में यह स्पष्ट किया गया है–

'प्रधानमन्त्री के तहत एक मन्त्रि-परिषद् होगी जो राष्ट्र को उनके कार्यों के संचालन में परामर्श देगी और इस परामर्श के अनुसार उसे कार्य-संचालन करना होगा। कहने वाले कह सकते हैं कि यह संशोधन 1976 में हुआ था और राष्ट्रपति वाराहगिरि वेंकट गिरि ने 1969 में ही अपने को मात्र संवैधानिक प्रधान या प्रधानमन्त्री अथवा मन्त्रि-परिषद की अनुशंसाओं को पालनकर्त्ता बना कर क्यों छोड़ दिया क्योंकि वे तो 1969 में ही राष्ट्रपति हुए थे। ऐसे लोगों को और किसी का नहीं स्वयं भारत में प्रथम राष्ट्रपति डॉ. राजेन्द्र प्रसाद के भाषण के एक अंश की ओर ध्यान आकृष्ट करना पड़ेगा, जिसे उन्होंने संविधान-सभा के अध्यक्ष के रूप में प्रकट किया था–

'यद्यपि जहाँ तक मैं जानता हूँ, संविधान में ऐसा कोई स्पष्ट प्रावधान नहीं है जो राष्ट्रपति को मन्त्रियों की सलाह मानने हेतु बाध्य करे, तथापि यह आशा की जाती है कि ब्रिटिश परम्परा, जिसमें राजा सदा मन्त्रियों की सलाह पर ही चलता है, भारत में भी स्थापित होगी और राष्ट्रपति संविधान

में लिखे शब्दों के अनुसार नहीं बल्कि इसी स्वस्थ परम्परा के अनुसार संवैधानिक राष्ट्रपति ही रहेगा।' संविधान के निर्माता डॉ. बी. आर. अम्बेडकर ने राष्ट्रपति की संवैधानिक स्थिति को स्पष्ट करते हुए लिखा था।

'भारतीय संघ का अध्यक्ष मुख्यतया मन्त्रियों के परामर्श से बंधा रहेगा। मुख्यतया वह उनके परामर्श के विरुद्ध कुछ नहीं करेगा, और ना ही उनके बिना परामर्श के ही करेगा।'

डॉ. आम्बेडकर ने प्रधानमंत्री के कर्त्तव्य को स्पष्ट करते हुए कहा—

'यह प्रधानमन्त्री का कर्त्तव्य है कि वह मन्त्रियों की सहायता से देश पर शासन करे और राष्ट्रपति को, मन्त्रि-परिषद को यदा-कदा सहयोग और परामर्श देने का अवसर प्रदान किया जा सकता है। राष्ट्रपति राष्ट्र का अध्यक्ष है, कार्यकारिणी का नहीं। वह राष्ट्र का प्रतिनिधित्व करता है, राष्ट्र पर शासन नहीं करता।'

उपर्युक्त के आलोक में आप प्रधानमन्त्री के परामर्श पर चलने हेतु वाराहगिरि वेंकट गिरि को असंवैधानिक कार्यों का दोषी कैसे मान सकते हैं? अपितु संविधान-उल्लंघन के वास्तविक दोषी तो वहीं होंगे जिन्होंने अपनी स्थिति को ठीक से नहीं समझ कर अपने विचारों से मन्त्रि-परिषद् के निर्णयों को प्रभावित करने का प्रयत्न किया होगा। यहाँ यह उल्लेखनीय है कि भारतीय राष्ट्रपतियों का यह दुर्भाग्य लगा रहता है कि जब भी भारतीय राष्ट्रपतियों के समक्ष कोई भी कठिन परिस्थिति उत्पन्न होती है तो वह स्वविवेक से निर्णय लेने के बजाय संविधान-विशेषज्ञों की राय लेना आरम्भ कर देते हैं। जैसे ये विशेषज्ञ ही भारतीय संघ के राष्ट्रपति के ऊपर हों या राष्ट्रपति का संविधान-ज्ञान अधूरा या अधकचरा हो।

भारतीय संविधान ऐसा जटिल नहीं है कि राष्ट्रपति-पद का आकांक्षी व्यक्ति इसे अच्छी तरह से न समझ ले या पद सम्हालने के बाद इसकी बारीकियों, विशेषताओं से अवगत न हो सके। ऐसे ही परामर्शों और संवैधाानिक विशेषज्ञों के परामर्श और उनके साथ बैठकों का ही प्रतिफल था कि एक बार राष्ट्रपति ज्ञानी ज़ैल सिंह तत्कालीन प्रधानमन्त्री राजीव गाँधी को बर्ख़ास्त करने की बात सोचने लगे थे। अब आप किसे एक सुयोग्य तथा विचारवान् राष्ट्रपति कहेंगे? ज्ञानी ज़ैल सिंह या वाराहगिरि वेंकट गिरि को? सही है, वाराहगिरि वेंकट गिरि ने राष्ट्रपति के रूप में अपने निर्वाचन के तत्काल पश्चात् श्रीमती गाँधी को अपनी पुत्री के रूप में सम्बोधित किया था और आलोचकों का मुँह बन्द करने हेतु इस संविधान-वेत्ता ने संविधान की ही बात कही थी—

"संवैधानिक प्रधान के रूप में तो मुझे प्रधानमन्त्री के परामर्श पर चलना ही है।'

गिरि की इस आत्म-स्वीकृति को यदि कोई उन्हें उनकी दुर्बलता मानता है तो उसे भारत के संविधान को सामने रख लेना चाहिए। वेंकट गिरि को दुर्बलतम राष्ट्रपति मानने वालों को उनके व्यक्तित्व के प्रत्येक पहलू का सूक्ष्म दृष्टि से आँकलन करना होगा। जिससे यह सिद्ध होगा कि अपनी विराटता में उनका व्यक्तित्व और कृतित्व अपने पूर्ववर्तियों से बहुत कम नहीं थे। भले ही इनकी उपलब्धियों का क्षेत्र कुछ हद तक इनसे भिन्न रहा हो। लेकिन ये राष्ट्रपति बनने के पूर्व जिस क्षेत्र में भी रहे, वहाँ सिरमौर रहे। एक बात और कि वाराहगिरि वेंकट गिरि पूर्णतया एक राजनीतिक प्राणी थे। राजनीति उन्हें पिता का प्रेम और माँ के दूध में ही मिली थी। इस दृष्टि से डॉ. राजेन्द्र प्रसाद को छोड़कर अपने पूर्ववर्तियों में वे सबसे आगे थे।

जीवन वृत्त

वाराहगिरि वेंकट गिरि का जन्म 10 अगस्त 1894 को तत्कालीन मद्रास प्रेसीडेंसी के गंजम जिले के बरहमपुर में हुआ था। वर्तमान में यह क्षेत्र उड़ीसा के अन्तर्गत आता है। उनके पिता का नाम बी. बी. जोगियाह पन्तूलू और माता का सुभद्राम्मा था। इस परिवार में बारह बच्चे थे—सात लड़के और पाँच लड़कियाँ। इनका स्थान दूसरा था। लेकिन इनका अग्रज सोलह वर्ष की अवस्था में ही दिवंगत हो गया। उस समय वेंकटगिरि की उम्र मात्र 13 वर्ष थी। वाराह गिरि वेंकट गिरि का परिवार बरहमपुर के संभ्रान्त परिवारों में से एक था इनके परिवार में कई प्रसिद्ध वकील और सामाजिक कार्यकर्त्ता थे। इनके पिता जोगियाह पन्तूलू एक जाने-माने कानून-विशेषज्ञ थे एवं बरहमपुर अधिवक्ता-संघ के अध्यक्ष पद को भी इन्होंने सुशोभित किया था। इनके पिता को इंग्लैंड में प्रिवी कौंसिली के समक्ष भी अपनी कानूनी विशेषज्ञता प्रकट करने का असामान्य सम्मान प्राप्त हुआ था। मात्र 12 वर्ष की अवस्था में ही नवम्बर 1931 से गिरि से सामाजिक कार्यों में हिस्सा लेना प्रारम्भ कर दिया था। 1917 में 23 वर्ष की उम्र में इनका विवाह सरस्वती बाई से सम्पन्न हुआ।

इन्होंने 'नवयुवक पुस्तक संघ' की स्थापना में प्रमुख योगदान दिया और आगे चलकर देश में पुस्तक-आन्दोलन को गति देने में इनकी भूमिका

प्रबल रही। इससे इनके पुस्तक-प्रेमी तथा विद्या-व्यसनी रूप के दर्शन होते हैं।

जैसा कि पूर्व में कहा गया, इनके पिता का प्रभाव इन पर पर्याप्त पड़ा। पिता बी.बी. जोगियाह पन्तूलू भारतीय राष्ट्रीय कांग्रेस की गतिविधियों में सक्रिय रुचि लेते थे। यह गाँधी-पूर्व की कांग्रेस थी। पिता ने राष्ट्रीय आन्दोलन में खुलकर भाग लिया एवं मोतीलाल नेहरू, देशबन्धु दास गुप्ता एवं चितरंजन दास के द्वारा स्थापित स्वराज पार्टी के भी सक्रिय सदस्य रहे। मोतीलाल नेहरू उन दिनों अपने आभिजात्य के साथ-साथ वकालत पेशा से अर्जित सम्पत्ति एवं सच्ची राष्ट्रभक्ति के कारण स्वतन्त्रता-आन्दोलन में प्रमुख भूमिका निभाते थे। वेंकट गिरि के पिता बी.बी जोगियाह पन्तूलू मोतीलाल नेहरू के प्रमुख सहायक थे।

नेहरू को इन पर पूर्ण विश्वास था। वे इनकी निष्ठा एवं व्यक्तित्व से काफी प्रभावित थे। केन्द्रीय विधायिका समिति के सदस्य वे तीन वर्षों तक (1927-1930) रहे। 1935 का गवर्नमेंट ऑफ इंडिया एक्ट जब अस्तित्व में आया, वेंकट गिरि के पिता म्रदास विधान परिषद् के सदस्य (1937-40) तक रहे। वाराहगिरि वेंकट गिरि ने प्रसिद्ध मजूदर नेता के रूप में जीवन की शुरुआत की। उनके पिता भी श्रमिक आन्दोलनों में सक्रिय भूमिका निभाते थे। बंगाल-नागपुर रेलवे कार्यकर्त्ता-संघ से वे निकटता से सम्बद्ध थे। सम्पूर्ण गंजम ज़िले में उनकी लोकप्रियता अद्वितीय थी।

1940 में जब वाराहगिरि वेंकट गिरि की उम्र मात्र 46 वर्ष की थी, इनके पिता का देहान्त हो गया। इसके पश्चात् इनके चरित्र-गठन का भार इनकी माता पर आ गया जो अगस्त, 1968 में 95 वर्ष की अवस्था में दिवंगत हुईं। वी.वी. गिरि की माता सुभ्रदाम्मा एक साध्वी और संस्कारी महिला थीं। इन्होंने वी.वी. गिरि को सत्य, सदाचार, नैतिकता और अध्यात्म की शिक्षा दी। जब श्री गिरि आयरलैंड जा रहे थे, तो माता ने उनको इस बात की प्रतिज्ञा कराई कि वे वहाँ सामिष भोजन नहीं करेंगे। वहाँ वे उच्चतर अध्ययन हेतु जा रहे थे।

शैक्षिक क्षेत्र में भी वी.वी. गिरि कम प्रतिभाशाली नहीं थे। शुरुआती शिक्षा बरहमपुर उच्च पाठशाला में ग्रहण करने के पश्चात् सीनियर कैम्ब्रिज परीक्षा हेतु उन्होंने मद्रास में अध्ययन किया और 1913 के वसन्त में इंग्लैंड को प्रस्थान कर गए। इन्होंने राष्ट्रीय विश्वविद्यालय आयरलैंड और डब्लिन के 'किंग्स ईन' में अध्ययन किया और कानून की डिग्री प्राप्त की। बी.ए. में इनके विषय

साहित्य, राजनीति विज्ञान, अर्थशास्त्र, संवैधानिक विधि तथा अन्तर्राष्ट्रीय कानून थे।

राजनैतिक जीवन

आयरलैंड में उन दिनों स्वतन्त्रता-आन्दोलन चरम सीमा पर था लेकिन यह भारत की तरह शान्तिपूर्ण लोगों के हाथ में नहीं था। यहां आन्दोलन का नेतृत्व कट्टरपंथियों द्वारा किया जा रहा था। उदारवादी दृष्टिकोण वाले गिरि इनके सम्पर्क में आये तथा इनके विचार और नीतियों से प्रभावित हुए। आयरलैंड के स्वतन्त्रता-आन्दोलन में भी हिस्सा लिया। इस आशा में कि भारत लौटकर वे आयरलैंड की पद्धति को अपनाएँगे। लेकिन ऐसा होना नहीं था। फिर भी आयरलैंड में इनकी राजनीतिक रुचि पर्याप्त विकसित हुई। इन्होंने डब्लिन में भारतीय छात्रसंघ की स्थापना की और जब तक वे आयरलैंड में रहे, इस संघ के सचिव पद को सुशोभित करते रहे।

सन् 1914 में वी.वी. गिरि पहली बार महात्मा गाँधी से मिले। उनकी यह मुलाकात लन्दन में हुई। जब तक गाँधी जी लन्दन में रहे तब तक गिरि लगातार सम्पर्क में रहे। उस समय यह विचार ज़ोरों पर था कि युद्ध में इंग्लैंड की सहायता की जाए या नहीं, क्योंकि इस समय प्रथम विश्वयुद्ध चल रहा था। महात्मा गाँधी इस पक्ष में थे कि संकट की इस घड़ी में अंग्रज़ों की सहायता की जाए, तभी उनसे स्वतन्त्रता-प्राप्ति की आशा की जा सकती है। परन्तु कुछ प्रमुख भारतीय जिनमें सुभाषचन्द्र बोस भी थे, गाँधी के इस विचार के विरुद्ध थे। वी.वी. गिरि भी आयरलैंड की स्वतन्त्रता-आन्दोलन से प्रभावित होकर गाँधी के विपरीत विचार ही रखते थे। गाँधी ने इंग्लैंड के भारतीय युवकों से आग्रह किया कि वे कम-से-कम 'रेड-क्रॉस' में अवश्य ही शामिल हो जाएँ। इस प्रकार भले ही वे प्रत्यक्ष रूप से युद्ध में सम्मिलित न हों किन्तु घायल सैनिकों की सहायता करें तो इस तरह इंगलैंड की कुछ-न-कुछ सहानुभूति भारत को प्राप्त हो सकती थी। वी. वी. गिरि एक दृढ़ इच्छा-शक्ति के धनी थे और शीघ्र किसी के प्रभाव में आने वाले नहीं थे।

गाँधी की अपील पर अमल करने में उन्हें काफ़ी समय लगा। उन्होंने रेड-क्रॉस में अपना नाम तो दे दिया लेकिन उनका विवेक उन्हें हमेशा कचोटता रहा। और वे भारतीय छात्रसंघ की स्थापना कर उसके सचिव बन गए। गिरि

के जीवन में कुछ ऐसी ही घटना घटते-घटते बची जो उनके पूर्ववती डॉ. हुसैन के साथ घट रही थी। डॉ. ज़ाकिर हुसैन को उनके प्राचार्य ने डिप्टी कलक्टर बनवाने का आशवासन दिया था तो वी.वी. गिरि प्रथम विश्वयुद्ध के दौरान 1916 में भारत लौटे तो उन्हें मुंसिफ मजिस्ट्रेट का पद दिया जाने लगा। किन्तु वी.वी. गिरि अंग्रेज़ों की गुलामी करने हेतु पैदा नहीं हुए थे और उनकी महत्त्वाकांक्षा महज़ मुन्सिफगिरी तक ही सीमित नहीं रह सकती थी।

उन्होंने इस पद को ठुकरा दिया और 13 सितम्बर, 1916 को मद्रास उच्च न्यायालय में अधिवक्ता के रूप में अपना पंजीकरण करा लिया। 1916 में ही गिरि ने विधिवत् कांग्रेस की सदस्यता ग्रहण की एवं श्रीमती एनी बेसेन्ट के स्वराज्य आन्दोलन (होम रूल मूवमेंट) के भी सक्रिय सदस्य बन गए। 1916 में इन्होंने अपने नगर बरहमपुर में वकालत शुरू कर दी थी जो अच्छी तरह चल रही थी। गिरि ने कांग्रेस के सदस्य के रूप में 1916 में सम्पन्न कांग्रेस के लखनऊ-अधिवेशन में भाग लिया।

सामाजिक जीवन

1921 ई. में वी.वी. गिरि के जीवन में महत्त्वपूर्ण बदलाव आया, देश में चल रहे स्वतन्त्रता आन्दोलन में गाँधी जी के विचारों से प्रभावित होकर हजारों युवकों के साथ शामिल हो गये। उस समय वकालत के पेशे में काफी नाम कमा रहे थे। निश्चित ही वी.वी. गिरि को अपने पिता की ही लोकप्रियता अपने क्षेत्र में प्राप्त थी तभी वे अनेक लोगों को अपने साथ भारतीय स्वतन्त्रता-आन्दोलन में भागीदारी हेतु प्रेरित कर सके। 7 फरवरी 1922 को गिरि को राजनीतिक गतिविधियों के कारण गिरफ्तार कर लिया गया तथा इन्हें जेल में बन्द कर दिया गया। उस समय वे केन्द्रीय विधायिका समिति के सदस्य थे। यह बात 1927-30 की थी।

1934-1937 तक भी वे इस सभा के सदस्य रहे। यहाँ एक शक्तिशाली वक्ता के रूप में इन्होंने अपना प्रभाव छोड़ा एवं इनके विचार-विमर्श भी काफ़ी उपयोगी सिद्ध हुए। विशेषकर श्रमिक समस्याओं से सम्बन्धित इनके तर्क काफ़ी तीखे होते थे। उस समय इनके समकालीनों में गोविन्दवल्लभ 'पन्त', मुहम्मद अली जिन्ना, मदन मोहन मालवीय, आसफ अली, भोलाभाई देसाई और एस. सत्यमूर्ति प्रमुख थे। आयरलैंड के श्रमिक-आन्दोलन ने भी वी. वी. गिरि पर स्थायी प्रभाव छोड़ा और वहाँ से लौटते ही वे श्रमिक वर्ग के कल्याण में पर्याप्त

रुचि लेने लगे थे। शीघ्र ही श्रमिकों से इनकी घनिष्ठता बढ़ गई और श्रमिक वर्ग में इनकी लोकप्रियता बढ़ती ही गई। श्रमिक नेता होते हुए भी यह स्वयं को एक श्रमिक ही मानते थे।

1922 में ही ये भारतीय श्रम-आन्दोलन के जनक एन.एम. जोशी के दाहिने हाथ हो गए थे। 1923 में अखिल भारतीय रेलवे-कर्मचारी-संगठन का गठन इनके नेतृत्व में हुआ और यह एक शक्तिशाली संगठन सिद्ध हुआ। वी. वी. गिरि दो बार अखिल भारतीय श्रमिक संगठन-कांग्रेस के अध्यक्ष चुने गए। एक बार 1926 में और एक बार 1942 में।

वी.वी. गिरि निस्सन्देह एक महान-श्रमिक नेता के रूप में अपना स्थान बनाने में सफल हुए। इनकी यही विशेषता इनके दो पूर्ववर्तियों से इन्हें पृथक् करती है। अपनी शैक्षिक योग्यता के साथ-साथ एक अति सफल श्रमिक आन्दोलन के कर्णधार के रूप में इनकी जो छवि बनी, उसने इन्हें इनके पूर्ववर्ती राष्ट्रपतियों से ऊँचाई और गरिमा में पीछे नहीं रहने दिया। श्रमिक आन्दोलनों से जुड़े होने कारण इन्होंने कई बार विदेश यात्रा की। इन्होंने अन्तर्राष्ट्रीय श्रम सम्मेलन एवं ट्रेड यूनियन कांग्रेस, जेनेवा में भाग लिया। इंडियन लेबर ऑर्गनाइजेशन से ये 40 वर्षों तक सम्बद्ध रहे। जून 1970 में डायरेक्टर जनरल ने इन्हें जेनेवा में उसके 54वें अन्तर्राष्ट्रीय श्रम सम्मेलन को सम्बोधित करने हेतु आमन्त्रित किया।

लन्दन में आयोजित 1931-32 के द्वितीय राउंड टेबुल कॉन्फ्रेंस में इन्होंने श्रमिकों का प्रतिनिधित्व किया। वी.वी. गिरि के जीवन में एक प्रभावी मोड़ 1937 में आया जब वे मद्रास विधान सभा के सदस्य चुने गए एवं चक्रवर्ती राजगोपालाचारी के नेतृत्व में जो मन्त्रि-परिषद् गठित हुआ, उसमें ये कैबिनेट मन्त्री हुए एवं इन्हें श्रम तथा उद्योग मन्त्री बनाया गया जिस पद पर ये 1937-1939 तक रहे। 1939 में सभी प्रान्तीय मन्त्रि-परिषद् जो कांग्रेस द्वारा गठित थे, ने त्याग-पत्र दे दिया और वी. वी. गिरि भी पद से मुक्त होकर स्वतन्त्रता-आन्दोलन में पूरी तरह कूद पड़े। जिसके परिणामस्वरूप इन्हें 15 माह का सश्रम कारावास दण्ड मिला। जिससे वे मार्च 1941 को मुक्त हुए।

भारत छोड़ो आन्दोलन के अन्तर्गत 17 अगस्त, 1942 को वे पुनः गिरफ्तार कर लिए गए और इस बार वे 1945 में ही छूट पाए। यह इनका सर्वाधिक लम्बा जेल-जीवन था। इस तथ्य से स्पष्ट हुआ कि वी.वी. गिरि ने एक सच्चे

राजनीतिज्ञ की भूमिका निभाई और जहाँ इनके दो पूर्ववर्ती राष्ट्रपतियों ने जेल का मुँह भी नहीं देखा वहीं ये कई साल जेल की चारदीवारी में रहे। 1947 में वी. वी. गिरि सीलोन में भारत के प्रथम हाई कमिश्नर नियुक्त हुए। नव-निर्मित भारतीय संविधान के तहत 1952 में जो राष्ट्रव्यापी निर्वाचन हुआ, उसमें ये लोक सभा हेतु निर्वाचित हुए एवं केन्द्रीय कैबिनेट के मन्त्री बने जहाँ इन्हें उचित ही श्रम-मन्त्रालय सौंपा गया। वी.वी. गिरि देखने में ऊपर से जितने सरल और विनम्र थे लेकिन अपने आदर्शों के वे सदा प्रबल पक्षधर रहे और अपनी मान्यताओं के विरुद्ध जाकर किसी पद अथवा लाभ हेतु कोई समझौता नहीं किया।

उनका त्यागमय चरित्र निश्चय ही अद्‌भुत था। इसका ज्वलन्त उदाहरण यह है कि श्रमिकों के मुद्‌दे को लेकर कैबिनेट में जब मतभेद हुआ तो वी. वी. गिरि ने कोई समझौता करने के बदले मन्त्रि-परिषद् से पृथक् हो जाना ही उचित समझा और अगस्त 1954 में मन्त्री-पद से त्यागपत्र दे दिया। वी. वी. गिरि एक श्रेष्ठ वक्ता होने के साथ-साथ एक श्रेष्ठ लेखक भी थे। उन्होंने कई पुस्तकें भी लिखीं, जिनकी चर्चा होनी चाहिए थी लेकिन सदा प्रचार-प्रसार से दूर रहने वालों की जो गति होती है, वह लेखक वी.वी. गिरि की भी होनी थी। इनकी लिखी पुस्तकों को पर्याप्त चर्चा नहीं मिल सकी। इनकी कुछ प्रमुख कृतियाँ हैं जिनमें इंडस्ट्रियल रिलेशन्स, लेबर प्रॉब्लम्स इन इंडियन इन्डस्ट्री, जॉब्स फॉर आवर मीलियन्स तथा माई लाइफ एंड टाइम्स (भाग-1) प्रमुख हैं।

अन्तिम पुस्तक के रूप में इन्होंने अपनी आत्मकथा लिखी किन्तु यह पूर्ण नहीं हो सकी। वी.वी. गिरि एक तरह से नियति के प्रिय पुत्र थे। जीवन में उन्होंने जो कुछ संघर्ष देखा हो, सफलताएँ सदा उनके कदम ही चूमती रहीं।

पता नहीं उन्हें ज्योतिष या ग्रह-योग में विश्वास था अथवा नहीं, परन्तु 1957 में राज्यपाल का गरिमामय पद जो प्राप्त होना आरम्भ हुआ तो यह क्रम 1967 तक चलता रहा। इस मध्य ये उत्तर प्रदेश (1957-60), केरल (1960-65) तथा मैसूर (1965-67) राज्य के राज्यपाल हुए।

राष्ट्रपति के रूप में

1967 में इनका प्रथम प्रबल भाग्योदय हुआ जब डॉ. ज़ाकिर हुसैन के राष्ट्रपति बनने पर उन्हें उप राष्ट्रपति के पद पर सुशोभित किया गया।

पहले ही बताया जा चुका है कि 24 अगस्त, 1969 को ज़ाकिर हुसैन के मरणोपरान्त और एक विकट संघर्ष के बाद इन्हें देश के राष्ट्रपति का पद प्राप्त हुआ जिस पर ये पूरे पाँच वर्ष रहे। अर्थात् 24 अगस्त, 1974 को इन्होंने राष्ट्रपति का पद छोड़ा। शायद यह पहले राष्ट्रपति थे जिनके पद-त्याग के समय डाक विभाग ने एक नया डाक टिकट जारी किया। इनके सम्मान में 24 अगस्त, 1974 को ही 25 पैसे का डाक टिकट जारी हुआ।

वेंकट गिरि एक बहुआयामी व्यक्तित्व के धनी थे। अपनी बौद्धिक कुशलता के बल पर इन्होंने भारतीय गणराज्य के सर्वश्रेष्ठ पद को सुशोभित किया।

श्री वी. वी. गिरि एक विदेशी शिक्षा-प्राप्त विधिवेता, एक सफल छात्र-नेता, एक अतुलनीय श्रमिक नेता, एक निर्भीक स्वतन्त्रता-सेनानी, एक जेल-यात्री, एक प्रखर वक्ता, एक त्यागी महापुरुष थे जिन्होंने केन्द्रीय मन्त्री-पद को भी ठुकराया, एक आदर्श एवं नैतिक पुरुष जिन्होंने अपने विश्वासों से कभी समझौता नहीं किया, एक सफल अधिवक्ता जिसने अन्ततः देशहित में अपने आयप्रद व्यवसाय को भी त्याग दिया। कई राज्यों के सफल राज्यपाल, एक सफल उप राष्ट्रपति, एक सफल राजनयिक और अन्ततः एक सफल राष्ट्रपति जिसने अपनी संवैधानिक सीमाओं को समझते हुए अपने पद को अपेक्षित गरिमा प्रदान की।

जीवन के अन्तिम दिन

1975 में इन्हें देश का सर्वश्रेष्ठ अलंकरण भारत-रत्न प्रदान किया गया। 86 वर्ष की उम्र में 24 जून की प्रातः वेला में 6:30 बजे इस युगपुरुष ने अपनी अन्तिम साँसें लीं। मरते-मरते भी इस असाधारण व्यक्ति ने अपने चरित्र की असामान्यता का परिचय दे ही दिया। मृत्यु-पूर्व ही इन्होंने इच्छा प्रकट कर दी थी कि इनके श्राद्ध-कर्म आदि में आडम्बर से बचा जाए। अर्थात् जो रुपए इनके श्राद्ध-कर्म पर खर्च होते वे गरीबों और भूखों के भोज पर खुल कर खर्च किए गए। अपने परिवार के इस सुकृत्य से इस महान् आत्मा को अवश्य ही सन्तोष तथा शान्ति की प्राप्ति हुई होगी।

वी.वी. गिरि के समान व्यक्तित्व यदा-कदा ही उत्पन्न होते हैं। आदर्श और त्याग आज राजनीति से पलायन कर रहे हैं। श्रम और संघर्ष से पिंड छुड़ाकर सफलता के सरल मार्ग को अपनाने वालों की कमी नहीं है। अपने निरर्थक अहंकार और स्वाभिमान के फलस्वरूप लोगों से सौहार्द स्थापित करना लोग विस्मृत करते जा रहे हैं। श्रमिकों, दलितों, पीड़ितों की चिन्ता बहुत कम

लोगों को रह गई है। त्याग की भावना तो राजनीति से लगभग समाप्त हो चुकी है। प्रशासनिक विशेषकर सांगठनिक क्षमता प्रतिकूल रूप में प्रभावित हो रही है। ऐसे में वाराहगिरि वेंकट गिरि के 65 वर्षों का सार्वजनिक जीवन भारतवासियों हेतु एक आदर्श के रूप में उपलब्ध है जिससे प्रेरणा ग्रहण कर कई अपने को एक सफल भारतीय नागरिक के रूप में प्रतिष्ठित करने का स्वप्न पाल ही नहीं सकते हैं, इसे पूर्ण भी कर सकते हैं।

मूल्यांकन

श्री गिरि के व्यक्तित्व का सम्यक् अध्ययन किये बिना उनके संबंध में निर्णय पारित कर देने वालों ने उनके प्रति अन्याय ही किया है। वे पूर्णतया एक राजनीतिक प्राणी थे। राजनीति उन्हें पिता का प्रेम और माँ के दूध में ही मिली थी। इस दृष्टि से डॉ. राजेन्द्र प्रसाद को छोड़ कर अपने पूर्ववर्तियों में वे सबसे आगे थे। वी. वी. गिरि निस्सन्देह एक महान-श्रमिक नेता के रूप में अपना स्थान बनाने में सफल हुए।

5

फख़रुद्दीन अली अहमद
(1905–1977)

फख़रुद्दीन अली अहमद को 24 अगस्त सन् 1974 को भारतीय गणराज्य के अन्तर्गत राष्ट्रपति बनाया गया। वे अल्पसंख्यक नेता थे जिन्हें सर्वोच्च न्यायालय के प्रमुख न्यायाधीश ने राष्ट्रपति पद की गोपनीयता की शपथ दिलायी। यह कार्यक्रम राष्ट्रपति भवन में सम्पन्न हुआ।

हालाँकि यह पद 24 अगस्त को ही खाली हो गया था क्योंकि राष्ट्रपति वी.वी. गिरि ने अपनी समयावधि के पूर्व ही राष्ट्रपति के पद से इस्तीफा दे दिया था। डॉ. ज़ाकिर हुसैन के बाद फख़रुद्दीन अली अहमद दूसरे अल्पसंख्यक नेता थे जिन्हें राष्ट्रपति के पद पर स्थापित किया गया। यह कहना भी उचित नहीं होगा कि उन्हें इस पद पर स्थापित किया गया। वस्तुतः इस पद-हेतु निर्वाचन में इनका सीधा मुकाबला कांग्रेस प्रत्याशी के रूप में आठ विरोधी पार्टियों के संयुक्त उम्मीदवार त्रिदीव चौधरी से हुआ था।

निर्वाचन का प्रतिफल 20 अगस्त, 1974 को ही आ गया था और फख़रुद्दीन अली अहमद ने इस निर्वाचन में अपनी अद्भुत लोकप्रियता का परिचय दिया था और 80 प्रतिशत से अधिक मतों से विजयी हुए। इतने मतों से विजयी होकर श्री अहमद ने भारत की धर्म-निरपेक्ष छवि को एक बार और प्रमुखता से रेखांकित करने में प्रबल भूमिका निभाई। जिस तरह से वाराहगिरि वेंकट गिरि और नीलम संजीव रेड्डी के मुकाबले को सम्पूर्ण देश उत्सुकतापूर्वक देख रहा था उसी तरह कांग्रेस प्रत्याशी फख़रुद्दीन अली अहमद और विपक्षी

प्रत्याक्षी त्रिदीव चौधरी के मुकाबले पर सबकी उत्सुक दृष्टि लगी थी। 20 अगस्त, 1974 को जब निर्वाचन-परिणाम घोषित हुआ तो 21 अगस्त, 1974 को भारत के सभी प्रमुख तथा अप्रमुख समाचार पत्रों ने इस प्रतिफल को उस दिन का शीर्षक बनाते हुए लिखा कि काँग्रेस प्रत्याशी श्री अहमद ने सीधे मुकाबले में विपक्षी प्रत्याशी को भारी मतों से पराजित किया।

एक धर्मनिरपेक्ष राष्ट्र हेतु यह एक गौरव का क्षण था। धर्म-निरपेक्षता को लेकर भारत की छवि को धूमिल करने में कुछ विदेशी सरकारों, विशेषतः पाकिस्तान के मुँह पर यह एक ज़बरदस्त तमाचा था। फखरुद्दीन अली अहमद का परिवार पहले से राजनीति से जुड़ा हुआ था। इन्हें भी राजनीति का अनुभव इस पद को ग्रहण करने से पहले अत्यधिक था। फखरुद्दीन अली अहमद के पिता का नाम कोलनेल जलनूर अली अहमद और माता का नाम रुकिया सुल्तान था। इनके पितामह ख़लील उद्दीन अहमद असम राज्य के शिवसागर ज़िला के भोलाघाट के कचारीहाट में काज़ी थे।

अतः जब फख़रुद्दीन अली अहमद इतने भारी मतों से राष्ट्रपति पद पर निर्वाचित हुए तो यह सभी के लिए विस्मय और आश्चर्य की बात थी कि एक काज़ी (पुजारी) का पोता देश के उच्चतम पद तक पहुँच सकता है। यह भारतीय प्रजातन्त्र के स्वरूप और उसकी सफलता का एक बहुत बड़ा प्रमाण-पत्र था। भारतीय संविधान की गरिमा भी इससे पुनर्प्रतिष्ठित हुई क्योंकि यह संविधान छोटे-बड़े में भेद नहीं करता और सबके लिए समान अवसर की उद्घोषणा करता है जिसमें जाति, धर्म, रंग या लिंग का कोई भेद नहीं होता।

जीवन वृत्त

फखरुद्दीन अली अहमद का जन्म स्थल दिल्ली ही है जो 13 मई सन् 1905 में पैदा हुए थे। इसका कारण यह था कि इनके पिता कोलो. जे. अहमद भारतीय चिकित्सा सेवा के सदस्य के रूप में दिल्ली में ही कार्यरत थे। यह स्थानान्तरण 1901 में ही हुआ था और इसके चार वर्षों पश्चात् फख़रुद्दीन अली अहमद ने जन्म लिया। कोलोनेल जलनूर अली अहमद ने नवम्बर 1900 में ही रुकिया सुल्तान से विवाह किया था। इनके श्वसुर के पिता नवाब ज़ियाउद्दीन अहमद लोहारु स्टेट के अधिपति थे। यह भूभाग अब हरियाणा में आ गया है। नवाब का खानदान भी राष्ट्रवादियों का था। इस तरह फख़रुद्दीन अली

अहमद को एक राष्ट्रवादी बनाने में इनके पितृपक्ष और श्वसुर-पक्ष दोनों का महत्त्वपूर्ण योगदान रहा।

श्री अहमद इन दोनों से राष्ट्रवादिता में आगे निकल गए थे। 26 वर्ष की अवस्था में ही इन्होंने भारतीय राष्ट्रीय कांग्रेस की प्राथमिक सदस्यता 1931 में ही ग्रहण कर ली और 32 वर्ष की अवस्था अर्थात् 1937 में ही असम विधान सभा के सदस्य चुन लिए गए। यह सदस्यता उन्होंने किसी पार्टी के सदस्य के रूप में नहीं अपितु एक स्वतन्त्र उम्मीदवार के रूप में प्राप्त की थी। श्री अहमद जवाहरलाल नेहरू के प्रिय पात्र थे और उन्हीं के परामर्श पर यह स्वतन्त्र उम्मीदवार के रूप में असम विधान सभा हेतु खड़े हुए थे। श्री अहमद असम में काफ़ी प्रभाव रखने वाले नेता थे।

1936 में ही ये असम प्रदेश कांग्रेस समिति के सदस्य रहे। कार्यकारिणी समिति, असम प्रदेश कांग्रेस समिति के भी ये सदस्य रहे। पण्डित जवाहरलाल नेहरू का वरदहस्त उन पर था ही, कांग्रेस अध्यक्ष सुभाषचन्द्र बोस का भी स्नेह इन्हें प्राप्त था। इसके फलस्वरूप अखिल भारतीय कार्यकारिणी समिति का सदस्य इन्हें 1946 में बनाया गया। पुनः 1964 से 1974 तक ये केन्द्रीय संसदीय बोर्ड एवं कार्यकारिणी समिति के सदस्य रहे। श्री अहमद का विवाह आबिदा हैदर से 1945 में सम्पन्न हुआ था। इनकी पत्नी प्रशासनिक सेवा के एक सदस्य मुहम्मद सुल्तान हैदर जोश की पुत्री थीं। यह इनसे उम्र में 18 वर्ष छोटी थीं। यह असमिया भी नहीं थी बल्कि उत्तर प्रदेश के हरदोई में 17 जुलाई, 1923 को पैदा हुई थीं। बेगम आबिदा को ललित कलाओं में गहरी रुचि थी एवं सांस्कृतिक गतिविधियों में भी ये भाग लेती थीं क्योंकि भारतीय संस्कृति में इनकी पैठ गहरी थी। स्नातक की परीक्षा उन्होंने अलीगढ़ मुस्लिम विश्वविद्यालय से उत्तीर्ण की। राजनीति में भी इनकी भागीदारी रही।

1977 में श्री अहमद की मृत्यु के पश्चात् कांग्रेस के टिकट पर बरेली लोक-सभा क्षेत्र से बेगम आबिदा 1981 में एक उपचुनाव में लोक-सभा में पहुँचीं। पुनः 1984 में उसी संसदीय क्षेत्र से इन्होंने संसद में प्रवेश किया। फख़रुद्दीन अली अहमद ने इतनी लोकप्रियता हासिल की थी कि उनके नहीं रहने पर भी इनकी पत्नी को पर्याप्त प्रतिष्ठा मिलती रही। आगे बढ़ने के पूर्व हम फख़रुद्दीन अली अहमद के व्यक्तित्व के अध्ययन तथा शैक्षणिक योग्यता की चर्चा कर लेना चाहेंगे। इनकी आरम्भिक शिक्षा सरकारी उच्च पाठशाला, गोण्डा, उत्तर प्रदेश में हुई थी। जब ये सातवीं कक्षा में **थे, तभी** इनके पिता

का 1918 में पुनः दिल्ली में स्थानान्तरण हुआ। दिल्ली से ही इन्होंने 16 वर्ष की उम्र में, अर्थात् 1921 में गवर्नमेंट स्कूल, दिल्ली से मैट्रिकुलेशन परीक्षा उत्तीर्ण की। इनके पूर्व के प्रायः सभी राष्ट्रपति विदेश में पढ़े हुए थे, फख़रुद्दीन अली अहमद भी इसके अपवाद नहीं थे। माध्यमिक पढ़ाई खत्म करने के बाद इन्होंने दिल्ली के मशहूर कॉलेज सेंट स्टीफन में दाखिला लिया।

दाखिला लेने के कुछ ही दिन बाद से इंग्लैंड चले गये जहाँ पर इनका दाखिला कैम्ब्रिज विश्वविद्यालय के सेंट कैथरिन कॉलेज में हुआ। इतिहास में ट्राइपौस के साथ वहाँ से उन्होंने 1927 में स्नातक की परीक्षा उत्तीर्ण की। 1928 में ही लंदन के इनर टेम्मपुल, जहाँ से इन्होंने कानून की परीक्षा उत्तीर्ण की थी, से वकालत करने का निमन्त्रण मिला। इन्होंने बॉर एट लॉ की डिग्री सन् 1928 में लेकर भारत पुनः वापस आये और अधिवक्ता के रूप में पंजाब सर्वोच्च न्यायालय में अपना नाम दर्ज करवाया। परन्तु इस न्यायालय में वे काफी दिनों तक नहीं रहे। अपने पिता की इच्छा का पालन करते हुए अपने गृहराज्य असम चले गए, जहाँ असम उच्च न्यायालय में इन्होंने अधिवक्ता के रूप में अपना कार्य आरम्भ किया। कुछ दिनों के पश्चात् उच्चतम न्यायालय के वरिष्ठ अधिवक्ता के रूप में कार्यरत हो गए।

राजनैतिक जीवन

फख़रुद्दीन अली अहमद की प्रशासिनक क्षमता सदा असन्दिग्ध रही। 1938 में गोपीनाथ बरदोलोई के नेतृत्व में कांग्रेस की जो मिली-जुली सरकार असम में बनी, उसमें ये वित्त और राजस्व मन्त्री बने। उस समय इनकी उम्र मात्र 33 वर्ष थी। असम की वित्तीय स्थिति उस समय दयनीय थी। सरकारी कोष प्रायः खाली था। वित्त और राजस्व मन्त्री के रूप में इन्होंने कई महत्त्वपूर्ण कदम उठाए। इसके फलस्वरूप वहाँ की वित्तीय स्थिति सुधर गई और इन सुधारों हेतु इन्हें असम में बहुत दिनों तक याद किया जाता रहा। इस मन्त्रि-परिषद ने अन्य राज्यों के मन्त्रि-परिषदों की तरह 1939 में अपना त्याग-पत्र दे दिया।

मोहनदास करमचन्द गाँधी से फख़रुद्दीन अली अहमद की घनिष्ठता बढ़ गई थी। मात्र एक अल्पसंख्यक होने के कारण ही नहीं अपितु अपनी राजनीतिक सूझ-बूझ और प्रशासनिक दक्षता के फलस्वरूप भी। महात्मा गाँधी के निदेशानुसार इन्होंने व्यक्तिगत सत्याग्रह में भाग लिया जिसके फलस्वरूप इन्हें एक साल

की कैद हो गई। जेल से छूटने पर साढ़े तीन वर्षों तक अर्थात् 1945 तक वे सुरक्षा कैदी के रूप में पुनः बन्दी बना लिए गए।

फख़रुद्दीन अली अहमद के राजनीतिक जीवन को एक गंभीर झटका 1946 में लगा जब ये असम में पराजित हो गए। असम में 1946 में फरवरी मास में कांग्रेस का मन्त्रालय बना। इसका नेतृत्व पुनः प्रदेश के सर्वप्रिय नेता बरदोलोई के ऊपर पड़ा। अहमद को बरदोलोई ने असम प्रदेश के एडवोकेट जनरल पद की गरिमा को सम्भालने का मौका दिया। इस अवसर को इन्होंने प्रेमपूर्वक स्वीकार कर लिया। इस पद पर वे 1952 तक रहे। 1952 में ही ये राज्य-सभा हेतु निर्वाचित हुए। राज्य-सभा के सदस्य के रूप में इन्होंने 1955 में भारतीय अधिवक्ताओं के प्रतिनिधिमंडल के अध्यक्ष के रूप में यू.एस.एस.आर. की यात्रा और 1957 में यू. एन. ओ. में भारतीय प्रतिनिधिमंडल के सदस्य के रूप में विदेश यात्राएँ कीं।

1957 के चुनावों में ही यह असम विधान सभा के सदस्य अपने विरोधी को भारी मतों से पराजित कर विजयी हुए एवं वित्त, सामुदायिक विकास, विधि एवं पंचायत और स्वायत्तशासी विभाग के मन्त्री हुए।

इसके पश्चात् इन्होंने पुनः 1965 में मलेशिया के स्वतन्त्रता-दिवस-समारोह में भारत का प्रतिनिधित्व किया और सरकारी आमन्त्रण पर 1966 में श्री अहमद संयुक्त राज्य अमेरिका की यात्रा पर गए, इसी वर्ष उन्होंने हांगकांग और जापान की यात्रा की।

उपर्युक्त यात्रा के दौरान ही इन्होंने कुआलालम्पुर के अन्तर्राष्ट्रीय मस्जिद और हवाई अड्डे का उद्घाटन किया।

जवाहरलाल नेहरू का वरदहस्त फख़रुद्दीन अली अहमद पर उनके जीवन-काल में सदा बना रहा। लेकिन 1964 में प्रधानमन्त्री की मृत्यु हो गई। इस कारण अहमद के सितारे कुछ दिन गर्दिश में रहे लेकिन श्रीमती गाँधी के प्रधानमन्त्रित्व काल में इनकी आशातीत प्रगति हुई। यद्यपि ये किसी भी केन्द्रीय सभा के सदस्य नहीं थे—न राज्य-सभा के, न लोक-सभा के, लेकिन श्रीमती गाँधी ने इन्हें केन्द्रीय मन्त्रि-परिषद् में शामिल कर लिया। इन्हें सिंचाई तथा विद्युत् मन्त्री बनाया गया। संवैधानिक प्रावधान के अनुसार कोई भी व्यक्ति मन्त्री-पद प्राप्त कर सकता है, परन्तु उसे छः महीने के अन्दर लोक-सभा या राज्य-सभा का सदस्य बनना होगा।

श्रीमती गाँधी की अनुकम्पा से और फख़रुद्दीन अली अहमद द्वारा अब तक प्रदर्शित राजनीतिक सूझबूझ तथा प्रशासनिक दक्षता के फलस्वरूप वह अप्रैल, 1966 में दूसरी बार राज्य-सभा के सदस्य बन गए। जैसाकि पहले स्पष्ट है, प्रथम बार ये राज्य-सभा के सदस्य 1952 में बने थे।

श्री अहमद के केन्द्रीय मन्त्री बनने से दो बातें हुईं जिनमें पहली केन्द्रीय मन्त्रि-परिषद में इस्लाम धर्मावलम्बियों, दूसरे शब्दों में मुसलमान प्रतिनिधियों की वृद्धि हुई जिससे भारत की धर्म-निरपेक्ष छवि में निश्चित ही अभिवृद्धि हुई। और दूसरी स्वतन्त्रता के 19 वर्षों पश्चात् भी असम का प्रतिनिधित्व केन्द्रीय मन्त्रि-परिषद में नहीं हुआ था। असम-निवासी स्वभावतः केन्द्र के प्रति बेरुखी का प्रदर्शन कर रहे थे। श्री अहमद के मन्त्री-पद ग्रहण करने से असमवासियों की यह शिकायत दूर हो गई। श्री अहमद ने भी यथासम्भव असम हेतु कैबिनेट मन्त्री के रूप में प्रयत्न किया जिसके फलस्वरूप प्रदेश में इनकी लोकप्रियता और बढ़ी।

फख़रुद्दीन अली अहमद विद्या-व्यसनी थे और इसका पर्याप्त प्रमाण वे पहले ही दे चुके थे। कैम्ब्रिज का स्नातक होना, वह भी ट्राइपौस—साधारण बात नहीं है। शायद उनकी इसी अध्ययनप्रियता और शिक्षा-प्रेम को देखकर उन्हें केन्द्रीय शिक्षा मन्त्री का पद संभालने का अवसर प्राप्त हुआ। इस पद पर वे 14 नवम्बर 1966 से 12 मार्च 1967 तक रहे। कांग्रेस के प्रतिनिधित्व करने वाले अहमद जी सर्वप्रथम केन्द्रीय मंत्री बने। भाग्य ने इनका जम कर साथ दिया और आगे की ओर इनका कदम बढ़ता चला गया। इसमें इनकी दक्षता के साथ-साथ लोकप्रियता का भी हाथ रहा क्योंकि यदि ये अपने प्रदेश में लोकप्रिय नहीं होते तो संसद में निर्वाचित नहीं होते और ऐसे में केन्द्रीय मन्त्री पद मिलना कठिन होता। प्रथम बार तो इन्दिरा गाँधी की अनुकम्पा से बिना सांसद बने ही मन्त्री-पद सुशोभित कर चुके थे। यद्यपि श्रीमती इन्दिरा गाँधी की कृपा से ही राज्य-सभा के सदस्य बन गए लेकिन हर बार ऐसा नहीं हो सकता था।

श्री अहमद अब लोक-सभा के चुनावों में खुलकर भाग लेने लगे और भाग्य ने भी इनका साथ दिया। चौथी लोकसभा हेतु इन्होंने असम में बरपेटा संसदीय क्षेत्र से चुनाव लड़ा और 1967 में यहाँ से निर्वाचित होकर ये राज्य सभा पहुँचे तो मन्त्रि-परिषद की सदस्यता इनकी प्रतीक्षा कर रही थी और इन्हें औद्योगिक विकास तथा कम्पनी मामलों का मन्त्री बना दिया

गया। कुछ ही महीनों पश्चात् आन्तरिक व्यापार विभाग भी इस मन्त्रालय के साथ संयुक्त हो गया। फख़रुद्दीन अली अहमद की योग्यता को देखते हुए तो उन्हें बहुत पहले केन्द्र सरकार में आ जाना था। लेकिन असम के लोकप्रिय नेता और मुख्यमन्त्री बरदोलोई न इनको छोड़ना चाहते थे और न श्री अहमद उनको।

केन्द्रीय मन्त्रिमण्डल में सन् 1970 में काफी परिवर्तन हुआ जिसमें कि खाद्य मन्त्रालय के कार्यभार को संभालने से सभी लोग कतराते थे। सिंचाई की समुचित सुविधा के अभाव में एवं विकसित बीज तथा रासायनिक खाद की अपर्याप्तता के कारण कृषि क्षेत्र में विकास एक यक्ष प्रश्न बना हुआ था। फलस्वरूप खाद्यान्न की स्थिति भी बुरी थी। पंजाब का गेहूँ सम्पूर्ण देश के राज्यों हेतु पूरा नहीं पड़ रहा था। राष्ट्रीय अन्न-भंडार असन्तोषजनक स्थिति में था। ऐसी स्थिति में यह जटिल विभाग फख़रुद्दीन अली अहमद को सौंपा गया। इस पद पर वे जुलाई, 1974 तक रहे और उनकी निष्ठा और समर्पण भाव के फलस्वरूप कृषि मन्त्रालय ने संतोषजनक प्रगति की और खाद्यान्न की समस्या पहले की तरह जटिल नहीं रही।

जब तक श्री अहमद केन्द्रीय मन्त्री रहे, वे केन्द्रीय वक्फ समिति के अध्यक्ष बने रहे। फख़रुद्दीन अली अहमद ने केन्द्रीय मन्त्री और फिर राष्ट्रपति के रूप में विदेशों की यात्राएँ अपने पूर्व राष्ट्रपतियों की अपेक्षा अधिक ही कीं। ये यात्राएँ संख्या और गुणवत्ता दोनों ही दृष्टियों से महत्त्वपूर्ण रहीं। केन्द्रीय मन्त्री के रूप में इन्होंने यू.के., फ्रांस, इटली, यू.एस.एस.आर., ईरान, प. जर्मनी, बुल्गेरिया और श्रीलंका की यात्राएँ कीं। इस दौरान और महत्त्वपूर्ण यात्राएँ भी हुईं। मोरक्को के रैबट में आयोजित इस्लाामिक सम्मेलन में भारत का प्रतिनिधित्व श्री अहमद ने ही किया। यह सितम्बर 1969 की बात है।

सामाजिक जीवन

सन् 1970 में खाद्य तथा कृषि संगठन की अन्तर्राष्ट्रीय सभा आस्ट्रेलिया में सम्पन्न हुई। इस सभा में श्री फखरुदीन अली अहमद एक विशिष्ट गेस्ट के रूप में बुलाए गये थे। इसी दौरान इन्होंने जापान, हांगकांग तथा फिलीपींस की यात्राएँ कीं। 1971 का साल भारतीय उपमहाद्वीप में अत्यन्त उथल-पृथल का था। पूर्वी पाकिस्तान, अर्थात् आज के बांग्ला देश पर पश्चिमी पाकिस्तानी कहर बरपा रहा था। सैकड़ों-हज़ारों की संख्या में लोग या तो मौत के घाट

उतारे जा रहे थे अथवा अपंग किए जा रहे थे। बस्तियाँ पर बस्तियाँ उजड़ रही थीं। औरतों की अस्मिता का कोई अर्थ नहीं रह गया था।

पाकिस्तानी मदांध सैनिक बंग-बालाओं, किशोरियों, महिलाओं का सामूहिक शील-हरण कर रहे थे। औरतों पर बलात्कार जैसे उनका जन्मसिद्ध अधिकार बन चुका था। पाकिस्तान के तानाशाह अयूब खाँ ने पूर्वी पाकिस्तान को केवल इस बात हेतु बर्बाद करने की ठान ली थी, क्योंकि उपेक्षित पूर्वी पाकिस्तानी अपने हक की माँग कर रहे थे। पश्चिमी छोर पर रहने वाले पाकिस्तानी पूर्वी पाकिस्तानियों पर जुल्म ढ़ाह रहे थे।

इस जुल्म व अभद्र व्यवहार के कारण बांग्लादेशियों का भारत राष्ट्र की तरफ जाना व पलायन प्रारंभ था। शरण लिये हुए बांग्लादेशियों की संख्या लगभग लाखों तक हो गयी थी। इस अतिरिक्त आबादी को मानवोचित सुविधाएँ देना भारत हेतु बहुत मुश्किल हो रहा था। इसकी अर्थव्यवस्था चरमरा रही थी। इन्दिरा गाँधी ने बांग्लादेश को मुक्त कराने का मन-ही-मन निर्णय ले लिया था क्योंकि इसके अतिरिक्त कोई उपाय नहीं बचा था। इस उद्देश्य की पूर्ति हेतु सैनिक कार्रवाई जरूरी थी लेकिन इसके लिए विश्व-जनमत को अपने अनुकूल करना था। श्रीमती गाँधी ने कई देशों में अपने कई विश्वास-पात्र दूतों को इस स्थिति से अवगत कराने हेतु भेजा।

अरब देशों में पाकिस्तान की इस हरकत से परिचित कराने हेतु किसी विशिष्ट मुस्लिम नेता को भेजना उचित था, अतः इस कार्य हेतु फख़रुद्दीन अली अहमद को स्वभावतः चुना गया। सन् 1973 में श्री अहमद ने रोम की यात्रा की जहाँ इन्होंने खाद्य तथा कृषि संगठन के भारतीय प्रतिनिधि मंडल का प्रतिनिधित्व किया। जैसा कि पहले कहा गया, फख़रुद्दीन अली अहमद को शिक्षा और स्वाध्याय में रुचि थी। उन्हें बहुत हद तक शेरो-शायरी का भी शौक था। देश में ग़ालिब शताब्दी समारोह-समिति का गठन हुआ था। इसके सचिव प्रारम्भ में डॉ. जाक़िर हुसैन थे। 1966 में श्री अहमद ने इस पद-भार को संभाला। इन्होंने न केवल शताब्दी समारोह को मनाने में सफलता हासिल की बल्कि इन्हीं के कारण गालिब परिषद् भी बना जिसमें एक भाषा-कक्ष, एक शोध-पुस्तकालय और एक संग्रहालय की स्थापना हुई।

संग्रहालय का उद्‌घाटन स्वयं श्रीमती इन्दिरा गाँधी ने 23 अगस्त, 1973 को किया। शताब्दी समारोह-समिति के स्थान पर गालिब संस्थान की स्थापना हुई जिसे मिर्जा गालिब के स्मारक के रूप में देखा जा सकता है। फख़रुद्दीन

अली अहमद ने इस संस्थान की स्थापना में इतनी व्यक्तिगत रुचि ली कि यह संस्थान गालिब की स्मृति का द्योतक तो है ही, जानने वालों हेतु यह श्री अहमद की स्मृति को भी ताजा करता है।

राष्ट्रपति के रूप में

जब 24 अगस्त सन् 1974 में इन्होंने राष्ट्रपति का पद संभाला उस समय ये एफ.ए.ओ. के पद पर आसीन थे। राष्ट्रपति पद पर सुशोभित होने के पूर्व ही इन्होंने 3 जुलाई सन् 1974 को इस एफ.ए.ओ. के पद से इस्तीफा दे दिया। इस्तीफा देने के बाद श्री अहमद ने राष्ट्रपति के चुनाव में हिस्सा लिया। श्री अहमद की विजय सुनिश्चित थी। कांग्रेस पार्टी मजबूत स्थिति में थी। वह निर्वाचित हुए और जैसा पहले इंगित किया गया 24 अगस्त, 1974 को उन्होंने राष्ट्रपति के पद की शपथ भी ले ली। यह संयोग ही कहेंगे कि जो भी अल्पसंख्यक राष्ट्रपति हुआ, उसने उर्दू के विकास हेतु कुछ-न-कुछ प्रयत्न अवश्य किया।

डॉ. ज़ाकिर हुसैन के सम्बन्ध में आप पिछले पृष्ठों में पढ़ चुके हैं। फख़रुद्दीन अली अहमद ने भी इस बात पर जोर दिया कि उर्दू को विभिन्न क्षेत्रों में समुचित स्थान प्राप्त होना चाहिए। डॉ. जाकिर हुसैन की अपेक्षा फख़रुद्दीन अली अहमद इस सम्बन्ध में ज्यादा कट्टरवादी नहीं थे। उनका स्पष्ट मन्तव्य था कि केवल सरकार के संरक्षण से किसी भाषा का उत्थान नहीं हो सकता। उसकी जड़ जनता के मध्य जमी होनी चाहिए। उनकी महानता थी कि उन्होंने उर्दू को लेकर होने वाले प्रदर्शनों आदि का विरोध किया। उनके अनुसार, उससे अन्य लोगों में रोष जागृत होता है और भाषा का हित नहीं हो पाता। उन्होंने उर्दू और मुसलमानों को मिलाकर देखने पर भी आपत्ति की।

उन्होंने सही कहा कि उर्दू केवल मुसलमानों की भाषा नहीं है इसके अतिरिक्त किसी भी धर्म की केवल एक भाषा नहीं होती। उनके अनुसार तो इस्लाम या उसको मानने वाले मुसलमान विश्व-भर में फैले हैं एवं अपने-अपने देश और क्षेत्र की भाषा बोलते हैं—पंजाबी मुसलमान पंजाबी बोलता है, मराठी मुसलमान मराठी, बंगला बांग्लादेशी, टर्की का टर्किस, ईरान का मुसलमान पर्सियन

बोलता है। स्वयं फख़रुद्दीन अली अहमद अपनी भाषा के सम्बन्ध में काफी उदार थे और दैनन्दिन बोलचाल में उर्दू नहीं हिन्दुस्तानी का प्रयोग करते थे।

राष्ट्रपति के रूप में उन्होंने जो विदेश यात्राएँ कीं, उनका उल्लेख नीचे किया जा रहा है–

1975 में सऊदी अरब के राजा फ़ैज़ल के अन्तिम संस्कार में भारत का प्रतिनिधित्व करने हेतु राष्ट्रपति फख़रुद्दीन अली अहमद वहाँ गए थे। उन्होंने अधिकांश मुस्लिम देशों, यथा–यूनाइटेड अरब अमीरात, सूडान, इंडोनेशिया, मिस्र, मलेशिया, ईरान आदि की यात्राएँ कीं। राष्ट्रपति के रूप में उन्होंने युगोस्लाविया तथा हंगरी की यात्राएँ भी कीं।

भारतीय गणराज्य के आज तक के निर्वाचित सम्पूर्ण राष्ट्रपतियों में से श्री अहमद ही एक ऐसे निर्वाचित राष्ट्रपति थे जिनको क्रीड़ा के प्रति अगाध प्रेम व रुचि थी। रुचि के साथ-साथ ये फुटबॉल और हॉकी के श्रेष्ठ खिलाड़ी भी थे। शिक्षण-संस्थाओं से बाहर आने के बाद भी वे कई खेल-संस्थाओं से सम्बद्ध रहे। वे बहुत दिनों तक ऑल इंडिया टेनिस संघ के अध्यक्ष रहे एवं एशियन टेनिस संघ से भी सम्बद्ध रहे। ये अपने बाल्यावस्था से ही खेल के प्रति उत्सुक थे। प्रारंभ से ही वे स्कूल और कॉलेजों में फुटबॉल और हॉकी प्रतियोगिता में भाग लिया करते थे।

फख़रुद्दीन अली अहमद रहन-सहन और व्यवहार में एक प्रकार से लखनऊ की नवाबी संस्कृति, जो अपनी विनम्रता के साथ-साथ रहन-सहन, ठाठ-बाट और बोलचाल हेतु भी प्रसिद्ध है, के अनुगामी थे। अच्छा खाना और सुन्दर पहनावा उनका शौक रहा। लेकिन एक बात में वह नवाबों से भिन्न थे कि न तो वह तम्बाकू का सेवन करते थे, न पान की गिलौरियाँ चबाते थे। विदेश से शिक्षा प्राप्त कर लौटने के पश्चात् यद्यपि वे खादी पर आए, किन्तु पाश्चात्य वस्त्रों के मोहजाल से ये अपने को पूर्णतया मुक्त नहीं कर सके। जब वह सूडान और फिलीपींस की यात्रा पर 1975 में गए तो उनका पहनावा शेरवानी और अचकन न होकर पाश्चात्य सूट–पैंट, कोट और टाई थे। यह बहुत कम लोगों को पता है कि फख़रुद्दीन अली अहमद और उनके परिवार को कुत्तों का शौक था और उनके यहाँ देशी-विदेशी कई नस्ल के कुत्ते उपलब्ध थे। यों इनका हास्य-व्यंग्य भी प्रसिद्ध था एवं शास्त्रीय और सुगम संगीत दोनों का आनन्द वे फ़ुर्सत की घड़ियों में उठाया करते थे।

फख़रुद्दीन अली अहमद के राष्ट्रपतित्व-काल में ही इंदिरा गाँधी पर संकट के बादल उमड़े और एक बार जबर्दस्त रूप में कांग्रेस के सिंडिकेटियों को धूल चटा राष्ट्र की एकछत्र शासिका बहुत दिनों तक अवश्य बनी रही लेकिन 1974 के अन्त से उनकी कठिनाइयाँ बढ़ीं। उनके छोटे सुपुत्र संजय गाँधी बिना ताज के बादशाह बन बैठे। संजय सत्ता के असंवैधानिक केन्द्र बनकर उभरे। इसके फलस्वरूप इन्दिरा गाँधी की लोकप्रियता और नैतिक शक्ति का भी ह्रास हुआ। भ्रष्टाचार का बोलबाला बढ़ा और शासन की बागडोर ढीली पड़ गई। ललित नारायण मिश्र और बंशीलाल के सदृश केन्द्रीय मन्त्री और मुख्यमन्त्री भ्रष्टाचार के पुरोधा बन गए।

संजय गाँधी की मारुति-कार परियोजना, बंशीलाल के वित्तीय सहयोग से परवान चढ़ी। भ्रष्टाचार और संजय एवं साथियों की मनमानी के चलते प्रशासन एक तरह से पंगु हो गया। यहाँ तक कि स्कूल और कॉलेज बन्द रहने लगे। हड़तालों और तालाबन्दियों के कारण उद्योगों की हालत पतली हो गई। कालाबाजारियों और तस्करों की बाढ़ आ गई। विपक्ष प्रधानमन्त्री इन्दिरा गाँधी पर प्रहार पर प्रहार करने लगा। अराजकता तथा भ्रष्टाचार के खिलाफ पहले गुजरात के छात्रों ने आन्दोलन छेड़ा जो देश के कई भागों में विस्तृत हो गया।

इसी समय प्रसिद्ध समाजवादी नेता जयप्रकाश नारायण ने जवाहरलाल का बदला उनकी पुत्री इन्दिरा गाँधी से लेने का यह अवसर नहीं छोड़ा और लोकनायक बनकर प्रधानमन्त्री के विरुद्ध लगी आग को और हवा देने में लग गए। उत्पातियों का नेतृत्व उन्होंने संभाला और घेरावों और बन्दों के कारण देश के कई नगरों में जन-जीवन अस्त-व्यस्त हो गया। दुर्भाग्यवश इसी समय इलाहाबाद उच्च न्यायालय के एक निर्णय ने श्रीमती इन्दिा गाँधी की, लोक-सभा की सदस्यता को रद्द कर दिया। श्रीमती गाँधी ने उच्चतम न्यायालय में अपील की लेकिन इतनी ही राहत मिली कि वह लोक-सभा में बैठ सकती थीं लेकिन सभा के मतदान में भाग नहीं ले सकती थीं।

एक तरह से यह इन्दिरा गाँधी की प्रतिष्ठा पर दूसरा आघात था। श्रीमती इन्दिरा गाँधी इस संकट से उबरने के लिए प्रयास कर ही रही थीं कि तभी जयप्रकाश नारायण ने एक बहुत बड़ी गलती और कर दी। दोनों के विरुद्ध भ्रष्टाचार के आरोपों पर कार्यवाही बाधित होती रही।

उन्होंने दिल्ली की एक सभा में पुलिस और सेना का भी आह्वान कर दिया कि सरकार के गैर-कानूनी आदेशों का पालन नहीं करें। इन्दिरा गाँधी हेतु यह एक खतरे की घंटी थी। अब अन्तिम और निर्णायक कदम उठाने के अतिरिक्त उनके पास और कोई चारा नहीं था। 26 जून, 1975 को देश में राष्ट्रीय आपात्-काल घोषित कर दिया गया। जयप्रकाश नारायण और मोरारजी देसाई की तरह से सभी बड़े नेता ज़ेल के सींखचों के पीछे डाल दिए गए। एक-दो दिनों के अन्दर ही हज़ारों लोग बन्दी बनाए गए। जॉर्ज फर्नांडिस आदि की तरह कई लोग भूमिगत हो गए। प्रेस का मुँह एक तरह से पूरी तरह बन्द कर दिया गया। विरोधियों ने इसे दूसरी परतन्त्रता की संज्ञा दी। राष्ट्रपति फख़रुद्दीन अली अहमद के स्वच्छ दामन पर चाहे-अनचाहे एक बड़ा दाग अवश्य लग गया। कहा जाता है कि 25 जून की अर्द्धरात्रि को इन्दिरा गाँधी राष्ट्रपति-आवास पहुँचीं। राष्ट्रपति को सोते से जगाया गया और आपात्कालीन स्थिति की घोषणा पर श्रीमती गाँधी ने उनके हस्ताक्षर लिए।

जीवन के अन्तिम दिन

राष्ट्रपति श्री अहमद के अवहेलनाकर्त्ता इस घटना से यह अर्थ लगाते हैं कि इनकी रीढ़ की हड्डी निर्बल थी। उन्हें तत्काल प्रधानमन्त्री के द्वारा इंगित स्थान पर हस्ताक्षर न कर दूसरे दिन इस पर उनसे खुलकर चर्चा करनी चाहिए थी और कोई मध्यम मार्ग निकाल कर राष्ट्र को इस विकट स्थिति में पड़ने से बचा लेना था। कहने वाले यह भी कहते हैं कि राष्ट्रपति उस दिन पुनः सो नहीं पाए थे।

उन्होंने शायद अपने इस कृत्य हेतु अपने को माफ़ नहीं किया और शायद इसी कारण ये हृदय-रोग के आखेट हुए और अन्ततः हृदयाघात के कारण ही ग्यारह फरवरी 1977 की सुबह इस संसार से कूच कर गए। यह भी एक संयोग ही था कि डॉ. ज़ाकिर हुसैन और फख़रुद्दीन अली अहमद दोनों ही अपना कार्यकाल पूरा करने में असफल रहे और दोनों की ही मृत्यु हृदयाघात के कारण हुई और वह भी राष्ट्रपति-भवन के एक ही स्नानागार में। फख़रुद्दीन अली अहमद का दुर्भाग्य ही था कि भारत में प्रथम और शायद आखिरी आपात्काल उन्हीं के राष्ट्रपतित्व काल में घोषित हुआ।

मूल्यांकन

फख़रुद्दीन अली अहमद की प्रशासनिक क्षमता सदा असन्दिग्ध रही। जवाहर लाल नेहरू का वरदहस्त उन पर उनके जीवन-काल में सदा बना रहा। लेकिन 1964 में प्रधानमन्त्री की मृत्यु हो गई थी। फख़रुद्दीन अली अहमद विद्या-व्यसनी थे और इसका पर्याप्त प्रमाण पहले ही दे चुके थे। शायद उनकी इसी अध्ययन प्रियता और शिक्षा-प्रेम को देखकर उन्हें केन्द्रीय शिक्षा मंत्री का पद संभालने का मौका मिला।

श्री अहमद के केन्द्रीय मंत्री बनने से दो बातें हुईं—पहला केन्द्रीय मन्त्रिपरिषद में इस्लाम धर्मावलम्बियों दूसरे शब्दों में मुसलमान प्रतिनिधियों की वृद्धि हुई जिससे भारत की धर्मनिरपेक्ष छवि में निश्चित अभिवृद्धि हुई तथा स्वतंत्रता के 19 वर्षों के पश्चात् भी असम का प्रतिनिधित्व केन्द्रीय मन्त्रिपरिषद में नहीं हुआ था। श्री अहमद के मन्त्रीपद ग्रहण करने से असमवासियों की शिकायत दूर हो गई।

6

नीलम संजीव रेड्डी

(1913–1996)

सन् 1969 में इन्दिरा गाँधी के सभी विरोधी उनके विरोध में खड़े हो चुके थे। जिनके पास इन्दिरा गाँधी से अधिक अनुभव भी था तथा उम्र में भी वे उनसे काफी बड़े थे। उन सभी ने एक साथ मिलकर कांग्रेस पार्टी के राष्ट्रपति पद के उम्मीदवार के लिए नीलम संजीव रेड्डी का चयन किया। उन लोगों ने अपना पूर्ण समर्थन दिया, तब वे एक स्वतन्त्र प्रत्याशी और इन्दिरा गाँधी के कृपापात्र वाराहगिरि वेंकट गिरि से बहुत क्षीण विभेद से पराजित हो गए। एक तरह से राष्ट्रपति की कुर्सी उन्हें मिलते-मिलते रह गई। भले ही रेड्डी को इस पद हेतु प्रायः आठ वर्षों तक प्रतीक्षा करनी पड़ी, लेकिन 1977 में इस पद हेतु उन्हें किसी और प्रत्याशी से कोई भय नहीं रहा। क्योंकि वे निर्विरोध इस पद-हेतु निर्वाचित हो गए। ऐसा नहीं कि उनके विरुद्ध कोई खड़ा ही नहीं हुआ था। सभी प्रमुख राजनीतिक पार्टियों ने इन्हें सर्वसम्मति से राष्ट्रपति पद का प्रत्याशी बना दिया था लेकिन स्वतन्त्र रूप से खड़े होने वाले उम्मीदवारों को कौन रोक सकता था? कुल मिलाकर 21 प्रत्याशी मैदान में थे। किन्तु जाँच के समय रेड्डी को छोड़कर सभी के नामांकन-पत्र किसी-न-किसी आधार पर रद्द हो गए। यह घटना 19 जुलाई, 1977 की है। किंतु नामांकन वापस लेने की तिथि 21 जुलाई थी। अतः उस समय तक रेड्डी को निर्वाचित घोषित नहीं किया जा सकता था।

21 जुलाई, 1977 की ही संध्या साढ़े पाँच बजे उन्हें राष्ट्रपति-पद हेतु निर्वाचित घोषित कर दिया गया। 25 जुलाई सन् 1977 को राष्ट्रपति नीलम संजीव रेड्डी को शपथ ग्रहण करवाया गया। यह कार्यक्रम संसद भवन के केन्द्रीय कक्ष में सुबह 10 बजे आयोजित किया गया। शपथ ग्रहण का कार्य भारत के प्रमुख न्यायाधीश एम.एच. बेग के द्वारा दिलायी गयी। इस समय रेड्डी की उम्र 64 वर्ष की थी। रेड्डी ने हिन्दी और अंग्रेज़ी दोनों में शपथ ली लेकिन उन्होंने अंग्रेज़ी में एक अत्यन्त संक्षिप्त भाषण जो मात्र कुछ पंक्तियों का था दिया था। इसमें उन्होंने अपनी प्राथमिकताओं पर बल दिया और कोई इधर-उधर की बात नहीं की, भूमिका नहीं गढ़ी। नीलम संजीव रेड्डी के इस संक्षिप्त भाषण ने अपने दायित्व के प्रति उनकी निष्ठा से लोगों का परिचय करा दिया। जिस समय श्री रेड्डी ने राष्ट्रपति पद की शपथ ली, उस समय यह सही अर्थों में रिक्त नहीं था, क्योंकि फख़रुद्दीन अली अहमद के असामयिक निधन के कारण तत्कालीन उप राष्ट्रपति बी.डी. जत्ती प्रभारी राष्ट्रपति के रूप में कार्यरत थे।

भारतीय संविधान में यह प्रावधान है कि राष्ट्रपति पद रिक्त हो जाए तो उसे निर्वाचन के द्वारा छः महीनों के अन्दर भर देना चाहिए एवं रिक्त के मध्य उपराष्ट्रपति प्रभारी राष्ट्रपति रहेंगे। ऐसी स्थिति एक बार और आई थी जब डॉ. ज़ाकिर हुसैन अपने कार्यकाल के पूर्ण होने के पहले ही दिवंगत हो गए। उस समय भारत के तत्कालीन मुख्य न्यायाधीश मोहम्मद हिदायतुल्ला, जो उप राष्ट्रपति का पद संभाल चुके थे, ने कार्यवाहक राष्ट्रपति का भार 35 दिनों तक उठाया था। इन दोनों ने ही यद्यपि राष्ट्रपति का पद संभाला लेकिन राष्ट्रपतियों की नामावाली में उनके नाम शामिल नहीं हो सकते, क्योंकि ये प्रभारी राष्ट्रपति थे। इस पद हेतु इनका निर्वाचन नहीं हुआ और राष्ट्रपति का पद एक निर्वाचित पद है।

कुछ इतिहासकारों और लेखकों ने इन्हें भी राष्ट्रपति की श्रेणी में रखने की ग़लती की। यदि यह मान लें तो नीलम संजीव रेड्डी भारत के आठवें राष्ट्रपति कहें जाएँगे यद्यपि वे भारतीय गणराज्य के छठे राष्ट्रपति थे। श्री रेड्डी के शपथ लेने के तत्पश्चात् बी.डी. जत्ती (जो उस समय उप-राष्ट्रपति थे) औपचारिक रूप से राष्ट्रपति का कार्य भार उन्हें दे दिया। उसकी अधिसूचना गृह मन्त्रालय द्वारा भारत के गज़ट में विधिवत् की गई। ऐसे गज़ट भारत को असामान्य (एक्स्ट्रा-ऑर्डीनरी गज़ट) कहते हैं। नीलम संजीव रेड्डी ने जब कांग्रेस के सिंडिकेट नामधारी नेताओं के प्रत्याशी के रूप में ज़ोर-शोर से राष्ट्रपति पद-हेतु चुनाव

लड़ा था और कांग्रेस अध्यक्ष के. कामराज ने उनके पक्ष में प्रधानमन्त्री से हूप (सचेतक) जारी करने का अनुरोध किया था। उस समय ऐसा प्रतीत हुआ था कि श्री रेड्डी एक अक्खड़, अहंकारी तथा एक अत्यन्त महत्त्वाकांक्षी व्यक्ति हैं।

लेकिन राष्ट्रपति-पद के शपथ-ग्रहण के पश्चात् इन्होंने जिस तरह कई औपचारिकताओं को किनारे कर दिया इससे उनकी सरलता तथा व्यर्थ के दिखावे में अविश्वास ही प्रकट हुए। इन्होंने 'गार्ड ऑफ ऑनर' को संक्षिप्त कर दिया और सैनिकों की सलामी ग्रहण करने में कम-से-कम समय दिया। इसके अतिरिक्त उन्होंने अन्य राष्ट्रपतियों की तरह कई अश्वों से चालित होने वाले राष्ट्रपति के प्रभावोत्पादक रथ में बैठने से इन्कार कर दिया और शपथ ग्रहण-स्थल से राष्ट्रपति भवन खुली गाड़ी में गए। नीलम संजीव रेड्डी राष्ट्रपति पद पर निर्वाचित होने के पहले लोक सभा अध्यक्ष (स्पीकर) पद पर विराजमान थे।

यह संयोग ही है कि इस पद पर इनका निर्वाचन निर्विरोध अथवा सर्वसम्मति से हुआ था। यह 26 मार्च, 1977 की बात है। वस्तुतः श्री रेड्डी ने जनता पार्टी के सदस्य के रूप में आन्ध्र प्रदेश के नंदयाल संसदीय क्षेत्र से चुनाव लड़ा था और वहीं से जीतकर लोकसभा पहुँचे थे। ये इस पद पर बहुत दिनों तक नहीं रहे। 13 जुलाई, 1977 को इन्होंने राष्ट्रपति-पद के उम्मीदवार के रूप में नामांकन हेतु इस पद से त्याग-पत्र दे दिया। यही कारण है कि राष्ट्रपति पद की शपथ लेने के पश्चात् जब वे समाचार-पत्रों के प्रतिनिधियों से बात कर रहे थे तो इन्होंने मज़ाक में, लेकिन गम्भीरतापूर्वक कहा कि 'स्पीकर' दृष्टिगत होता है, लेकिन उसे सुना नहीं जाता और राष्ट्रपति न देखा जाता है, न ही सुना जाता है।

लेकिन उन्होंने अपनी अवधारणा स्पष्ट कर दी कि वे चुपचाप कुछ करेंगे अवश्य, भले ही वे देखे और सुने न जाएँ। आगे के इनके कुछ कदमों ने इनके इस कथन को सत्य सिद्ध कर दिया। इन पर हम बाद में आएँगे। वस्तुतः नीलम संजीव रेड्डी काँग्रेस अथवा कहिए कि इन्दिरा गाँधी के दुर्दिन में बने थे। पीछे स्पष्ट किया गया है कि किस तरह इन्दिरा गाँधी ने देश में संकट घिरने के बाद आपातकाल घोषित किया था। इससे उन्हें अल्पकालीन सफलता जो मिली हो, अन्ततः उन्हें कुछ समय हेतु ही सही, प्रधानमन्त्री के पद से हाथ धोना पड़ा। आपातकालीन स्थिति कितने दिनों तक चलती? 1975 के 26 जून को यह लागू की गई थी।

जनवरी 1977 के आते-आते श्रीमती गाँधी के चाटुकारों और अपरिपक्व राजनीतिक सलाहकारों ने उन्हें विश्वास दिलाया कि वे आपात् स्थिति में उठाए गए कदमों के फलस्वरूप आम-जनता में अत्यंत ही लोकप्रिय हो चुकी हैं क्योंकि देश में अनुशासन आया है। अधिकारी काम करने लगे हैं और गरीबों और दलितों का शोषण बहुत हद तक कम हुआ है।

श्रीमती गाँधी इन चाटुकारों के झाँसे में आ गईं और उन्होंने जनवरी 1977 में सभी राजनीतिक बन्दियों को मुक्त कर दिया और सामान्य निर्वाचन की घोषणा कर दी। इस निर्वाचन की घोषणा से इन्दिरा गाँधी के लिए अर्थात् कांग्रेस के लिए बहुत ही अभाग्य साबित हुआ।

इस चुनाव में सभी राज्यों से इस पार्टी को मुँह के बल गिरना पड़ा। यहाँ तक कि इन्दिरा जी भी चुनाव हार गयीं। अतः यह एक राजनीतिक कठपुतली बन कर रह गईं। काँग्रेस के इस आश्चर्यजनक पराभव के पश्चात् श्री जयप्रकाश नारायण के प्रयत्न से जनता पार्टी की सरकार केन्द्र में आई जिसके प्रधानमन्त्री मोरारजी देसाई बने। नीलम संजीव रेड्डी उसी उथल-पुथल की उपज थे। यही कारण है कि जैसा पहले लिखा गया, वे जनता पार्टी के सदस्य के रूप में सांसद निर्वाचित हुए थे। यह ठीक ही कहा जाता है कि दूध का जला छाछ भी फूँक-फूँक कर पीता है। श्री रेड्डी राष्ट्रपति के चुनाव में एक बार पराजय का मुख देख चुके थे। अब वे कोई खतरा लेने को प्रस्तुत नहीं थे। उन्होंने यह स्पष्ट कर दिया था कि जब उन्हें निर्विरोध राष्ट्रपति चुना जाएगा तभी वे इस पद के प्रत्याशी बनेंगे।

वस्तुतः जनता पार्टी कई विभिन्न मतावलम्बियों की एक खिचड़ी पार्टी थी। यही कारण था कि यह प्रायः दो साल तक ही चल पाई और 1979 के वसंत तक यह जड़मूल से उखड़ गई और श्रीमती गाँधी पुनः भारी मतों से अपनी पार्टी को विजयी बनाने में सफल हुईं और पुनः प्रधानमन्त्री की गद्दी पर बैठीं। जनता पार्टी के रूप में विख्यात इस खिचड़ी पार्टी को नीलम संजीव रेड्डी को सर्वसम्मति से राष्ट्रपति पद के रूप में निर्वाचित करने के अतिरिक्त और कोई मार्ग नहीं था। अगर यह पार्टी बात-बात में अपने मतभेद प्रकट करती तो दो साल की अवधि भी जो यह पूर्ण कर सकी, उसे भी पूर्ण नहीं कर पाती।

नीलम संजीव रेड्डी जब 1977 में राष्ट्रपति बने तो न उन्हें, और न श्रीमती इन्दिरा गाँधी को ही यह भान होगा कि इन दो कट्टर विरोधियों को पुनः

एक बार आमने-सामने होना पड़ेगा। लेकिन हुआ वही। जब 1979 में श्रीमती गाँधी पुनः प्रधानमन्त्री बनीं तो राष्ट्रपति पद पर श्री नीलम संजीव रेड्डी ही विराजमान थे। लेकिन यह संजीव रेड्डी की महानता ही कही जाएगी कि उन्होंने श्रीमती गाँधी के प्रति कोई बदले की भावना नहीं रखी और कांग्रेस पार्टी का साथ अच्छी तरह निभाया। लेकिन कुछ स्थितियों में इन्होंने राष्ट्रपति के पद पर रहते हुए ऐसे भी कदम उठाए जो उनके निर्णय पर प्रश्नचिह्न लगाते हैं। संयोगवश इनका सम्बन्ध कांग्रेस पार्टी से न होकर जनता पार्टी से ही था। यह साहसिक या कुछ हद तक असंवैधानिक कदम संजीव रेड्डी ने उस समय उठाया जब राजनारायण ने मोरारजी देसाई के साथ धोखा कर जनता पार्टी का विभाजन करा दिया और बहुमत नहीं होने के कारण उन्हें प्रधानमन्त्री पद से त्यागपत्र देना पड़ा।

राष्ट्रपति पद पर विराजमान नीलम संजीव रेड्डी ने चौधरी चरण सिंह को बिना किसी आधार पर प्रधानमंत्री पद की शपथ ग्रहण करवा दिया। श्री रेड्डी के इस निर्णय पर सबसे बड़ा प्रश्न-चिह्न तब लगा जब लोकसभा में बहुमत सिद्ध करने से पहले ही चरण सिंह ने अपनी नाजुक स्थिति भांप कर प्रधानमन्त्री के पद से त्यागपत्र दे दिया। परिणामतः लोकसभा को भंग करना पड़ा और प्रायः 2 वर्षों पश्चात् ही देश को चुनाव का सामना करना पड़ा। अब श्री नीलम संजीव रेड्डी के व्यक्तित्व पर भी कुछ ध्यान देना जरूरी है। सर्वप्रथम यह बता देना उचित है कि परिस्थितियों का इसमें चाहे जो योगदान रहा हो, लेकिन उस समय तक इस पद पर आसीन होने वालों में मात्र नीलम संजीव रेड्डी ही थे जो निर्विरोध निर्वाचित हुए थे। उनके पहले के सभी राष्ट्रपतियों को अधिक अथवा कम विरोध का सामना करना पड़ा था। दूसरे शब्दों में वे सभी निर्वाचन की प्रक्रिया से गुज़रने को बाध्य हुए थे। श्री रेड्डी निर्विरोध निर्वाचित हुए थे।

जीवन वृत्त

श्री रेड्डी का जन्म 19 मई, सन् 1913 ई. में आन्ध्र प्रदेश के अनन्तपुर जनपद के एक छोटे से इल्लूर गाँव में हुआ था। इनके पिता का नाम नीलम चिनप्पा रेड्डी था, जो पूर्व से ही एक प्रभावोत्पादक कांग्रेसी थे। अर्थात् यह मात्र संयोग नहीं था कि श्री रेड्डी राजनीति में आ गए। रेड्डी-परिवार एक सम्पन्न

कृषक-परिवार था ज़िसकी, आशुतोष औधड़दानी भगवान शिव में अपार निष्ठा थी। कौन जाने इस औधड़दानी ने ही राष्ट्रपति के रूप में नीलम संजीव रेड्डी का अभिषेक करा दिया हो? नीलम संजीव रेड्डी की रुचि अध्ययन-मनन में कम और राजनीति में ज़्यादा थी। इन्होंने अड्यार के थियोसॉफिकल हाई स्कूल में आरम्भिक शिक्षा ग्रहण की और तत्पश्चात् अनन्तपुर के आर्ट्स कॉलेज में अध्ययन किया।

यह एक प्रसिद्ध व मशहूर जगह है जो वर्तमान में भी थिसोसॉफीकल कमेटी का इन्टरनेशनल मुख्यालय है। थिसोसॉफी बहुत हद तक बौद्ध धर्म के समीप है और शान्ति अहिंसा पर इसका विशेष ज़ोर है। शायद अड्यार के परिवेश में ही बालक श्री रेड्डी ने शान्ति और सहिष्णुता के संस्कार ग्रहण किए। अनन्तपुर कॉलेज में इन्होंने कितना कुछ जाना-पढ़ा उसका विवरण बहुत महत्त्वपूर्ण और प्रासंगिक नहीं है। महत्त्वपूर्ण तो यह है कि उन्होंने 18 वर्ष की उम्र में अर्थात् 1921 में ही महात्मा गाँधी द्वारा लागू किए गए स्वतन्त्रता-संघर्ष में भाग लेने हेतु पढ़ाई-लिखाई को तिलांजलि दे दी। इन्होंने सत्याग्रह-आन्दोलन में खुल कर भाग लिया। शीघ्र ही इन्होंने राष्ट्रीय स्तर पर एक युवा नेता के रूप में अपनी पहचान बना ली एवं राज्य की राजनीति में भी इनकी पहुँच बढ़ी।

इन्होंने युवा कांग्रेस की गतिविधियों में खुलकर भाग लिया। अपनी लोकप्रियता, प्रशासनिक क्षमता और नेतृत्व-शक्ति के बल पर उन्हें कम उम्र में ही पार्टी के कई पदों पर आसीन किया गया। 23 वर्ष की अवस्था में ही अर्थात् 1936 में श्री रेड्डी आन्ध्र प्रदेश प्रान्तीय कांग्रेस समिति के महामन्त्री निर्वाचित हो गए और इस पद पर दस वर्षों तक रहे। यही इनकी लोकप्रियता और नेतृत्व सम्बन्धी गुणों के प्रमाण के रूप में पर्याप्त है। ब्रिटिश शासन काल में श्री रेड्डी कई बार जेल भी गये और सत्याग्रह के आन्दोलन में हिस्सा लेने के उपरान्त सन् 1940 में माह दिसम्बर वेल्लोर के जेलों में काटा। वेल्लोर जेल में ही भारत-रक्षा कानून के तहत इन्हें जून, 1941 से 18 मार्च, 1942 तक रखा गया। इन्होंने भारत छोड़ो आन्दोलन में खुलकर भाग लिया। फलस्वरूप 11 अगस्त, 1942 को पुनः गिरफ्तार कर लिए गए और 1945 तक अच्छी-खासी अवधि हेतु इन्हें जेल-यातना सहनी पड़ी।

राजनीतिक जीवन

श्री रेड्डी की शैक्षणिक योग्यता भले ही कम हो, लेकिन इनकी नेतृत्व-शक्ति और राजनीतिक परिपक्वता पर कोई प्रश्न-चिह्न नहीं लगा सकता। 1946 में नीलम संजीव रेड्डी का एक तरह से भाग्योदय हुआ। जब वे मद्रास विधान सभा के सदस्य निर्वाचित हुए। इन्हें पर्याप्त प्रतिष्ठा तो तब प्राप्त हुई जब 1947 में वे संविधान सभा के सदस्य मनोनीत हुए। श्री रेड्डी 36 वर्ष की उम्र में ही उस समय के मद्रास प्रेसीडेंसी में मद्य-निषेध, भवन-निर्माण एवं वन मन्त्री बने और इस पद पर 1951 तक रहे। वे उस पद पर कुछ और काल तक रह सकते थे, लेकिन आंध्र-प्रदेश कांग्रेस-समिति के अध्यक्ष पद पर निर्वाचन हेतु इन्होंने त्याग-पत्र दे दिया।

इस निर्वाचन में इनकी विजय कांग्रेस पार्टी में इनकी लोकप्रियता को और प्रभावी ढंग से रेखांकित कर गई। क्योंकि इन्होंने इस पद हेतु कोई साधारण व्यक्ति नहीं, बल्कि प्रो. एन. जी. रंगा को धूल चटाई थी। 1951 का वर्ष श्री रेड्डी हेतु काफ़ी सौभाग्यशाली रहा। इसी वर्ष वह अखिल भारतीय कार्यकारिणी समिति के सदस्य मनोनीत हुए और केन्द्रीय संसदीय बोर्ड के भी सदस्य बने। इस प्रकार उन्होंने पूरी तरह राष्ट्रीय राजनीतिक मंच पर प्रतिष्ठित होने में सफलता प्राप्त की, पर 1951 को पूर्णतया इनका सौभाग्यशाली वर्ष कैसे कहें, सौभाग्य के साथ दुर्भाग्य भी लगा रहता है, जैसे प्रकाश के साथ अंधकार, हर्ष के साथ विषाद, सफलता के साथ विफलता और सुयोग के साथ दुर्योग। इसी वर्ष, अर्थात् 1951 में इन्हें इसी दुर्योग का, एक भीषण वज्रपात का सामना करना पड़ा। इनका पाँच वर्षीय पुत्र एक सड़क दुर्घटना में मारा गया। यह आघात इतना प्रबल था कि इन्होंने आन्ध्र-प्रदेश कांग्रेस समिति में अध्यक्ष पद से त्यागपत्र दे दिया। यद्यपि इन्होंने अपने त्यागपत्र को अपने शुभचिन्तकों के दबाव पर वापस ले लिया, लेकिन पुत्र-शोक का यह घाव इतना जल्द नहीं भरा।

राज्य सभा के सदस्य के रूप में श्री रेड्डी सन् 1952 में चुने गये और अपनी सदस्यता से सन् 1953 में इस्तीफा दे दिया। क्योंकि ये मद्रास में श्री टी. प्रकाशम् के मन्त्रि-परिषद् में उप मुख्यमन्त्री बना दिए गए। श्री रेड्डी बी. गोपाला रेड्डी के मुख्यमन्त्रीत्व-काल में भी उप मुख्यमन्त्री रहे। पहले ही लिखा गया है कि अत्यन्त कम उम्र से ही श्री रेड्डी प्रान्तीय और केन्द्रीय राजनीति में अपना स्थान बनाने लगे थे। अक्टूबर 1956 में जब राज्यों का पुनर्गठन

हुआ तो श्री रेड्डी नवनिर्मित आंध्र-प्रदेश के मुख्य मन्त्री पद पर निर्वाचित हुए। उस समय इनकी उम्र मात्र 43 वर्ष थी और उस समय के यह सबसे कम उम्र के मुख्यमन्त्री थे। तीन दिसम्बर सन् 1959 में श्री नीलम संजीव रेड्डी ने आसीन मुख्यमंत्री पद से इस्तीफा दे दिया। क्योंकि ये भारतीय राष्ट्रीय कांग्रेस के अध्यक्ष पद पर चुन लिए गए थे। यह निर्वाचन भी सर्वसम्मति से हुआ था।

कांग्रेस अध्यक्ष बनने के पश्चात् भी श्री रेड्डी 11 जनवरी, 1960 तक आंध्र प्रदेश के मुख्यमन्त्री बने रहे जब डी. संजीवैया ने उनसे इस पद का प्रभार लिया। कांग्रेस-अध्यक्ष के रूप में श्री रेड्डी ने और कोई नहीं, बल्कि श्रीमती इन्दिरा गाँधी से प्रभार लिया जो 1959 में सर्वसम्मति से कांग्रेस-अध्यक्ष निर्वाचित हुई थीं। यह संयोग ही है कि श्रीमती इन्दिरा गाँधी और नीलम संजीव रेड्डी दोनों आमने-सामने होते रहे हैं। यह अस्वाभाविक नहीं था, क्योंकि इधर श्रीमती इन्दिरा गाँधी कम उम्र से अपनी क्षमता के साथ-साथ अपने प्रभावोत्पादक पिता के आशीर्वाद के फलस्वरूप राजनीतिक ऊँचाई की सीढ़ियाँ-दर-सीढियाँ चढ़ रही थीं और उधर श्री नीलम संजीव रेड्डी अपनी निष्ठा और दक्षता के फलस्वरूप कम उम्र से ही पार्टी और सरकार के महत्त्वपूर्ण पदों को सुशोभित करने लगे थे। यह बड़ी बात है कि श्री रेड्डी ने भारतीय राष्ट्रीय काँग्रेस के एक-दो नहीं तीन अधिवेशनों की अध्यक्षता की। प्रथम तो 65वाँ सेशन था जो 16-17 जनवरी, 1960 को बंगलौर में सम्पादित हुआ था।

मार्च सन् 1962 में श्री रेड्डी फिर आन्ध्र प्रदेश के मुख्यमंत्री चुने गये और इसके पहले अर्थात 10 मार्च 1962 को इन्होंने कांग्रेस पद से इस्तीफा दे दिया। फरवरी 1964 में आंध्र प्रदेश की राजनीति में एक भूचाल-सा आया। राज्य-परिवहन निगन का राष्ट्रीयकरण हुआ और उच्चतम न्यायालय ने इसे उचित नहीं ठहराया।

सामाजिक जीवन

नीलम संजीव रेड्डी ने राजनीति के आदर्शों की बलिवेदी पर अपने मुख्यमन्त्री-पद का बलिदान कर दिया। यह घटना भी उनके व्यक्तिगत तथा राजनीतिक चरित्र को एक ऊँचाई प्रदान करती है। आज के सन्दर्भ में तो और भी क्योंकि आज की राजनीति में मुख्यमन्त्री स्वयं करोड़ों-अरबों का घोटाला

करने के बावजूद अपने पद से चिपके रहते हैं। राज्य से हटाए गए तो केन्द्र में भी महत्त्वपूर्ण पदों पर आसीन हो जाते हैं।

इन बाहुबलियों के रास्ते का रोड़ा बने ऐसा साहस अब किसी में नहीं है—न प्रधानमन्त्री में, न राष्ट्रपति में पंडित जवाहरलाल नेहरू के बाद लाल बहादुर शास्त्री विधिवत् प्रधानमन्त्री मनोनीत हुए थे। श्री शास्त्री स्वयं आदर्शवादी थे। अतः मूल्यों के प्रति जागरूक नेताओं के प्रति उनके मन में स्नेह और आदर था। इसी शास्त्री ने पंडित नेहरू के प्रधानमन्त्रित्व काल में मात्र एक रेल-दुर्घटना के कारण रेल मन्त्री के पद से त्यागपत्र दे दिया था और नेहरू और अन्य मन्त्रियों के समझाने के बाद भी अपना त्याग-पत्र वापस नहीं लिया था। अब वे आदर्श और मूल्य कहाँ रहे? अब तो भीषण से भीषण रेल-दुर्घटना होती है और रेल-मन्त्री किसी दुर्घटना का नैतिक दायित्व लेना तो दूर, कुर्सी से चिपके रहकर अपना उल्लू सीधा करते रहते हैं। ख़ैर, बात लाल बहादुर शास्त्री और नीलम संजीव रेड्डी की हो रही थी। मूल्य-बोध को समर्पित रेल-मन्त्री से प्रधानमन्त्री बने श्री शास्त्री ने नीलम संजीव रेड्डी को अपने मन्त्रालय में इस्पात तथा खान मन्त्री के रूप में 9 जून, 1964 को शामिल कर लिया।

उसी साल श्री रेड्डी राज्य-सभा के सदस्य निर्वाचित हो गए। अतः इस अनिवार्यता की भी पूर्ति हो गई कि मन्त्री बनने के छः महीने के भीतर सांसद बनना जरूरी है। श्री रेड्डी को जनवरी 1966 से मार्च 1966 तक इन्दिरा गाँधी के प्रधानमन्त्रित्व-काल में कई विभागों का एक साथ मन्त्री बनाया गया। ये विभाग थे—परिवहन, नागरिक उड्डयन, जहाज़रानी एवं पर्यटन। सन् 1967 में पुनः चुनाव करवाया गया। आन्ध्र प्रदेश के हिन्दपुर संसदीय इलाके से श्री रेड्डी ने अपना पर्चा भरा और इन्होंने इसमें विशेष सफलता हासिल की। 17 मार्च, 1967 को ये लोकसभा के स्पीकर निर्वाचित हुए। इस पद को श्री रेड्डी से निश्चित ही पर्याप्त गरिमा प्राप्त हुई। वे कांग्रेस-अध्यक्ष तथा मुख्यमन्त्री के सदृश पदों को धारण कर चुके थे और सभी पर पूर्ण समर्पण भाव से कार्य किया था। इसी के फलस्वरूप इन्हें भरपूर राजनीतिक तथा प्रशासनिक अनुभव प्राप्त हो चुका था। इसी अनुभव ने इन्हें निश्चित रूप से सफल लोकसभा-अध्यक्ष बनाया।

इन्हें पक्ष और विपक्ष दोनों का भरपूर सहयोग मिला और इनकी प्रतिष्ठा में यथेष्ठ अभिवृद्धि हुई। इसी समय इनके भाग्य ने पलटा खाया। इन्होंने 19

जुलाई, 1969 को लोक सभा के अध्यक्ष पद से त्यागपत्र दे दिया क्योंकि इन्हें कांग्रेस पार्टी द्वारा राष्ट्रपति पद का प्रत्याशी घोषित किया जा चुका था। यह फैसला जो लिया गया उनके खिलाफ था। इसे हम पिछले पृष्ठों में देख चुके हैं। संक्षेप में यह कि वे श्रीमती गाँधी के कांग्रेस के विरोधियों अर्थात् कामराज और मोरारजी देसाई आदि की ओर से प्रत्याशी बने थे। इन्दिरा गाँधी ने अपने भविष्य को खतरे में देख वाराह गिरि वेंकट गिरि को स्वतन्त्र प्रत्याशी के रूप में खड़ा किया। रेड्डी के पक्ष में कामराज के अनुरोध पर विप (सचेतक) जारी करने से इनकार किया। निर्वाचनकर्त्ताओं से अपने विवेक के आधार पर मत देने को कहा। वह प्रधानमन्त्री थीं। श्री वी. वी. गिरि को उनके समर्थन का लाभ मिला और थोड़े मतों से ही सही, नीलम संजीव रेड्डी राष्ट्रपति की दौड़ में पीछे रह गए। लोकसभा का जो चुनाव 1971 में हुआ इस चुनाव में श्री रेड्डी हार गये हालाँकि इस वक्त कांग्रेस पार्टी का विभाजन हो चुका था। कांग्रेस (आर) और कांग्रेस (ओ)। इसकी चर्चा हम पले भी कर चुके हैं।

कॉंग्रेस (आर) इन्दिरा गाँधी की पार्टी थी और कांग्रेस (ओ) उनके विरोधियों की। राष्ट्रपति का चुनाव चूँकि रेड्डी ने कॉंग्रेस (ओ) की ओर से ही लड़ा था भले ही उस समय यह नामकरण नहीं हुआ था। अतः, संसद का भी चुनाव वे कांग्रेस (ओ) के चुनाव पर लड़े। ऐसी स्थिति में उनका सांसद नहीं बनना कोई आश्चर्यजनक बात नहीं थी। नीलम संजीव रेड्डी के जीवन की यह दूसरी हार थी। इस हादसे को वे सहन नहीं कर पाये और अपने निवास स्थान अनन्तपुर को लौट गये। यहाँ पर इन्होंने अपने गृह जीवन के कृषि कार्य में अपना योगदान देने लगे। 1975 का उथल-पुथल नीलम संजीव रेड्डी को रास आया। उन्होंने मई 1975 से पुनः सक्रिय राजनीति में भाग लेना आरम्भ किया।

तत्कालीन आन्दोलन के नेता जयप्रकाश नारायण के निकट आए और इसी तारीख को हैदराबाद में एक ही मंच से दोनों ने भाषण किया। जनवरी 1977 में जनता पार्टी के वे विधिवत् सदस्य बन गए और मार्च 1977 में जैसा कि पहले बताया गया है, नडयार संसदीय क्षेत्र से सांसद चुन लिए गए।

राष्ट्रपति के रूप में

26 मार्च, 1977 को सर्वसम्मति से वे लोकसभा के अध्यक्ष चुने गए और इस पद को 13 जुलाई, 1977 को ही पुनः एक बार राष्ट्रपति पद का

प्रत्याशी बनने हेतु छोड़ दिया। इस बार भाग्य ने इनका साथ दिया और वे सर्वसम्मति से राष्ट्रपति चुन लिए गए। स्पष्ट होगा कि दक्षिण भारत से निर्वाचित होने वाले ये चौथे राष्ट्रपति थे और आंध्र प्रदेश से तीसरे। यदि ज़ाकिर हुसैन को भी शामिल कर लिया जाए जो वस्तुतः हैदराबाद में पैदा हुए थे, तो आंध्र प्रदेश के चार राष्ट्रपति माने जाएँगे। ठीक ही कहा जाता है कि अपने राष्ट्रपतित्व-काल में उनका सम्पर्क तीन प्रधानमन्त्रियों से रहा—मोरारजी देसाई, चरण सिंह और इन्दिरा गाँधी।

संजीव रेड्डी की शिक्षा-दीक्षा बहुत उल्लेखनीय नहीं रही, लेकिन उन्हें डॉक्टरेट की मानद उपाधि मिली जिसे 1958 में तिरुपति वेंकटश्वर विश्वविद्यालय ने प्रदान किया। श्री नीलम संजीव रेड्डी ने कई देशों की यात्रा की जिनमें से प्रमुख देश हैं—

यूनाइटेड किंगडम, यू.एस.एस.आर., फ्रांस, प. जर्मनी, स्विट्ज़रलैंड, हंगरी, आस्ट्रेलिया, यू.एस.ए., कनाडा, दक्षिणी अमेरिका तथा पेरु आदि।

जीवन के अन्तिम दिन

श्री रेड्डी का पारिवारिक जीवन अत्यधिक सफल माना जाता है। इनकी धर्मपत्नी का नाम नागारत्नाम्मा था, जिनका पाणिग्रहण संस्कार 8 जून, 1935 को किया गया था। इनके एक पुत्र और तीन पुत्रियाँ थीं। इनके पुत्र का नाम सुधीर रेड्डी था जिसकी दिलचस्पी राजनीति में बिलकुल नहीं थी और वह एक सर्जन बने। इनके अनुज नीलम राजशेखर रेड्डी सी.पी.आई. के प्रमुख नेता और स्वतन्त्रता-सेनानी भी रहे। इस क्रम में उन्हें जेल की भी यात्रा करनी पड़ी। वह नीलम संजीव रेड्डी से दो वर्ष पूर्व ही दिसम्बर 1994 में हैदराबाद में दिवगंत हुए। राष्ट्रपति के रूप में नीलम संजीव रेड्डी का उल्लेख उनके संघर्ष और साहस हेतु किया जाता है। अपने पूर्ववर्तियों की शैक्षणिक उपलब्धि इन्हें नहीं थी, और न ही इन्होंने विदेशों से बैरिस्टर की उपाधि प्राप्त की थी लेकिन सही अर्थों में ये ज़मीन से जुड़े व्यक्ति थे और जब भी राजनीतिक व्यस्तताओं से फुर्सत पाते, कृषि से जुड़ जाते।

चौधरी चरण सिंह को प्रधानमंत्री बनाना इन्हें एक विवादास्पद राष्ट्रपति अवश्य बना गया। फिर भी सब मिलाकर इन्होंने सफल राजनीतिक यात्रा की। इनका अन्त 1 जून, 1996 को हुआ, जब बंगलौर में इनका देहान्त हो गया।

राजकीय सम्मान के साथ इन्हें अन्तिम बिदाई दी गई और भारतीय राष्ट्रपतियों के इतिहास का एक प्रमुख पन्ना बन्द हो गया।

मूल्यांकन

श्री नीलम संजीव रेड्डी का जीवन संघर्षमय रहा था। उन्हें अपने पूर्ववर्तियों के समान शैक्षिक उपलब्धि प्राप्त नहीं थी। ये जमीन से जुड़े व्यक्ति थे। श्री रेड्डी को जनवरी 1966 से मार्च 1966 तक इन्दिरा गाँधी के प्रतिनिधित्व काल में कई विभागों का साथ मंत्री बनाया गया। ये विभाग थे—परिवहन, नागरिक उड्डयन, जहाजरानी एवं पर्यटन। 17 मार्च 1967 को ये लोकसभा के स्पीकर के रूप में निर्वाचित हुए। इस पद को श्री रेड्डी से निश्चित गरिमा प्राप्त हुई। वे कांग्रेस अध्यक्ष तथा मुख्यमंत्री के सदृश्य पदों को धारण कर चुके थे और सभी पर पूर्ण समर्पण भाव से कार्य किया।

7

ज्ञानी ज़ैल सिंह

(1916–1994)

हमारे देश के जितने भी राष्ट्रपति हैं, अगर हम उनकी शिक्षा पर नजर दौड़ाएँ तो हम पायेंगे कि ज्ञानी ज़ैल सिंह ने उन सभी में सबसे कम शिक्षा ग्रहण की है। उन्होंने सिर्फ मिडिल तक ही शिक्षा अर्जित की थी। लेकिन विधिवत् शिक्षा नहीं मिलने के बावजूद ज्ञानी ज़ैल सिंह उर्दू भाषा के अच्छे ज्ञाता थे और शेरो-शायरी में उन्हें महारत हासिल थी। गुरु ग्रन्थ साहब के अक्षर-अक्षर से वे परिचित थे और कभी वे ग्रन्थी भी हुआ करते थे। इसी कारण उनका नाम ज्ञानी भी पड़ा था। यह तो सच है कि उनको भौतिक शिक्षा नहीं मिली थी। स्कूल और कॉलेज की पढ़ाई से वे नहीं गुज़रे थे, किताबी ज्ञान न के बराबर था, फिर भी उन्होंने अनुभूति, भाईचारा और सहज जीवन की विद्यालय में अपनी पढ़ाई की थी और जीवन-पर्यन्त वह सहज, सरल और सबके दुख-सुख के साथी बने रहे थे। एक मिट्टी के झोंपड़ीनुमा घर से अपनी यात्रा आरम्भ कर वह राष्ट्रपति के प्रासाद में पहुँचे थे। किन्तु इस मिट्टी की गन्ध को आजीवन वे भूल नहीं पाए।

आरम्भ में वे कुछ नहीं थे किन्तु धरती-पुत्र अवश्य थे। उन्होंने धरती को फोड़ा, जोता और एक साधारण ग्रामीण युवक के रूप में जिसे सब कुछ करना पड़ता है, अपना जीवन आरम्भ किया और उन्होंने राष्ट्र के उच्चतम पद पर पहुँचकर भी यह स्वीकारा कि उन्होंने राजमिस्त्री का भी कार्य किया, बढ़ई का भी कार्य किया, कपड़े भी सीये, जूते भी सीये, पत्थर भी तोड़े। सड़कों

के निर्माण में कार्य किया। हल चलाए, नहरें खोदीं। लोहार का काम कर तलवारें और भुजालियाँ भी बनाईं। इस प्रकार वो मानव के जीवन और आकांक्षाओं से पूरी तरह परिचित थे। यही कारण है कि वो अहं से दूर रहे और राष्ट्रपति भवन में प्रवेश के पश्चात् भी गरीब-दुखियों और पद-दलितों की समस्याओं से उन्हें संयुक्त रखा और इन समस्याओं के समाधान हेतु उनसे जब भी, जो कुछ बना, उन्होंने किया।

जीवन वृत्त

5 मई 1916 को जन्में ज्ञानी जैल सिंह और कार्ल मार्क्स के व्यक्तित्व लगभग एक समान था। कार्ल मार्क्स का जन्मदिन भी वही था। ज्ञानी जैल सिंह इन्हीं की तरह समाजवाद में पूर्णतया विश्वास करते थे। अतः, वे आजीवन सामाजिक असमानता, आर्थिक अन्याय, जातिवाद, क्षेत्रवाद और सम्प्रदायवाद के विरुद्ध संघर्षरत रहे। उनका जन्म सन्धवान ग्राम में हुआ था जो कोटकपुरा से चार किमी. दूर है। इनके पितामाह का नाम सरदार रामसिंह था। वह एक कारीगर थे और विश्वकर्मा परिवार से आते थे। बाद में इन लोगों ने सिख-धर्म को अपना लिया और रामगढ़िया कहलाने लगे। सरदार रामसिंह के सबसे छोटे लड़के का नाम भाई किशन सिंह था। यही भाई किशन सिंह ज्ञानी ज़ैल सिंह के पिता थे किन्तु यह जानकर आश्चर्य होगा कि ज्ञानी जैल सिंह के पिता ने तीन बार विवाह किया था। पहली पत्नी का नाम था—बीबी दया कौर, दूसरी का नाम बीबी मारिया और तीसरी का नाम बीबी इन्दी कौर। ये तीनों सगी बहनें थीं और इनके पिता का नाम पंजाब सिंह था।

दूसरी शादी इसलिए करनी पड़ी क्योंकि बीबी दया कौर से वर्षों तक कोई बच्चा नहीं हुआ। बीबी इन्दी कौर से तीसरी शादी इसलिए हुई कि दूसरी पत्नी मारिया विवाह के थोड़े दिनों बाद ही मर गई। बीबी इन्दी कौर से चार बच्चे हुए—तीन लड़के और एक लड़की। ज़ैल सिंह सबसे छोटे थे। अपने घर में सबसे छोटा होने के कारण घर के अन्य सदस्य भी इनसे अधिक प्रेम करते थे। जिनमें इनकी माँ का लगाव इनके प्रति कुछ खास था। लेकिन दुर्भाग्यवश माता इन्दी कौर का निधन, जब ये 11 माह के थे, तभी हो गया। इनका लालन-पालन इनकी सौतेली और प्रथम माँ बीबी दया कौर ने किया। लेकिन दया कौर ने इन्हें इतना स्नेह दिया कि 12 वर्ष की अवस्था तक ज्ञानी ज़ैल

सिंह को यह पता ही नहीं चल सका कि वे अपनी असली माँ का प्यार नहीं पा रहे थे। एक बार सिख-धर्म अपनाया तो यह खानदान पूरी तरह से इस धर्म का ही होकर रह गया।

ज्ञानी ज़ैल सिंह के पर पितामह सरदार बुधसिंह सही अर्थों में एक किसान थे। किन्तु कृषि से पर्याप्त आय नहीं होने के कारण वह अन्य छोटे-मोटे कार्य—जैस बढ़ईगिरि, लोहारगिरि, ईंटें जोड़ने का काम भी करते थे। अतः बुधसिंह के प्रपौत्र ज्ञानी ज़ैल सिंह सही अर्थों में एक दीन-हीन समाज के प्रतिनिधि थे। इनके पर पितामह बुद्ध सिंह ने सिक्ख धर्म अपनाया था जिसमें इनके पिता भाई किशन सिंह पूर्ण निष्ठा और अप्रतिम आस्था रखते थे। यह इससे भी प्रकट होता है कि उन्होंने अपने घर के कमरे को ही गुरुद्वारे में परिवर्तित कर दिया था। कमरे के अन्दर गुरु ग्रन्थ साहब विराजते थे, छत पर निशान साहब (सिख ध्वज) फहराते थे। नित्य इस कमरे में कीर्तन आयोजित होता था। पिता की धार्मिक आस्था से उनके घर का माहौल भी धार्मिक हो गया था जिसका प्रभाव ज्ञानी जी पर भी पड़ा। मात्र मिडिल क्लास तक पढ़े होने के बावजूद उनमें अध्ययन-शक्ति का अभाव नहीं था। मिडिल की पढ़ाई तो बाद में आई, पाँच वर्ष की अवस्था में ही ज़ैल सिंह गुरु ग्रन्थ साहिब का पाठ कर सकते थे।

ज्ञानी ज़ैल सिंह जातिवाद के कट्टर विरोधी थे। क्योंकि गुरु ग्रन्थ साहब में गुरुओं के उपदेशों ने उन्हें सिखाया था कि ईश्वर की दृष्टि में सभी मनुष्य समान हैं और मन्दिरों, मस्जिदों तथा गुरुद्वारों में एक ही ईश्वर का वास होता है। सभी मनुष्यों में समभाव की दृष्टि गीता और उपनिषद् की भी है और उनके अनुसार ही ईश्वर का वास सभी मनुष्यों में है। यह तो सच है कि ज्ञानी जैल सिंह को उपनिषद् और गीता के बारे में कोई जानकारी नहीं थी पर उनके धर्म के प्रमुख ग्रन्थ गुरु ग्रन्थ साहब में इन गुरुओं ने इसी शाश्वत सत्य का उद्घाटन किया था। अतः इसमें आश्चर्य नहीं कि इन्होंने एक बालक के रूप में और पुनः एक गुरुद्वारे के ग्रन्थी के रूप में सिख-धर्म के साथ-साथ सनातन धर्म के मूलभूत सिद्धान्तों से भी परिचय प्राप्त कर लिया था। अनास्थावादी तथा नास्तिक इस तथ्य में विश्वास करने से रहे किन्तु अध्यात्मवादी यही कहेंगे कि ज्ञानी ज़ैल सिंह की आध्यात्मिकता ने ही उन्हें धरती के रजकण से आकाश का चमचमाता सितारा बनाया।

ज्ञानी जैल़ सिंह का धर्म में बहुत ही विश्वास था। उनकी धार्मिक छवि

इसी बात से स्पष्ट होती है कि जब 5, रेसकोर्स रोड से राष्ट्रपति भवन गए तो उन्होंने गुरु ग्रन्थ साहब को अपने मस्तक के ऊपर रखकर राष्ट्रपति-भवन के प्रवेश-द्वार से उसके पूजा-गृह में गए। ऐसा अहंकारहीन धर्मपरायण व्यक्ति अगर एक दरिद्र किसान की झोंपड़ी से निकल कर राष्ट्रपति की अट्टालिका में प्रवेश पाता है तो इसमें विस्मय कैसा? कुछ खास शिक्षा ग्रहण न करने के बावजूद भी ज्ञानी जैल सिंह ने स्वाध्याय के द्वारा हिन्दी, अंग्रेज़ी और उर्दू का पर्याप्त अध्ययन किया था। हमने पूर्व में भले ही यह लिखा कि उन्होंने उपनिषद् और गीता का अध्ययन नहीं किया था लेकिन यह बात सत्य है कि इस महापुरुष ने प्रख्यात विद्वानों द्वारा वेदों, उपनिषदों, गीता, कुरान तथा बाइबल का भी सम्यक् ज्ञान प्राप्त किया था। उर्दू-साहित्य के इनके ज्ञान का आलम यह था कि ये अपने भाषण में स्थान-स्थान पर शेरो-शायरी का उद्धरण प्रस्तुत करते थे।

ज्ञानी ज़ैल सिंह निःसन्देह एक प्रखर और प्रभावी वक्ता थे। ध्यान देने की बात है कि मूलतः धार्मिक और आध्यात्मिक विचार वाले इस व्यक्ति के मन में राजनीतिक विचारों का बीजारोपण कैसे हुआ? यह एक सच्चाई है कि ज्ञानी जैल सिंह ने बाल्यकाल में ही आजादी की बलिवेदी पर अपने को कुर्बान करने वाले व्यक्तियों यथा—भगत सिंह, सुखदेव और राजगुरु की कहानी तथा हिन्दू धर्म की रक्षा हेतु सिखों की शहादत की घटनाओं से भी परिचय प्राप्त कर लिया था। सिख-धर्म अपने आरम्भिक-काल में हिन्दू धर्म की रक्षा करने के लिए ही जाना जाता था। गुरु गोविन्द सिंह के पिता गुरु तेग बहादुर की शहादत कश्मीरी ब्राह्मणों की धर्म-रक्षा के प्रयत्न के क्रम में ही हुई थी। उनके पूर्व के गुरु हिन्दू धर्म की रक्षा के लिए मुगलों से लोहा लेते रहे थे। गुरु गोविन्द सिंह ने खालसा की स्थापना कर और गुरुओं की परम्परा बन्द कर सिख धर्म को एक नया स्वरूप अवश्य देना चाहा लेकिन मातृभूमि की गुलामी से वह बहुत अधिक दुःखी थे। उक्त सभी बातों से ज्ञानी जैल सिंह पूरी तरह परिचित थे और अंग्रेजों की गुलामी से भारत को मुक्त कराने की भावना बाल्यावस्था में ही इनके अन्दर घर कर गई थी।

अंग्रेज़ी सरकार का दमन-चक्र जो चल रहा था, उससे बालक ज्ञानी ज़ैल सिंह अनभिज्ञ नहीं थे। यद्यपि ज्ञानी ज़ैल सिंह 5 मई, 1916 को पैदा हुए थे और जलियाँवाला बाग का कुख्यात नरसंहार 13 अप्रैल, 1919 को हुआ था तथापि इस दर्दनाक हादसे का प्रभाव काफी समय तक रहा था और ज्ञानी ज़ैल सिंह के किशोरावस्था में प्रवेश करते समय तक लोगों के मन-मस्तिष्क

में इस अत्याचार और अंग्रेज़ सरकार द्वारा पंजाब में किए गए अन्य ज़ुल्मों की याद पूरी तरह बनी हुई थी और युवा ज़ैल सिंह इन यादों को भुनाने में और लोगों के मन-मस्तिष्क में स्वतन्त्रता की अग्नि प्रज्ज्वलित करने में पीछे नहीं रहे। इन्होंने जन-सभाओं के माध्यम से स्वतन्त्रता की मशाल जलाए रखी और वे लोगों को ग़ुलामी की ज़ंजीरों से मुक्त करने हेतु उत्प्रेरित करते रहे। जैसा कि पहले बताया जा चुका है कि ज्ञानी जैल सिंह का जन्म जिस गाँव में हुआ था वह पंजाब का एक बहुत ही पिछड़ा गांव था।

उन दिनों प्रायः पूरे उत्तर भारत में बाल-विवाह की प्रथा थी। यह हास्यास्पद प्रतीत हो सकता है लेकिन सत्य है कि कभी-कभी ऐसा भी होता था कि यदि दो व्यक्तियों की पत्नियाँ गर्भवती होती थीं तो उसी समय यह निश्चित हो जाता था कि यदि किसी एक के यहाँ लड़की हुई और दूसरे के यहाँ लड़का तो दोनों परिवार वैवाहिक बन्धन में बंध जाएँगे। ज्ञानी ज़ैल सिंह के साथ ठीक ऐसा ही तो नहीं हुआ, लेकिन इससे मिलती-जुलती घटना अवश्य हुई। वे जब पाँच वर्ष के थे और इनकी बीबी प्रधान कौर मात्र 2 वर्ष की थीं, तो 1921 में ही इन दोनों की सगाई हो गई थी। इसके बाद जब शादी करने की बात हुई तो ज्ञानी जैल सिंह ने मना कर दिया और कुछ दिनों हेतु घर छोड़ कर चले गए। अन्ततः वे माता की इच्छा को देखते हुए विवाह हेतु प्रस्तुत हुए एवं 1934 में जब बीबी प्रधान कौर मात्र 15 वर्ष की थीं और ज़ैल सिंह 18 वर्ष के थे तभी उनकी शादी कर दी गई।

प्रधान कौर भी देहाती वातावरण से आई थी और आजीवन वह दिखावे और ताम-झाम से अलग ही रहीं। उन्हें पर्दानशीन रहना ही पसन्द था। यही कारण है कि जब ज्ञानी ज़ैल सिंह राष्ट्रपति बने तो बीबी प्रधान कौर उनके साथ सरकारी समारोहों में भाग लेने में हिचकती थीं। अतः, राष्ट्रपति भवन में आतिथ्य-सत्कार का भार इन दोनों की दूसरी पुत्री डॉ. गुरदीप कौर के ऊपर रहा। वस्तुतः इस दम्पत्ति को एक लड़का और तीन लड़कियाँ हुई थीं।

हमारे देश में मुगल साम्राज्य को स्थापित करने वाले बाबर के बारे में एक महत्वपूर्ण घटना प्रचलित है कि उनका पुत्र हुमायूँ जब अस्वस्थ हुआ और हकीमों ने स्पष्ट कर दिया कि हुमायूँ की उम्र निःशेष हो चली और इसे दुनिया की कोई दवा जीवित नहीं रह सकती तो बाबर ने अपने पुत्र की रोग शय्या की तीन बार परिक्रमा की और कहा—'मेरे अल्लाह! यदि इस दुनिया में जीवन के बदले जीवन बख़्शा जा सकता है तो तुम हुमायूँ की ज़िन्दगी बख़्श दो

और उसके बदले मेरे प्राण ले लो।' बाबर की इस प्रार्थना का चमत्कारिक प्रभाव पड़ा। हुमायूँ धीरे-धीरे ठीक होने लगा, उसे पुनर्जीवन मिल गया। स्वस्थ बाबर रोगग्रस्त हो गया और इस दुनिया से कूच कर गया। बाबर की इसी घटना से सम्बन्धित एक घटना ज्ञानी जैल सिंह के साथ भी घटित हुई। 1927 में जब वे 12 वर्ष के थे, अत्यन्त अस्वस्थ हो गए। वैद्यों-हकीमों-डॉक्टरों ने जवाब दे दिया।

इनके पिता भाई किशन सिंह अपने घर में निर्मित गुरुद्वारे में गए। उन्होंने गुरु ग्रन्थ-साहब के सामने अत्यन्त निष्ठा से विनती की कि उनके लड़के को यदि जीवन-दान मिल गया तो उसे वह ईश्वर को ही समर्पित कर देंगे और उसका काम गुरु ग्रन्थ साहब की कथा सत् श्री अकाल का प्रचार-प्रसार और ग्रन्थ साहब की पंक्तियों का गायन होगा। उनकी प्रार्थना सुन ली गई। ज्ञानी जैल सिंह मृत्यु के मुख से बाहर आ गए। पिता ने अपनी प्रतिज्ञा-रक्षा के रूप में ज़ैल सिंह को ग्रन्थी बना दिया। अर्थात् गुरुद्वारे में गुरुग्रन्थ साहब के विभिन्न पदों का गायन करने वाला। पहले ही कहा गया है, इसी कारण ज़ैल सिंह, ज्ञानी ज़ैल सिंह कहलाए। ज्ञानी जैल सिंह के पिता ने बाबर की तरह अपने प्राण को दाँव पर नहीं लगाया था। वो 1937 तक जिन्दा रहे, लेकिन उस समय ज्ञानी ज़ैल सिंह की उम्र मात्र 21 वर्ष की थी। अतः, पिता की असामयिक मृत्यु के कारण ज्ञानी ज़ैल सिंह को स्वभावतः एक बड़ा धक्का लगा।

ज्ञानी ज़ैल सिंह किशोरावस्था से ही एक प्रखर वक्ता थे और उन्होंने सिख-धर्म के अतिरिक्त कई धर्मों का कुछ-न-कुछ अध्ययन किया था। यहाँ एक घटना उल्लेखनीय है--उस समय दयानन्द सरस्वती द्वारा स्थापित आर्य समाज का बोलबाला पंजाब में बहुत था। आर्य-समाज के प्रचारक सभाएँ आयोजित कर आर्य समाज के सिद्धान्तों का प्रचार-प्रसार कर रहे थे। कहा जाता है कि स्वामी दयानन्द सरस्वती ने एक बार एक मूर्ति पर एक चूहे को विराजमान देख लिया था। उसी समय मूर्ति-पूजा से उन्हें विरक्ति हो गई थी। उनका कहना था कि जो भगवान अपनी रक्षा करने में सक्षम नहीं है वो दूसरों की रक्षा कैसे करेगा स्वामी जी की इस बात में दम हो-न-हो, लेकिन उनकी विद्धत्तापूर्ण ग्रंथ 'सत्यार्थ-प्रकाश' के कारण आर्य-समाज का अच्छा-खासा प्रचार हुआ और आज भी आर्य समाज देश में पर्याप्त संख्या में हैं और ये पूरी तरह हिन्दू धर्मावलम्बी हैं। उनकी उपासना-विधि पृथक् हो सकती है। वे पूजा से अधिक

हवन पर ज़ोर देते हैं और हवन या यज्ञ को वेदों से लेकर गीता तक में मान्यता प्राप्त है।

आर्य समाज के लोगों ने सन् 1932 में पंजाब के फरीदकोट में एक प्रचार सभा का आयोजन किया। उस समय ज्ञानी जैलसिंह मात्र 16 साल के थे। इस सभा में वक्ता अपने-अपने धर्म घ्के पक्ष में बोलने हेतु आमन्त्रित हुए। दुर्भाग्यवश इस सभा में सिख धर्म के विचारों को रखने वाला कोई नहीं था। कुछ लोग किशोर ज़ैल सिंह की प्रतिभा से परिचित थे। उन्होंने मंच-संचालक को सिख-धर्म पर बोलने हेतु ज्ञानी ज़ैल सिंह के नाम की पर्ची भिजवाई। ज्ञानी ज़ैल सिंह को अपने विचार रखने हेतु आमन्त्रित किया गया। इन्होंने अत्यन्त प्रभावोत्पादक ढंग से विचारों को रखा। इन्होंने स्पष्ट किया कि इस धर्म के संस्थापक गुरु नानक देव ने प्रायः पौने पाँच सौ वर्ष पहले ही यह स्पष्ट कर दिया था कि सिख-धर्म समानता और भाईचारा में विश्वास करता है। यह छोटे-बड़े, गरीब-अमीर और सम्पन्न-विपन्न में कोई विभेद नहीं करता। यह एक देश क्या, सम्पूर्ण विश्व के मानवों को एक ही मानता है।

भारतीय चिन्तन में स्वीकार किये गये विश्व-बन्धुत्व अथवा वसुधैव-कुटुम्बकम को ज्ञानी जैल सिंह ने नानक-धर्म का निष्कर्ष माना। उनकी वक्तृता इतनी प्रभावोत्पादक थी और उनके तर्क ऐसे अकाट्य कि सभी वक्ताओं और श्रोता-मंडली ने इनको हाथों-हाथ ले लिया बल्कि वास्तविकता में इनके भाषण के समाप्त होते ही लोगों ने खुशी से झूमकर इन्हें अपने कन्धों पर बैठा लिया और जुलूस निकाल कर इनकी जय-जयकार की। अहंकारी और अभियानी स्वभाव का न होने के कारण इस घटना से उनके स्वभाव में कोई बदलाव नहीं आया और उन्होंने अपने को तुच्छ बताकर सारा श्रेय परमात्मा को दिया और अपने पर प्रकट की गई श्रद्धा हेतु अपने प्रशंसकों के प्रति अपनी विनम्रता प्रकट की। जैसा कि पहले भी उल्लेख किया जा चुका है कि भगत सिंह, सुखदेव और राजगुरु की शहादत से ज्ञानी ज़ैल सिंह के मन में अंग्रेज़ी-प्रशासन के विरुद्ध आक्रोश का भाव भर दिया था और एक तरह से वे इस शहादत का बदला लेने को व्यग्र थे। मन में प्रज्ज्वलित इसी आग से प्रेरित होकर ज़ैल सिंह ने पूर्व से ही स्थापित 'युग पलटो दल' में रुचि ली।

इसकी एक बैठक 1932 में आनन्दपुर साहब में हुई। तभी से इसकी गतिविधियाँ और तेज़ हुईं। इसके सदस्य प्रायः सभी युवा थे, इस संगठन के प्रति पूरी तरह वफ़ादार थे। वे मातृभूति के नाम पर अपने प्राणों को समर्पित

करने को प्रस्तुत थे। निश्यच ही यह एक क्रान्तिकारी दल था जो कश्मीर से गोला-बारूद खरीद कर लाता था। 3 जुलाई, 1932 को अमृतसर में एक महत्त्वपूर्ण बैठक होने वाली थी जिसमें महत्त्वपूर्ण सरकारी स्थानों को बर्बाद करने का लक्ष्य निर्धारित होने वाला था। ऐन मौके पर यह योजना अधिकारियों को ज्ञात हो गई। क्रान्तिकारी सभास्थल को छोड़कर भाग गए और भाई जंगा सिंह जिनका घर बाबा दरक्का में था, के यहाँ शरण ली। बाबा जंगा सिंह जमींदार का अच्छा प्रभाव था। उन्होंने इन क्रान्तिकारियों को गुरु ग्रन्थ साहब का कीर्तनिया बना दिया। इसके लिए ज्ञानी ज़ैल सिंह को भी अपने सहायकों के साथ आमन्त्रित किया गया। इस जत्थे के द्वारा किया हुआ कीर्तन बहुत प्रशंसित हुआ और क्रान्तिकारी बच गए।

ज्ञानी जैल सिंह ने क्रान्तिकारी संगठन युग पलटो दल में पर्याप्त सहभागिता देने का प्रस्ताव दिया लेकिन इनकी उम्र उस समय मात्र 16 वर्ष की थी, अतः क्रान्तिकारियों ने इन्हें अपने दल में शामिल करने से इन्कार कर दिया। कुछ दिनों पश्चात् इन्हें इस दल में शामिल किया गया और इन्होंने गुरु ग्रन्थ साहब के सामने शपथ ली कि अंग्रेज़ी सरकार और फरीदकोट के अत्याचारी राजा के उन्मूलन हेतु कुछ भी उठा नहीं रखेंगे। ज्ञानी जैल सिंह एक साहसी व्यक्ति थे। उन्होंने सन् 1934 में अपने बलबूते फ़रीदकोट के राजा हरीन्द्र सिंह के विरुद्ध बगावत का बिगुल फूँका। इन्होंने अपने प्रभावोत्पादक भाषणों में पंजाब की जनता से यह अपील की वे फ़रीदकोट के राजा और अंग्रेज़ी शासन के जुए को अपने कन्धे से उतार फेंकें। इस समय तक वो महात्मा गाँधी के द्वारा अपनाये गये अहिंसावाद पर विश्वास नहीं करते थे। इनकी धमनियों में युवा रक्त प्रवाहित था। अतः, उन्होंने प्रभावकारी आन्दोलनों द्वारा फ़रीदकोट-राज्य की जनता को अत्याचार और शोषण के विरुद्ध एकजुट करना चाहा।

ज्ञानी ज़ैल सिंह 1937 में ही फ़रीदकोट अकाली-दल के सदस्य हो गए थे। 12 सितम्बर, 1937 को कोटकपुरा के पास एक बहुत बड़ा अकाली-सम्मेलन हुआ जिसमें अकाली-दल के कई प्रमुख नेताओं ने भाग लिया। ज्ञानी ज़ैल सिंह ने इस सभा में सदा की तरह एक प्रभावोत्पादक भाषण दिया जिसका लक्ष्य फ़रीदकोट के राजा के अत्याचार और शोषण को समाप्त करना था; किसानों और मज़दूर वर्ग को उनका हक दिलाना था। उनकी सामाजिक प्रतिष्ठा स्थापित करनी थी। कुछ दिनों पश्चात् अकाली दल के सभी नेताओं ने मिलकर अपने प्रमुख नेता मास्टर तारा सिंह से विचार-विमर्श किया। मास्टर तारा सिंह उस

समय प्रदेश काँग्रेस-समिति के अध्यक्ष भी थे। उन्होंने इन्हें सलाह दी कि अगर उन्हें फ़रीदकोट के शासक सें त्राण पाना है तो काँग्रेस पार्टी में सम्मिलित हो जाएँ। वे काँग्रेस पार्टी में शामिल हो गए किन्तु अकाली दल के भी सदस्य बने रहे। पंजाब में दोनों दलों की पृथक् पहचान बनी रही लेकिन अंग्रेज़ों और पंजाब के अत्याचारी प्रशासकों के विरुद्ध संघर्ष में ये सदा एकजुट रहे।

ज्ञानी ज़ैल सिंह के राजनीतिक जीवन का वास्तविक आरम्भ अप्रैल 1938 से होता है। इस समय जब इनकी उम्र मात्र 22 वर्ष की थी, उन्होंने फ़रीदकोट में भारतीय राष्ट्रीय काँग्रेस पार्टी की एक शाखा स्थापित की। फ़रीदकोट में अभी स्थानीय राजा का ही शासन अंग्रेज़ों के अधीन चल रहा था, काँग्रेस पार्टी के कार्यालय के खुलने से फ़रीदकोट के प्रशासक को आशंकित होना स्वाभाविक था। इन्हें तुरन्त गिरफ्तार कर लिया गया और पाँच वर्ष तक जेल की काल कोठरी में रखा गया। ज्ञानी जैल सिंह को सन् 1943 में जेल से रिहा कर दिया गया परन्तु इसके बाद भी फरीदकोट के प्रशासक ने इन्हें परेशान करना नहीं छोड़ा जिससे मजबूर होकर वो फरीदकोट छोड़कर चले गये। लाहौर जाकर वह मास्टर तारासिंह से मिले जिन्होंने इन्हें अमृतसर के 'शहीद सिख मिशनरी कॉलेज' में कुछ काम में लगा दिया। ज्ञानी ज़ैल सिंह ने गुरुद्वारा बरना साहिब, तन्या साहिब आदि, कई गुरुद्वारों में स्वयंसेवक के रूप में धर्म-प्रचारक का कार्य किया। अन्ततः ज्ञानी जैल सिंह पर गाँधीजी के विचार का प्रभाव पड़ा और उन्होंने अहिंसा तथा सत्याग्रह का रास्ता अपनाया और स्वतन्त्रता-आन्दोलन में सक्रिय भूमिका निभाना आरम्भ किया।

ज्ञानी ज़ैल सिंह स्वतन्त्रता-आन्दोलन को पंजाब-प्रदेश में हवा देने लगे। फ़रीदकोट का राजा अत्यन्त जिद्दी तथा अंग्रेजों का कृत्त गुलाम था। ज्ञानी ज़ैल सिंह ने निर्भीकता का परिचय दिया और फ़रीदकोट में 28 अप्रैल, 1946 को तिरंगा लहराने का कार्य किया। यह योजना सफल नहीं हुई। युवकों को गिरफ्तार कर प्रताड़ित किया गया। क्रान्तिकारियों के राज्य में प्रवेश करने पर रोक लगा दी गई। अत्याचार तो उस समय चरम सीमा पर पहुँचा जब अखिल भारतीय राज्य जन-सम्मेलन की उपसमिति के अध्यक्ष सरदार हरदेव सिंह फ़रीदकोट में एक जनसभा को सम्बोधित करने पहुँचे तो उनके कार्यकर्त्ताओं को बुरी तरह पीटकर घायल किया गया; उन्हें गिरफ्तार कर लिया गया। तिरंगा के साथ-साथ गाँधी-टोपियाँ भी जला दी गईं। ज्ञानी जी तिरंगा के अपमान को बर्दाश्त नहीं कर सके और जनता को इस बात हेतु उत्साहित

किया कि राष्ट्र के झंडे की प्रतिष्ठा की रक्षा हेतु वे किसी भी त्याग हेतु प्रस्तुत हो जाएँ।

ज्ञानी जी के नियन्त्रण में स्वयंसेवकों का एक दल प्रतिदिन फ़रीदकोट जाकर स्वतन्त्रता तथा राष्ट्र ध्वज के पक्ष में अपनी आवाज़ बुलन्द करने लगा। लेकिन हर रोज़ राजा के सैनिक तथा चाटुकार नगरवासियों को बुरी तरह पीटते, प्रताड़ित करते, तिरंगे को जला देते और इन्हें वापस हो जाने को बाध्य करते। पंजाब प्रदेश काँग्रेस समिति ने इसका विरोध किया। 8 मई, 1946 को 'फ़रीदकोट दिन' के रूप में मानाया गया। फ़रीदकोट का शासक किसी भी हद तक जा सकता था और उसने इस आन्दोलन पर यद्यपि वह असाम्प्रदायिक था, साम्प्रदायिकता करा रंग चढ़ा डाला। फ़रीदकोट के राजा द्वारा देश के खिलाफ किये जा रहे कार्य और वहाँ के लोगों का असहनीय उत्पीड़न दूर-दूर तक चर्चा का विषय बन गया। इसी कारण जवाहर लाल नेहरू ने फ़रीदकोट जाने का निर्णय लिया। 27 मई, 1946 को वे फ़रीदकोट पहुँचे। राजा ने पंडित नेहरू के राज्य-प्रवेश को रोकने का पूरा प्रयत्न किया और जैसे ही पंडित नेहरू फ़रीदकोट पहुँचे, उन्हें निषेधाज्ञा थमा दी गई। नेहरू ने इस काग़ज़ के टुकड़े को गुस्से में फाड़ दिया और अनगिनत काँग्रेस-कार्यकर्त्ताओं के साथ आगे बढ़े। इस जुलूस में प्रताप सिंह कैरों, गुरुमुख सिंह मुसाफ़िर आदि के सदृश कई बड़े नेता भी मौजूद थे।

राजा ने कृत्रिम विनम्रता प्रकट करते हुए निषेधाज्ञा वापस ले ली और पंडित नेहरू को अपने महल में आमन्त्रित किया। ज्ञानी जैल सिंह के नेतृत्व में एक विशाल जुलूस का आयोजन हुआ, जिसके साथ पं. जवाहर लाल नेहरू दाना मण्डी पहुँचे। पंडित नेहरू से इनकी प्रथम मुलाकात थी। इनकी नेतृत्व-क्षमता और आयोजन-कुशलता से पंडित नेहरू बहुत प्रभावित हुए। पंडित नेहरू राजा के आमन्त्रण पर महल भी गए। वहाँ दिन का भोजन भी किया लेकिन इसके पूर्व उन्होंने दानामंडी में ध्वज फहराकर उसकी प्रतिष्ठा को पुनर्स्थापित किया एवं एक बहुत बड़ी सभा को सम्बोधित किया। पंडित नेहरू और फ़रीदकोट के राजा ने दोपहर के भोजन के बाद एक बैठक कर विचार-विमर्श किया जिसमें कुछ बातों पर सहमति बनी—जैसे, धारा 144 को वापस लिया गया। फ़रीदकोट में अन्य राज्यों से आने वालों पर प्रतिबन्ध समाप्त किया गया। सभी राजनैतिक बन्दी छोड़ दिए गए और उन पर किए गए अत्याचारों की पूरी जाँच का आदेश दिया गया।

राजनीतिक जीवन

15 अगस्त, 1947 को हमारा देश तो आजाद हो गया परन्तु देश के अन्दर अभी भी छोटे-छोटे राज्य विद्यमान थे। पंजाब में 1928 से ही प्रजा-मण्डल कार्यरत थे। इसमें ज्ञानी ज़ैल सिंह भी खुल कर भाग लेते थे। स्वतन्त्रता के पश्चात् भी जब फ़रीदकोट के राजा का अत्याचार जारी रहा और राज्य-प्रजा-मण्डल का राज्य से राजा के अत्याचार की समाप्ति एवं पंजाब की प्रतिष्ठा की पुनर्स्थापना का प्रयत्न व्यर्थ हुआ तो ज्ञानी ज़ैल सिंह ने साहसपूर्वक फ़रीदकोट राज्य को उखाड़ फेंकने का संकल्प लिया। इस काम में उन्हें ऐसी यातना सहनी पड़ी जो अवर्णनीय है और शायद इसी यातना ने उन्हें एक बहुत बड़ा नेता और अन्ततः राष्ट्रपति भी बना दिया। ज्ञानी जैल सिंह अपने लक्ष्यों को पूरा करने के लिए एक मार्च, 1948 को कुछ स्वयंसेवकों को साथ लेकर फ़रीदकोट सचिवालय, पुलिस-स्टेशनों, राज्य कोषागारों तथा अदालतों पर कब्ज़ा कर लिया और एक समानान्तर सरकार की घोषणा कर दी। फ़रदीकोट के राजा ने अपने राज्य के विरुद्ध उसे बगावत माना एवं उन्हें तथा राज्य की जनता को सबक पढ़ाने हेतु उनके हाथ-पैरों को बाँधकर एवं उनके केशों को रस्सी के माध्यम से एक जीप के पीछे बाँधकर उन्हें फ़रीदकोट की सड़कों पर घसीटने का आदेश दिया।

थोड़ी देर घसीटने के पश्चात् पुलिस-अधिकारियों को शायद भय हुआ और उन्होंने ज्ञानी जी को बन्धन-मुक्त कर दिया। फिर भी राजा ने उन पर राजद्रोह का मुकदमा चलाकर 50 रुपये के साथ-साथ एक साल के सश्रम कारावास की सज़ा दी। जेल में उन्हें विभिन्न रूपों में प्रताड़ित तथा पीड़ित किया गया। 20 दिनों तक यही स्थिति रही। अन्ततः पंडित नेहरू और सरदार पटेल के दबाव में आकर फ़रीदकोट के राजा को ज्ञानी ज़ैल सिंह को मुक्त करना पड़ा। 15 जुलाई, 1948 को फ़रीदकोट राज्य का अस्तित्व समाप्त हो गया क्योंकि उसका विलय, सरदार पटेल के कारण 'पेप्सू' में हो गया। इस प्रकार यह कहा जा सकता है कि फरीदकोट के कारण ही ज्ञानी जैल सिंह भारतीय राजनीति में इतने सक्रिय हुए। 1931 से लेकर 1948 तक यानी 17 वर्षों तक ज्ञानी जी का संघर्ष फ़रीदकोट से रहा और उनकी यह 17 वर्षों का राजनीतिक ज़िन्दगी उनके जीवन में महत्त्वपूर्ण स्थान रखती है।

इस बीच उन्होंने आन्दोलनों का नेतृत्व तो किया ही, अत्याचार और प्रताड़नाएँ तो सहीं ही तथा जिन पदों को भी सुशोभित किया उनमें से प्रमुख हैं—

फ़रीदकोट-राज्य-काँग्रेस के संस्थापक (1938) तथा फ़रीदकोट-राज्य-प्रजा मण्डल के अध्यक्ष (1946-1948)। आजादी के बाद ज्ञानी जैल सिंह का भाग्य बदला और 20 जुलाई, 1949 को पंजाब और पूर्वी पंजाब राज्यों के संगठन (पेप्सू) में कैबिनेट मन्त्री बने और इन्हें राजस्व मन्त्रालय मिला। इस समय मुख्यमन्त्री ज्ञानसिंह रारेवाला थे। ज्ञानी ज़ैल सिंह इस पद पर 18 नवम्बर, 1949 तक रहे। कर्नल रघुवीर सिंह के नेतृत्व में ये कृषि और लोक-निर्माण विभाग के मंत्री रहे। इस बीच पेप्सू पंजाब में शामिल कर लिया गया और वे पंजाब-कांग्रेस-समिति के वरिष्ठ उपाध्यक्ष बने। ज्ञानी जी की राजनीतिक प्रगति जारी रही। 1956 में वह राज्य-सभा के सदस्य निर्वाचित हुए और 1962 तक राज्य-सभा में बने रहे। 1962 के आम चुनाव में वह फ़रीदकोट संसदीय क्षेत्र से ही पंजाब विधान सभा हेतु निर्वाचित हुए एवं प्रताप सिंह कैरों के मुख्यमन्त्रित्व काल में वह जेल एवं पशुपालन विभाग के मन्त्री रहे। सन् 1966 से सन् 1972 तक पंजाब राज्य के कांग्रेस अध्यक्ष के रूप में ज्ञानी जैल सिंह ने अनेक अच्छे काम किये। 1972 के चुनाव में आनन्दपुर साहिब (रोपड़) विधान-सभा क्षेत्र से विधायक चुन लिए गए।

1 मार्च 1972 को वह विधान सभा में काँग्रेस पार्टी के नेता निर्वाचित हुए एवं 17 मार्च, 1972 को पंजाब के मुख्यमन्त्री के रूप में पदासीन हुए। वे इस पद पर पूरे पाँच वर्षों तक रहे। इसके पूर्व केवल प्रताप सिंह कैरों ही इतनी अवधि तक मुख्यमन्त्री रहने का गौरव प्राप्त कर चुके थे। मुख्यमन्त्री के रूप में ज्ञानी ज़ैल सिंह एक सशक्त प्रशासक सिद्ध हुए। उनके समय में हरित क्रान्ति तथा औद्योगिक क्षेत्र में उल्लेखनीय कार्य किए। ज्ञानी जी की मौलिक सूझबूझ और कार्य-निष्ठा की प्रशंसा उनका बड़े-से-बड़ा विरोधी भी किए बिना नहीं रह सकता।

सामाजिक जीवन

एक स्वतंत्रता सेनानी होने के कारण ये स्वतन्त्रता सेनानियों से कुछ खास लगाव रखते थे और इनके काल में सात हज़ार से अधिक स्वतन्त्रता

सेनानियों को केन्द्रीय 'पेंशन' प्राप्त हुई। इन्होंने शहीद भगतसिंह की माता को चण्डीगढ़ के एक भव्य समारोह में 'पंजाब-माता' के नाम से विभूषित किया। लाला लाजपत राय आजादी की लड़ाई में महत्त्वपूर्ण योगदान देते थे। जिस कारण देश के बड़े-बड़े नेताओं के नाम के साथ उनका नाम जोड़ा जाता था। अंग्रेज़ों के द्वारा उन्हें प्रताड़ित भी होना पड़ा था। ज्ञानी ज़ैल सिंह को इसका ज्ञान था। मुख्यमन्त्री ज्ञानी ज़ैल सिंह की इच्छा से पंजाब के राज्यपाल एम. एम. चौधरी ने लाला लाजपत राय की पतोहू को 51 हज़ार रुपये की थैली देकर सम्मानित किया। पंजाब के एक साहसी क्रान्तिकारी ऊधम सिंह ने जलियांवाला बाग के हत्यारे ओ. डायर को लन्दन में जाकर मार डाला था। ज्ञानी ज़ैल सिंह के प्रयत्न से शहीद ऊधम सिंह का भस्मावशेष लन्दन से यहाँ लाया गया और उनके जन्म स्थान सुनाम में उनका एक स्मारक बनाया गया। 18वीं और 19वीं सदी के दौरान शहीद हुए पंजाबी सैनिकों की याद में ज्ञानी जैल सिंह ने एंग्लो-सिख युद्ध-स्मारक भवन फिरोज़शाह में निर्माण कराया। 640 किलोमीटर लम्बा गोविन्द सिंह मार्ग का निर्माण भी उसी समय हुआ।

यह मार्ग पंजाब के 90 पवित्र स्थानों को एवं 332 गाँवों को जोड़ता है। यह गुरु गोविन्द सिंह की स्मृति को सुरक्षित रखने में एक महत्त्वपूर्ण योगदान है क्योंकि यह तख्त श्री केशगढ़, आनन्दपुर साहब, जहाँ गुरु गोविन्द सिंह द्वारा खालसा पंथ की स्थापना हुई थी, को तख्त दमदमा साहब से जोड़ता है। ज्ञानी ज़ैल सिंह ने मुख्यमंत्री बनने के बाद रिक्शा चालकों को रिक्शा खरीदने के लिये मुफ्त कर्ज दिये। जिससे वे अपना रिक्शा खरीद सकें। इन्हीं के प्रयत्नों से भारतीय राष्ट्रीय कांग्रेस का 75वाँ राष्ट्रीय सम्मेलन कामागाटूमारा नगर में दिसम्बर 1975 को आरम्भ हुआ कहना न होगा कि इन्हीं के नेतृत्व में सम्मेलन के प्रतिनिधियों का ऐसा आतिथ्य हुआ कि पूरे राष्ट्र में पंजाब को अभूतपूर्व ख्याति मिली। सन् 1975 में पूरे देश में लगाये गये आपातकाल के दौरान जो स्थिति हुई थी इसकी जानकारी पहले दी जा चुकी है। 1977 के आम चुनावों में काँग्रेस पार्टी बुरी तरह पराजित हुई और जनता पार्टी केन्द्र में सरकार बनाने में सफल रही। इसने अन्य राज्यों की तरह पंजाब की भी निर्वाचित काँग्रेस-सरकार को बर्खास्त कर दिया।

इन दिनों ज्ञानी ज़ैल सिंह को काफ़ी संघर्ष का सामना करना पड़ा। इन्दिरा गाँधी के अत्यन्त करीबी होने के कारण पंजाब-सरकार ने इन पर एक-दो नहीं

पचास आरोप लगाए। लेकिन ज़ैल सिंह की ईमानदारी पर प्रश्न-चिह्न लगाना आसान नहीं था। अन्ततः वे सभी आरोप ग़लत सिद्ध हुए और ज्ञानी जी की प्रतिष्ठा को चार चाँद लग जाए। जनता पार्टी के उन्मूलन के बाद जनवरी, 1980 में 7वीं लोकसभा का चुनाव हुआ जिसमें पंजाब के होशियारपुर संसदीय क्षेत्र से उन्होंने अपने प्रतिद्वन्द्वी को 1 लाख 25 हज़ार मतों से हराकर लोकसभा में प्रवेश किया। 4 जनवरी, 1980 को इन्हें बहुत महत्त्वपूर्ण मन्त्रालय अर्थात् गृह मन्त्रालय का कैबनेट मिनिस्टर बनाया गया। इस समय इन्दिरा गाँधी की सरकार थी। ज्ञानी ज़ैल सिंह उन नेताओं में थे जिन्होंने न कभी दल बदला, न नेता। ज्ञानी ज़ैल सिंह आरम्भ से लेकर अन्त तक काँग्रसे-पार्टी के एक समर्पित सिपाही रहे एवं इन्दिरा से उनके सुख और दुख दोनों काल में साथ लगे रहे। ज्ञानी जैल सिंह ने एक सफल मुख्यमंत्री के बाद केन्द्र में गृहमंत्री का पद सम्भाला परन्तु जिस समय वो गृहमंत्री बने उस समय देश के आन्तरिक प्रशासन का ढाँचा चरमरा रहा था।

पंजाब और असम में अलगाववादी आन्दोलन हो रहे थे। इन्होंने यद्यपि सौहार्दपूर्ण तरीके से इन समस्याओं को सुलझाना चाहा तथापि जहाँ जरूरत पड़ी, वे कठोर कदम उठाने में नहीं चूके। पंजाबियों द्वारा उठाए गए 'खालिस्तान' की माँग का उन्होंने स्पष्ट विरोध किया और इस देश के विखण्डीकरण की शुरुआत बचाई। इस प्रकार वो एक सफल गृहमन्त्री भी सिद्ध हुए।

राष्ट्रपति के रूप में

ज्ञानी ज़ैल सिंह का पूर्ण भाग्योदय समीप आ रहा था। 11 जून, 1982 को इन्दिरा-काँग्रेस ने इन्हें राष्ट्रपति पद का प्रत्याशी घोषित किया। 22 जून, 1982 को नामांकन दाखिल करने के पूर्व इन्होंने गृहमन्त्री के पद से त्यागपत्र दे दिया। 15 जुलाई, 1982 को अपने निकटतम और पाँच विरोधी पार्टियों के संयुक्त प्रत्याशी एच. आर. खन्ना को 4 लाख 71 हज़ार 428 मतों से पराजित किया। 25 जुलाई, 1982 को राष्ट्रपति भवन के दरबार-कक्ष में भारत के तत्कालीन मुख्य न्यायाधीश वी.वी. चन्द्रचूड़ द्वारा इन्हें पद और गोपनीयता की शपथ दिलाई गई। ज्ञानी ज़ैल सिंह ने राष्ट्रपति-भवन को अपनी उपस्थिति से अतिरिक्त गरिमा प्रदान की। इनका सौंदर्य-बोध प्रबल था। ज्ञानी ज़ैल सिंह सदा अच्छी पोशाक में रहते थे और अक्सर सफेद अचकन (चूड़ीदार) धारण

करते थे। पंडित जवाहर लाल की तरह गुलाब का एक फूल भी इनके परिधान में शामिल था।

इन्होंने राष्ट्रपति-भवन के दरवाज़ों को सभी हेतु उन्मुक्त रखा था। सुरक्षा-प्रभारियों की आपत्ति के बावजूद इन्होंने यह क्रम जारी रखा। प्रतिदिन सन्ध्या छः बजे वे आम लोगों हेतु दरबार लगाते थे। इसमें कोई शक नहीं कि ज्ञानी ज़ैल सिंह एक आध्यात्मिक पुरुष थे। सिख-मत के इस सच्चे अनुयायी ने न किसी अन्य धर्मावलम्बी से द्वेष पाला, और न व्यक्तिगत शत्रुता अथवा आलोचना पर ही ध्यान दिया। फ़रीदकोट के राजा से उनका संघर्ष है लेकिन राष्ट्रपति होने के पश्चात् इन्होंने वहाँ के तत्कालीन उत्तराधिकारी राजा हरीन्द्र सिंह को राष्ट्रपति भवन में लाने हेतु गाड़ी भिजवाई थी। इन्दिरा गाँधी की, जब उन्हीं के सुरक्षाकर्मियों द्वारा हत्या कर दी गई तो ज़ैल सिंह ने देश हित में एक तरह से संवैधानिक प्रावधान की उपेक्षा करते हुए उनके सुपुत्र राजीव गाँधी को प्रधानमन्त्री पद की शपथ दिला दी। ज्ञानी ज़ैल सिंह हेतु यह उदारता महँगी पड़ी।

युवा और स्वभावतः अहंकारी प्रधानमन्त्री ने अपने ही निर्माता और राष्ट्राध्यक्ष की उपेक्षा आरम्भ की। जरूरी मुद्दों पर विचार-विमर्श करना बन्द कर दिया। विदेशों से वापस लौटकर राष्ट्रपति-भवन जाकर राष्ट्रपति को अपनी यात्रा की उपलब्धियों और परिणामों से अवगत कराने की परम्परा भी तोड़ दी। इन पंक्तियों के लेखक को स्मरण है कि एक बार हवाई अड्डे पर पत्रकारों ने इस परम्परा को तोड़ने की बात उठाई, तो उनका तत्काल उत्तर आया—"मैंने तो ऐसी कई परम्पराएँ तोड़ी हैं।" जिस प्रकार भोले शंकर ने भस्मासुर को वरदान दे अपने ही विनाश को सन्निकट बुला लिया था, ठीक उसी प्रकार ज्ञानी ज़ैल सिंह ने राजीव गाँधी के प्रति विशेष हमदर्दी दिखाकर किया था।

जीवन के अन्तिम दिन

अपने राष्ट्रपति काल के आखिरी दिनों में ज्ञानी जैल सिंह को अनेक समस्याओं का सामना करना पड़ा जिस कारण वो तनाव में रहने लगे। उनका जीवन दुःखमय हो गया परन्तु ज्ञानी जी ने जीवन में कभी हार नहीं देखी थी। वे सदा एक सच्चे योद्धा रहे। अन्ततः राजीव के व्यवहार से तंग आकर

उन्होंने इस पद पर जिसे बैठाया था, उसे ही पदच्युत करने की सोचने लगे। आरम्भिक पृष्ठों में इसकी चर्चा की जा चुकी है। भारतीय प्रजातन्त्र के सौभाग्य से यह दुर्घटना घटने से रह गई।

ज्ञानी ज़ैल सिंह के जीवन पर नजर डालने से यह ज्ञात होता है कि वो बहुत ही सामान्य व अहंकारविहीन व्यक्ति थे।

राष्ट्रपति-पद के रूप में अपनी पूरी कालावधि खत्म कर 25 जुलाई 1987 को इन्होंने राष्ट्रपति पद का त्याग कर दिया और राष्ट्रपति-भवन छोड़कर 4 सर्कुलर रोड के अपने नए आवास में चले गए। अब तक के राष्ट्रपतियों में नीलम संजीव रेड्डी ने जहाँ 64 वर्ष की उम्र में यह पद ग्रहण किया वहीं ज्ञानी ज़ैल सिंह ने 66 वर्ष की उम्र में। अन्य शेष राष्ट्रपति इनसे बड़ी उम्र में इस पद पर आए।

ज्ञानी जैल सिंह राष्ट्रपति काल समाप्त होने के बाद भी बहुत सक्रिय रहे और सभाओं-सम्मेलनों का उद्‌घाटन करते रहे। किसी को निराश करना तो उन्होंने सीखा ही नहीं। ज्ञानी जैल सिंह का बुरा दिन उस दिन शुरू हुआ जब अचानक 29 नवम्बर, 1994 को पंजाब के रोहतक के पास एक सड़क-दुर्घटना में वे बुरी तरह घायल हो गए। इन्हें चंडीगढ़ के स्नातकोत्तर आयुर्विज्ञान संस्थान के नेहरू हास्पिटल में भर्ती किया गया। यहाँ 27 दिनों तक वे 'कोमा' में रहे और अन्ततः 25 दिसम्बर, 1994 को इस संसार को अलविदा कह गए।

28 दिसम्बर 1994 को यमुना के तट, 'विजय घाट' पर वैदिक मन्त्रों तथा अन्य धार्मिक ग्रन्थों के उद्धरणों के साथ इस महान् आत्मा को मुखाग्नि प्रदान की गई। इस अवसर पर राष्ट्रपति डॉ. शंकर दयाल शर्मा, उप राष्ट्रपति के.आर. नारायणन, प्रधानमन्त्री पी. वी. नरसिंहाराव के अतिरिक्त अन्य बहुत महत्त्वपूर्ण व्यक्ति आँखों में अश्रु भरे हुए उपस्थित थे।

मूल्यांकन

अधिक शिक्षा-दीक्षा न होने के बाद भी ज्ञानी जैल सिंह बहुत विद्वान थे। स्वाध्याय और साधना के फलस्वरूप विद्वता और आध्यात्मिकता में अपने पूर्ववर्तियों में किसी से अधिक-कम नहीं रहे अपितु यदि धार्मिकता और

दार्शनिकता की बात की जाय तो वे सर्वपल्ली राधाकृष्णन के समीप तथा धार्मिकता और सरलता की बात की जाय तो डॉ. राजेन्द्र प्रसाद के समीप बैठते हैं। लेकिन एक अर्थ में वे अप्रतिम हैं। सही अर्थों में एक अति साधारण कृषक या कारीगर से भारतीय गणराज्य के सर्वोच्च पद पर पहुँचने वाला व्यक्ति इनके पूर्व कोई नहीं हुआ। इस प्रकार यह स्पष्ट होता है कि ईमानदारी, निष्ठा, आध्यात्मिकता एवं पुरुषार्थ व्यक्ति को कहीं से कहीं पहुँचाने की क्षमता रखते हैं।

8

रामास्वामी वेंकट रमण
(1910—2009)

भारत में अधिकांश प्रधानमंत्रियों का संबंध उत्तर भारत से होता था तथा वे मुख्य रूप से हिन्दी भाषा का ही प्रयोग किया करते थे। जिसका एकमात्र कारण था उत्तर भारत में अधिक सांसदों का होना जिनमें बिहार और उत्तर प्रदेश प्रमुख होते थे। काँग्रेस पार्टी के वर्चस्व अथवा उसके स्वर्णिम-काल तक यह परिपाटी बरकरार रही। हाल-फिलहाल वर्तमान प्रधानमन्त्री के पूर्ववर्ती प्रधानमन्त्री अटल बिहारी वाजपेयी भी उत्तर प्रदेश के लखनऊ से ही चुनकर आए थे।

भारत के प्रथम राष्ट्रपति डॉ. राजेन्द्र प्रसाद के बाद राधाकृष्णन राष्ट्रपति पद पर नियुक्त हुए। उस समय यह बात बहुत चर्चित हुई कि उत्तर का प्रधानमन्त्री रहे और दक्षिण का राष्ट्रपति। यह देश को एक सूत्र में आबद्ध रखने का बड़ा अच्छा तरीका है। कुछ हद तक यह परिपाटी चलती रही, किन्तु यह कोई अनिवार्य परम्परा का रूप नहीं ले पाई। फिर भी अब तक दक्षिण के राष्ट्रपतियों की संख्या ही सर्वाधिक है। डॉ. सर्वपल्ली राधाकृष्णन, वाराह गिरि वेंकट गिरि, नीलम संजीव रेड्डी, रामास्वामी वेंकट रमण, के. आर. नारायणन और डॉ. अब्दुल कलाम—सभी दक्षिण से ही हैं।

जीवन वृत्त

रामास्वामी वेंकट रमण का जन्म तमिलनाडु जो पहले मद्रास के नाम से जाना जाता था, के तंजौर ज़िला के राजमदन ग्राम में 4 दिसम्बर, 1910 को

हुआ था। इनके पिता का नाम रामास्वामी अय्यर था जो तंजौर ज़िला-अदालत में वकालत-पेशा से सम्बद्ध थे। अतः तंजौर ज़िला-मुख्यालय में ही वेंकट रमण का आरम्भिक अध्ययन हुआ। इसके पश्चात् उन्होंने मद्रास विश्वविद्यालय से अर्थशास्त्र में एम. ए. की डिग्री प्राप्त की। तत्पश्चात् विधि-स्नातक की उपाधि मद्रास से ही ग्रहण की। भारत के उच्च नेता प्रायः वकील हुआ करते हैं। परन्तु वेंकट रमण ऐसे नहीं थे। ऐसा माना जाता है कि उन पर श्रीनिवास अयंगर और ए. सत्यमूर्ति के समकालीन धुरंधर कांग्रेसी नेता के. भाष्यम् का पर्याप्त प्रभाव था।

रामास्वामी वेंकटरमण, जिन्हें लोग प्रेम से आर. वी. कहना पसन्द करते थे, की इच्छा सरकारी नौकरी में जाने की थी, लेकिन भाष्यम् ने उन्हें यह कहकर रोका कि देश को गुलाम करना उचित नहीं। वेंकट रमण ने इस उपदेश को गिरह बाँध लिया और सरकारी नौकरी में जाने की बात ही भूल गए। 1935 में इन्होंने मद्रास उच्च न्यायालय में अपना पंजीकरण कराया। तीन वर्षों के पश्चात् अर्थात् 1938 में जानकी देवी से इनका विवाह सम्पन्न हुआ। लोग तो इसे दुर्भाग्य ही कह सकते हैं पर यह सत्य है कि इस दम्पति को कोई पुत्र नहीं प्राप्त हुआ। ऐसा नहीं कि कोई पुत्र हुआ ही नहीं था। एक लड़का इन्हें अवश्य हुआ था जो सत्रह वर्ष की अवस्था में ही दिवगंत हो गया। भारतीय संस्कृति और धार्मिक-सामाजिक परम्परा में पुत्र का महत्त्व है, क्योंकि वही पिंड-दान देकर पूर्वजों को मोक्ष प्रदान करने में सहायक होता है। अतः पुत्रियाँ पहले ही पुत्रों से कम आदर पाती थीं और आज के भौतिकवादी युग में तो अधिकांश परिवारों में पुत्री जन्म को ही अभिशाप के रूप में लिया जाता है।

विज्ञान को अधिक प्रगति करने कारण आज भ्रूण को पहचानना आसान हो गया है, जिस कारण स्त्री भ्रूण की हत्या करना अब आम बात हो गई। इसका दुष्परिणाम सामने आ रहा है—पुरुषों के अनुपात में स्त्रियों की संख्या घटती जा रही है। भारत के शुभ चिन्तकों ने महिलाओं की इसी भावी दुर्दशा को देखकर उनके प्रति श्रद्धा प्रदर्शित करते हुए यह कहा है कि जहाँ नारियों की पूजा होती है वहाँ देवता सानन्द वास करते हैं। भावी राष्ट्रपति वेंकट रमण शायद इसी आर्ष वाक्य के कायल थे। पुत्र के निधनोपरान्त उन्होंने अपनी तीन पुत्रियों—पद्मा, लक्ष्मी और विजया के पालन-पोषण ही नहीं, अपितु शिक्षण-प्रशिक्षण में भी पर्याप्त ध्यान दिया। यही कारण है कि पद्मा और लक्ष्मी तो विदेशों

में बस गई हैं और विजया का विवाह आई. आई. टी. वैज्ञानिक से हुआ। आर. वेंकट रमण कानून के बारे में पूरी जानकारी रखने के साथ ही एक श्रमिक नेता भी थे, जिस कारण भारतीय जनता के बीच अधिक लोकप्रिय हुए। वे कई श्रमिक संस्थाओं से भी सम्बद्ध थे।

रेलवे कर्मचारी, कार्यरत-पत्रकारों, जलयान-मज़दूरों एवं चाय-बागानों के मज़दूर-संगठनों से इनका घनिष्ठ सम्बन्ध था एवं तंजौर ज़िला के कृषि-कार्यकर्त्ताओं की सामाजिक-आर्थिक स्थिति को भी सुधारने में इन्होंने व्यक्तिगत रुचि ली। आर. वेंकट रमण सम्पूर्ण तमिलनाडु में एक वकील के रूप में काफी लोकप्रिय थे। जब वे वकालत करते थे तो उसी दौरान एक घटना घटी जो लोगों में आज भी प्रसिद्ध है—सी. राजगोपालाचारी भारतीय राजनीति ही नहीं वकालत पेशे के भी एक प्रखर व्यक्ति थे। उनकी बुद्धिमत्ता का कोई जवाब नहीं था। अधिवक्ता राज गोपालाचारी जो नहीं कर सके, वेंकट रमण ने वही कर दिखाया। एक अंग्रेज अधिकारी को तमिलनाडु के कुछ गुंडा-तत्वों ने मार डाला था। उन पर मुकदमा चला था और उन्हें फाँसी की सज़ा हो गई थी। सी. राजगोपालाचारी ने उन्हें, उनकी कम उम्र के आधार पर मृत्यु-दंड से मुक्ति दिलाने का प्रयत्न किया लेकिन वे असफल रहे।

आर. वेंकट रमण ने इंग्लैंड के एक अधिवक्ता की सहायता से प्रिवी कौंसिल में इस आशय का आवेदन किया कि भीड़-प्रवृत्ति का शिकार हो कुछ किशोरों ने नहीं चाहते हुए भी इस अंग्रेज अधिकारी की हत्या कर दी। प्रिवी कौंसिल में यह आवेदन सुनवाई हेतु स्वीकृत हो गया। प्रिवी कौंसिल में आवेदन के स्वीकृत होने का प्रतिफल यह हुआ कि सरकार को फाँसी पर रोक लगानी पड़ी, यद्यपि उसकी तिथि निर्धारित हो चुकी थी। सी. राज गोपालाचारी ने अपनी उदारता का परिचय देते हुए वेंकट रमण की बुद्धिमत्ता की प्रशंसा की। आर. वेंकट रमण ने वकालत के पेशे में महत्त्वपूर्ण सफलता प्राप्त की जिस वजह से उनको बोस के 'भारतीय स्वतन्त्रता संगठन', जिस पर मलाया और सिंगापुर में जापानियों की सहायता का दोषी पाकर मुकदमा चलाया जा रहा था, के बचाव हेतु भेजे जाने वाले अधिवक्ताओं के प्रतिनिधिमंडल में शामिल किया गया। यह घटना 1946 की है।

1952 में ये धातु-व्यापार समिति के अन्तर्राष्ट्रीय श्रम संगठन के अधिवेशन में कर्मचारियों के प्रतिनिधि के रूप में शामिल हुए। कानून तथा राजनीति

के क्षेत्र में दिनोदिन बढ़ती प्रसिद्धि के फलस्वरूप वेंकट रमण को लगा कि उन्होंने सरकारी नौकरी में नहीं जाकर बहुत अच्छा किया। भारत का माहौल बदल रहा था। ऐसा लग रहा था कि महात्मा गाँधी देश को स्वतन्त्र करवाने में सफल हो जायेंगे। बुद्धिमान वेंकट रमण से हवा के रुख को पहचानने में गलती नहीं हो सकती थी। उन्होंने निश्चित रूप से राजनीति में अपने भविष्य को देखा और उनके कदम धीरे-धीरे राजनीति की ओर मुड़ चले। किसी भी बड़े राजनेता के प्रति यह कहना कि निजी स्वार्थ के कारण ही उसने स्वतन्त्रता-आन्दोलन में सक्रियता दिखाई, उचित नहीं है। स्वतन्त्रता की आग तो उन दिनों आम व्यक्ति से लेकर खास व्यक्तियों के अन्दर भी जल रही थी, लेकिन यह भी सत्य है कि अवसरानुकूल कार्य करना व्यक्ति के प्रतियुत्पन्नमतित्व और बुद्धिमत्ता के साथ-साथ उसकी दूरदृष्टि का भी सूचक होता है। अतः श्री वेंकट रमण के राजनीति-प्रेम को हम अवसरवादिता की संज्ञा नहीं दे सकते।

राजनीतिक जीवन

सन् 1942 में 'भारत छोड़ो आन्दोलन' प्रारम्भ हुआ। इस आन्दोलन में शामिल होकर आर. वेंकट रमण ने राजनीति में प्रवेश किया। इस आन्दोलन में इन्होंने इतना खुलकर भाग लिया कि वे ब्रिटिश शासन की आँखों पर चढ़ गए और इन्हें भारत-रक्षा नियमों के तहत गिरफ्तार कर लिया गया एवं दो वर्षों के कारावास की सज़ा सुनाई गई। अब तो राजनीति में पीछे कदम रखने का प्रश्न ही नहीं था। मानना पड़ेगा कि श्रम-आन्दोलन में सक्रियता, राजनीति में लोकप्रियता प्राप्त करने में सदा सहायक रही है। हम मानें अथवा नहीं, वाराह गिरि वेंकट गिरि को राष्ट्रपति बनाने में उनके श्रमिक नेता के व्यक्तित्व का ही सर्वाधिक योगदान था। जेल से आजाद होने के पश्चात् वेंकट रमण अपनी इच्छा से श्रमिक आन्दोलन अथवा श्रम संगठनों से पहले की अपेक्षा अधिक जुड़ गए। इन्हें सहयोगी भी अच्छे मिले।

1944 में ही प्रसिद्ध काँग्रेसी के. कामराज के साथ मिलकर इन्होंने तमिलनाडु-कांग्रेस-समिति की श्रम-शाखा का संगठन किया। यह संगठन अन्तर्राष्ट्रीय श्रम संगठन कांग्रेस (आई. एन. टी. यू. सी.) से पूर्ण रूप से अलग व आजाद था। आर. वेंकट रमण अपने श्रम सम्बन्धी क्रिया-कलापों का संचालन तमिलनाडु कांग्रेस समिति के कार्यालय में बैठकर ही करते थे। एक श्रमिक

नेता के रूप में वह सामान्य से सामान्य काँग्रेसी कार्यकर्त्ता के साथ-साथ छोटे-बड़े श्रमिकों तथा श्रमिक नेताओं की कठिनाइयों को बहुत ध्यान और आत्मीयता से सुनते थे जिसके फलस्वरूप आर. वेंकट रमण की प्रसिद्धि एक सफल श्रमिक नेता के रूप में हुई। उनके कार्य करने का अपना तरीका था। वे श्रमिकों के नियोक्ताओं से जहाँ तक सम्भव होता, वार्तालाप कर उनकी समस्याओं का समाधान करने में विश्वास करते थे।

हड़ताल और धरने की स्थिति तभी आती थी, जब नियोक्ता किसी भी हालत में झुकने को प्रस्तुत नहीं होता था। आर. वेंकट रमण द्वारा सन् 1949 में लेबर लॉ जर्नल को प्रकाशित किया गया जो कुछ ही दिनों में पूरे भारत में काफ़ी लोकप्रिय हो गया। पत्रकारों के मध्य भी इनकी लोकप्रियता शिखर पर थी। यद्यपि ये सदा सत्य और ईमानदार समाचार-सम्प्रेषण में विश्वास करते थे। इनकी इसी लोकप्रियता ने इनको मान दिया। इसका सबसे बड़ा प्रमाण यह है कि श्री रमण 1947 से 1950 तक मद्रास-प्रान्तीय-वकील-संघ (एम. पी. बी. एफ.) के सचिव रहे। वेंकट रमण अब दिल्ली आ गए और उन्होंने 1951 से उच्चतम न्यायालय के अधिवक्ता के रूप में काम करना शुरू किया। इस समय तक वो भारत की राजनीति में काफी प्रसिद्ध हो चुके थे।

जब स्वतन्त्र भारत की कामचलाऊ संसद 1950-52 में बनी, श्री रमण उसके भी सदस्य थे। 1952-57 में जब लोकसभा का चुनाव हुआ, तो उसमें भी विजयी होकर इन्होंने संसद में पुनः प्रवेश किया। पं. जवाहर लाल नेहरू इनके कार्य करने के तरीके और पार्टी के प्रति निष्ठा व ईमानदारी से बहुत प्रभावित थे, जिस कारण वो रमण जी के प्रति कुछ खास स्नेह रखते थे। यही कारण है कि श्री वेंकट रमण काँग्रेस-संसदीय समिति के सदस्य भी 1953 से 1954 तक रहे। वेंकट रमण स्वभाव से समाजवादी थे। इनकी यह प्रवृत्ति श्रमिकों के साथ इनके सम्बन्ध के समय ही स्पष्ट हो चुकी थी। पंडित नेहरू के समाजवाद के वे कट्टर समर्थक थे एवं नेहरू द्वारा प्रतिपादित समाज के सामाजिक ढाँचा (सोशलिस्टिक पैटर्न ऑफ सोसायटी) के वेंकट रमण प्रबल पक्षधर थे।

आर. वेंकट रमण ने अपने कार्यकाल के दौरान कांग्रेस संसदीय समिति की ओर से कुछ महत्त्वपूर्ण कदम उठाए। ऐसे उल्लेखनीय कदमों को नीचे दिया जा रहा है—

1. संविधान का अनुच्छेद 31 जनता के सम्पत्ति-अधिकार से सम्बन्धित है। इसमें कुछ विसंगति थी जिसके फलस्वरूप शहरी और ग्रामीण क्षेत्रों के मध्य इस अधिकार को लेकर कुछ अन्तर रखा गया था। इन्होंने प्रधानमन्त्री को अपने तर्कों से सन्तुष्ट किया कि इस अनुच्छेद में संशोधन जरूरी है जिससे ग्रामीण और शहरी लोगों के मध्य इस अधिकार को समान रूप से लागू किया जा सके। पंडित नेहरू उनके इस सुझाव से सहमत हो गए और यद्यपि बिल संसद में पेश हो चुका था तथापि उन्होंने उसमें आवश्यक संशोधन की अनुमति दे दी।
2. इसी दौरान दूसरे प्रमुख काम जो वस्त्र-निर्माता-कारखानों के राष्ट्रीयकरण से सम्बन्धित था, श्री रमण यह नहीं चाहते थे कि राष्ट्रीयकरण का दुष्प्रभाव मालिकों या मज़दूरों पर इस प्रकार पड़े कि दोनों का अहित हो जाए। उन्होंने उनके राष्ट्रीयकरण के प्रस्तावित प्रारूप में कुछ महत्त्वपूर्ण संशोधन का परामर्श दिया। इन्हें भी पंडित नेहरू ने अपने कुछ प्रमुख कर्मियों की आपत्ति के बावजूद स्वीकृत कर दिया।

भारत के दो प्रमुख पद, उपराष्ट्रपति और राष्ट्रपति को सुशोभित करने के अलावा भी श्री वेंकट रमण ने अनेक महत्त्वपूर्ण पदों पर कार्य किया। साथ ही इन पदों से सम्बद्ध होने के कारण अथवा अन्य राजनीतिक कारणों से विदेशों का पर्याप्त भ्रमण किया। ऐसे पदों के धारण और उनके भ्रमण का हम संक्षिप्त रूप में उल्लेख करना चाहेंगे—

1. आर. वेंकट रमण संयुक्त राष्ट्र सामान्य सभा (यूनाइटेड नेशन्स जनरल असेम्बली) के प्रतिनिधि के रूप में न्यूयार्क, 1953 से लेकर 1961 तक एक-दो बार नहीं बल्कि सात बार गए—1953 में, 1955 में, 1956 में, 1958 में, 1959 में, एवं 1960 और 1961 में।
2. आर. वेंकट रमण संयुक्त राज्य प्रशासनिक न्यायाधिकरण (यूनाइटेड नेशन्स एडमिनिस्ट्रेटिव ट्रिब्यूनल) के सदस्य 1955 से 1979 अर्थात् 24 वर्षों तक रहे।
3. उपरोक्त अधिकरण के अध्यक्ष पद को भी इन्होंने 1955 से 1979 तक सुशोभित किया। यह निश्चित ही एक अत्यन्त सम्मानजनक पद था और इससे वेंकट रमण ही नहीं, बल्कि पूरे भारत की छवि में भी निखार आया।

4. 1958 में अन्तर्राष्ट्रीय श्रम सम्मेलन का 42वाँ अधिवेशन जेनेवा में सम्पन्न हुआ, इसके प्रतिनिधिमंडल के नेता के रूप में श्री वेंकट रमण ही जेनेवा गए।
5. वियना (आस्ट्रिया) में अन्तर्संसदीय सम्मेलन 1978 में सम्पन्न हुआ। भारत की ओर से श्री वेंकट रमण ने ही प्रतिनिधित्व किया।

उपरोक्त पदों के अलावा आर. वेंकट रमण ने अन्तर्राष्ट्रीय मुद्रा कोष के गवर्नर, अन्तर्राष्ट्रीय पुनर्निमाण तथा विकास बैंक के गवर्नर, एशियन विकास बैंक के गवर्नर पद को सुशोभित किया है–

आर. वेंकट रमण प्रमुख रूप से एक धार्मिक व्यक्ति थे, जिस कारण वो अध्यात्म में भी विश्वास रखते थे। शंकराचार्य तथा आधुनिक चिन्तक जे. कृष्णमूर्ति के प्रति उनकी अपार श्रद्धा थी और वे इनके अक्सर दर्शन करते और आध्यात्मिक-धार्मिक चिन्तन से लाभान्वित होते। इसके साथ ही वे गाँधीवादी विचारधारा से भी काफी प्रभावित थे। यही कारण था कि वे समस्याओं के शन्तिपूर्ण समाधान में अधिक विश्वास करते थे और मनोमालिन्य बढ़ाने वाले संघर्षों से बचते थे। जातिगत, रंगगत और राष्ट्रगत विभेदों में इनका विश्वास नहीं था। यही कारण है कि वे जवाहरलाल की असम्बद्धता (नॉन-एलॉयनमेंट) नीति के घोर समर्थक थे। यह उनका मौलिक चिन्तन भी था जिसने राष्ट्राध्यक्ष के रूप में उन्हें दो महान् शक्तियों–अमेरिका और रूस के मध्य भारत को एक तटस्थ राष्ट्र की भूमिका में देखने को बाध्य किया।

सामाजिक जीवन

आर. वेंकट रमण किसी के प्रति ईर्ष्या या द्वेष की भावना नहीं रखते थे। वे स्वच्छ मन वाले एक महान व्यक्ति थे। यह बहुत कम लोग ही जानते होंगे कि साहित्य-संस्कृति और संगीत में इनकी पर्याप्त पैठ थी। इनकी साहित्यिक अभिरुचि का पता इस बात से भी लगता है कि इन्होंने राष्ट्रपति पद से अवकाश ग्रहण करने के पश्चात् 671 पृष्ठों का एक संस्मरणात्मक ग्रन्थ अंग्रेजी में (माई प्रेसिडेंशियल ईयर्स) लिखा। इसका प्रकाशन लंदन के पसिद्ध पुस्तक प्रकाशक 'इंडस-हार्पर कोलिन्स' ने किया। इन्होंने इस पुस्तक को अपनी उन टिप्पणियों के आधार पर लिखा था जिन्हें वह नियमित रूप से अपनी दैनन्दिनी में अंकित किया करते थे। अतः इसमें सच्चाई के अतिरिक्त

कुछ नहीं है। अपने इस स्वरूप के कारण यह एक शुद्ध ऐतिहासिक पुस्तक बन जाता है।

आर. वेंकट रमण एक तीक्ष्ण बुद्धि के होने के साथ-साथ हाजिर-जवाबी के लिए भी जाने जाते हैं। इसकी मिसाल लन्दन में जब इस पुस्तक पर आयोजित चर्चा में ये भाग ले रहे थे तो लोगों ने पूछा कि आपने यह पुस्तक क्यों लिखी? आर. वेंकट रमण ने तत्काल जवाब दिया– 'यहाँ ही नहीं, भारत में भी मुझसे यह पूछा जाता है कि मैंने यह पुस्तक क्यों लिखी। अमेरिकी राष्ट्रपति अथवा ब्रिटिश प्रधानमन्त्री से कभी कोई यह प्रश्न क्यों नहीं करता?' आर. वेंकट रमण के धार्मिक जीवन की झलक उनके राजनीति में भी स्पष्ट दिखाई देती है। प्रायः ऐसा देखा जाता है कि लोग राजनीति में मिथ्या आचरण करते हैं, परन्तु आर. वेंकट रमण ने शायद ही मिथ्या आचरण किया हो।

वे पूर्णतया शाकाहारी थे और शराब का तो कभी स्पर्श ही नहीं किया। केवल हिन्दू-धर्म में ही उनकी आस्था हो, ऐसी बात नहीं। वे पूर्णतया धर्म-निरपेक्ष थे और सभी धर्मों को सम्मान की दृष्टि से देखते थे। अपने पूरे राजनीतिक जीवन के दौरान वे कभी किसी विवाद में नहीं फँसे। भ्रष्टाचार का आरोप तो कोई इन पर स्वप्न में भी नहीं लगा सकता। वेंकट रमण एक उदार हृदय और स्वतन्त्र विचार रखने वाले व्यक्ति हैं। इन पंक्तियों के लेखक को स्मरण है, श्रीमती इन्दिरा गाँधी से एक आदमी ने पूछा था– "आपमें और आपके पिता में क्या विभेद है ?"

श्रीमती गाँधी ने उत्तर दिया था–"अन्तर स्पष्ट है–मैं एक राजनीतिज्ञ हूँ वे एक राजपुरुष थे।"

श्रीमती इन्दिरा गाँधी ने यह बात गम्भीरतापूर्वक कही थी परन्तु बाद में उनका यह कथन बहुत सही सिद्ध नहीं हुआ क्योंकि अपने प्रधानमन्त्रित्व-काल के अन्त होते-होते वे स्वयं मात्र राजनीतिज्ञ नहीं रह कर राजमहिला रह गई थीं।

आर. वेंकट रमण एक राजनीतिज्ञ होने के साथ-साथ एक राजपुरुष भी थे उन्होंने खुद कहा है–"एक राजनीतिज्ञ वह है जो आगामी चुनाव की सोचता है और एक राजपुरुष वह है जो आगामी पीढ़ी की सोचता है।

वेंकट रमण को कई मानद उपाधियाँ एवं सम्मान-पुरस्कार भी प्राप्त हुए हैं। इनमें कुछ प्रमुख हैं–

सोवियत लैंड प्राइज़, संयुक्त राष्ट्र प्रशासनिक न्यायाधिकरण के अध्यक्ष के रूप में सराहनीय कार्य करने के लिये संयुक्त राष्ट्र महासचिव के द्वारा प्रदत्त सम्मान चिह्न, आजादी की लड़ाई में शामिल होने के लिए ताम्र-पत्र, कांचिपुरम के शंकराचार्य द्वारा प्रदत्त 'सत्य सेवा रत्न' की उपाधि तथा राष्ट्र के अनेक विश्वविद्यालयों द्वारा डॉक्टरेट की मानद उपाधि आदि।

श्री वेंकट रमण के राष्ट्रपति पद पर नियुक्त होने से पूर्व उनकी कुछ और गतिविधियों का उल्लेख जरूरी है जो निम्न प्रकार किया गया है–

सन् 1957 में लोक-सभा के लिए उन्हें पुनः चुना गया लेकिन उन्होंने सांसद के पद को छोड़ दिया, क्योंकि मद्रास के मुख्यमन्त्री के. कामराज ने उन्हें अपने मन्त्री-परिषद् में उसी वर्ष कई विभागों जैसे–उद्योग, श्रम, सहकारिता, विद्युत, परिवहन और व्यावसायिक करों का मन्त्री नियुक्त कर लिया। वे केन्द्र छोड़कर कामराज की इच्छा से ही गए वरना केंद्र में भी कैबिनेट का पद उन्हें आसानी से मिल सकता था। मद्रास में इस पद पर वे 10 वर्षों तक अर्थात् 1957 से 1967 तक रहे। कामराज एक अनुभवी राजनीतिज्ञ थे और उनके नेतृत्व में वेंकट रमण का राजनीतिक और प्रशासनिक स्वरूप निखर आया। आर. वेंकट रमण ने तमिलनाडु में उद्योग के विकास को प्राथमिकता दी जिस कारण वहाँ उन्हें औद्योगिक विकास का जनक कहा जाता है।

उन्हीं के कार्यकाल में तमिलनाडु में अभूतपूर्व औद्योगिक क्रान्ति हुई और यह राज्य भारत के औद्योगिक मानचित्र पर आ सका। परिवहन-मन्त्री के रूप में इन्होंने राज्य में लम्बी दूरी की बसों का परिचालन आरम्भ कराया। 1967 में जब तमिलनाडु में कांग्रेस की सरकार गिर गई तो इन्हें योजना-आयोग का सदस्य नियुक्त किया गया और इस पद पर वे चार वर्षों तक रहे। वर्षों तक वे चुनाव से दूर ही रहे और सी. राजगोपालाचारी द्वारा आरम्भ किए गए–'स्वराज पत्र' का सम्पादन करते रहे। 1977 के कठिन काल में, जब प्रायः सभी स्थानों से कांग्रेस का सफ़ाया हो रहा था, इन्होंने दक्षिण मद्रास संसदीय क्षेत्र से लोकसभा का चुनाव लड़ा और विजयी हुए। पूरा बहुमत न मिलने के कारण इन्हें विपक्ष में बैठना पड़ा। लेकिन अपने प्रखर अभिभाषणों और तर्कपूर्ण विश्लेषणों के कारण विपक्ष को भी इन्होंने गरिमा प्रदान की। इस काल में वे लोक-लेखा-समिति के अध्यक्ष भी रहे।

सन् 1980 में हुए लोकसभा चुनाव में कांग्रेस पार्टी पुनः विजयी हुई और जब श्रीमती इन्दिरा गाँधी प्रधानमन्त्री बनीं तो उन्होंने आर. वेंकट रमण को सबसे पहले 14 जनवरी को वित्त मन्त्री के रूप में अपनी मन्त्रि-परिषद् में शामिल किया। इसके अतिरिक्त वे 15 जनवरी, 1982 से 2 अगस्त, 1984 तक रक्षा मन्त्री, 16 जनवरी, 1980 से 9 अगस्त, 1981 तक उद्योग विभाग का अतिरिक्त प्रभार तथा 22 जून, 1982 से 2 सितम्बर, 1982 तक गृह-विभाग का अतिरिक्त प्रभार पद का कार्य भार संभाला।

राष्ट्रपति के रूप में

आर. वेंकट रमण का भाग्योदय अगस्त, 1984 को हुआ, जब वे भारतीय गणराज्य के उप राष्ट्रपति निर्वाचित हुए। इस पद पर वे पूरे कार्यकाल तक रहे और 16 जुलाई, 1987 को भारतीय गणराज्य के आठवें राष्ट्रपति के रूप में इन्हें निर्वाचित किया गया। तत्पश्चात् 25 जुलाई, 1987 को सवा बारह बजे अपराह्न भारत के तत्कालीन न्यायमूर्ति आर. एस. पाठक ने संसदीय कक्ष में श्री आर. वेंकट रमण को राष्ट्रपति पद की शपथ दिलवाई।

आर. वेंकट रमण के राष्ट्रपतित्व काल में अनेक घटनायें घटीं और कई रुकावटें आईं, परन्तु इन्हें सभी प्रकार की रुकावटों से निकलने में महारत हासिल थी। इन्हीं के समय नवम्बर, 1990 में वी. पी. सिंह की सरकार गिरी और इन्हीं के समय में राजीव गाँधी की हत्या चुनाव प्रचार के दौरान इन्हीं के तमिलनाडु-राज्य में हुई। स्थितियों को इन्होंने अच्छी तरह सम्भाला और इनकी जगह कोई दूसरा राष्ट्रपति होता तो शायद ही देश को इन संकटों से उबार पाता। इनके राष्ट्रपति पद का कार्यकाल 25 जुलाई, 1992 को पूरा हो जाने के बाद इन्होंने राष्ट्रपति का पद छोड़ दिया। और यह इन्हीं की विशेषता थी कि पद छोड़ने के दो घंटों के अन्दर ही वे अपने परिवार के साथ अपने गृह-नगर मद्रास हेतु रवाना हो गए।

1998 तक वे मद्रास में ग्रीन वेज रोड के पोथीगाई बंगले में रहे। अन्ततः इन्हें दिल्ली में 5, सफदरजंग पर बंगला आवंटित हुआ। भूतपूर्व राष्ट्रपति वेंकट रमण मृत्यु-पर्यन्त सक्रिय जीवन व्यतीत करते रहे हैं। सभा-सम्मेलनों की शोभा बढ़ाते हैं और जरूरत पड़ने पर कई राजनेता इनसे परामर्श भी करते हैं। आर. वेंकट रमण की बुद्धिमत्ता, राजनीतिक अनुभव और निश्छल राष्ट्र प्रेम एवं निष्पक्ष

दृष्टि ने जहाँ इन्हें एक सफल राष्ट्रपति बनाया, वहीं इनके उच्च विचार, संयमित जीवन और धार्मिक-आध्यात्मिक निष्ठा ने इन्हें अब तक निष्क्रियता का वरण नहीं करने दिया। अब वे पूर्ण रूप से इस बात को सार्थक करने वाले रहे हैं कि कर्म करते हुए ही इस संसार में सौ वर्ष जीने की इच्छा करें। इस तरह मनुष्य में कर्म का लोप नहीं होता। इसके बिना कोई रास्ता नहीं है।' सन् 2009 में इनका देहान्त हुआ।

मूल्यांकन

आर. वेंकट रमण कानून के बारे में पूरी जानकारी रखते थे साथ ही साथ वे एक श्रमिक नेता भी थे, जिस कारण वे भारत के लोकप्रिय नेता थे। सन् 1942 में भारत छोड़ो आंदोलन प्रारंभ हुआ। इस आंदोलन में शामिल होकर आर. वेंकट रमण ने राजनीति में प्रवेश किया। श्रम-आंदोलन में सक्रियता, राजनीति में लोकप्रियता प्राप्त करने में सदा सहायक रही है। वाराह गिरि वेंकट गिरि को राष्ट्रपति बनाने में उनके श्रमिक नेता के व्यक्तित्व का सर्वाधिक योगदान था।

इसके साथ ही वे गाँधी विचारधारा से भी काफी प्रभावित थे। यही कारण था कि वे समस्याओं के शान्तिपूर्ण समाधान में अधिक विश्वास करते थे।

9

डॉ. शंकर दयाल शर्मा
(1918–1999)

डॉ. शंकर दयाल शर्मा भारत गणराज्य के नौवें राष्ट्रपति थे। उनका जन्म एक साधारण परिवार में हुआ था। इनका चुनाव सभी राष्ट्रपतियों की तरह सर्वसम्मति से नहीं होने के बावजूद इनको प्रो. जी.जी. स्वेल से बहुत ज्यादा मत मिले थे। इनका सम्बन्ध श्रीमती इन्दिरा गाँधी से उनके मृत्यु-काल अर्थात् 1984 तक सदा मधुर बना रहा। वे मूलतः काँग्रेसी थे और मूल्यों के पक्षधर थे। अतः जब 60 के दशक के अन्तिम दिनों में इन्दिरा गाँधी और के. कामराज एवं मोरारजी देसाई के साथ कटुता उत्पन्न हुई और काँग्रेस में विभाजन हो गया तो डॉ. शंकर दयाल शर्मा की योग्यता, अनुभव तथा प्रशासनिक क्षमता वाले काँग्रेसी उस समय प्रायः नहीं के बराबर थे और आज तो ऐसे चरित्रवान्, विनम्र लेकिन दक्ष प्रशासक का, काँग्रेस पार्टी में ही क्यों – सभी पार्टियों में अकाल पड़ गया था। डॉ. शंकर दयाल शर्मा का व्यक्तित्व बहुत ही अच्छा था। वो कठोर के साथ-साथ कोमल व्यवहार भी रखते थे, जो इनकी एक खास विशेषता थी। डॉ. शंकर दयाल शर्मा सिर्फ प्रशासनिक मामले में ही कठोर थे, व्यक्तिगत व्यवहार कुसुम-कोमल ही था। उनको प्रशासनिक क्षमता राष्ट्रपति के रूप में मिली हो, ऐसी बात नहीं।

वे भारतीय गणराज्य के उप राष्ट्रपति भी रह चुके हैं और मध्य प्रदेश जैसे विशाल प्रदेश के मुख्यमन्त्री भी। जीवन के अन्तिम वर्षों में, जब वह राष्ट्रपति पद पर पहुँचे थे तो उनका हास्य मंडित रहने वाला चेहरा रुक्ष हो

चला था। गठिये की बीमारी ने उन्हें अशक्त और दुर्बल कर दिया था एवं उनके मुख का मृदु हास्य लगभग लुप्त हो गया था। अन्दर से फिर भी वह पहले की तरह ही विनम्र तथा नवनीत की तरह कोमल-तरल थे। देश-विदेश में अंग्रेजी माध्यम से कई उपाधियाँ ग्रहण करने के बाद वे मूलतः भारत की समृद्ध संस्कृति तथा परम्परा से जुड़े महान् पंडित भी थे। डॉ. शंकर दयाल शर्मा के कठोर व कोमल स्वभाव के थे।

जीवन वृत्त

डॉ. शंकर दयाल शर्मा जिस परिवार में पैदा हुए थे वो अत्यन्त ही गरीब एक ब्राह्मण परिवार था। 19 अगस्त, 1918 को जन्मे डॉ. शर्मा के पिता पं. खुशीलाल शर्मा वैद्य उस समय भोपाल में एक सामान्य किराये के मकान में रहते थे इनकी माता सुभद्रा भी एक आदर्श गृहिणी व धार्मिक प्रवृत्ति की महिला थीं। डॉ. शंकर दयाल शर्मा ने एक बार अपने भाषण में, जब वे राष्ट्रपति निर्वाचित हुए तो कहा था "यह भारतीय प्रजातन्त्र हेतु बड़ी महत्त्वपूर्ण बात है कि मेरे सदृश एक व्यक्ति जो एक किराए के घर में पैदा हुआ था, राष्ट्रपति के पद तक पहुँच सकता है। मैं इसलिए यह नहीं कह रहा कि मैं राष्ट्रपति बन गया, बल्कि इस तथ्य को रेखांकित करना चाहता हूँ कि यह देश युवाओं और युवतियों को जीवन में विकास का अवसर प्रदान करता है।"

डॉ. शंकर दयाल शर्मा जिस समय राष्ट्रपति पद के लिये निर्वाचित किये गये उस समय पूरे देश की राजनीतिक हालत बहुत खराब थी। प्रधान मन्त्री राजीव गाँधी की हत्या हो चुकी थी जिसकी लहर पर सवार होकर काँग्रेस पार्टी सत्ता में आई अवश्य थी लेकिन क्षीण बहुमत से। 21 जून, 1991 को पी. वी. नरसिंह राव प्रधानमन्त्री अवश्य बनाए गए थे लेकिन पार्टी की दुर्बल स्थिति को देखते हुए उनकी विजय सुनिश्चित नहीं थी। भारतीय जनता पार्टी, जनता दल तथा अन्य क्षेत्रीय पार्टियों ने संयुक्त रूप से प्रो. जी. जी. स्वेल को अपना प्रत्याशी चुना था। किन्तु सी. पी. आई. के डॉ. शंकर दयाल शर्मा के पक्ष में खड़ा हो जाने के फलस्वरूप एवं डॉ. शर्मा के अपने व्यक्तित्व के कारण विजय अन्ततः डॉ. शर्मा की ही हुई।

जी.जी. स्वेल को जहाँ मात्र 1500 मत प्राप्त हुए वहीं डॉ. शर्मा को 2865 मत प्राप्त हुए। मतों के मूल्यांकन के रूप में उन्हें जहाँ छह लाख पिचहत्तर

हज़ार आठ सौ चौसठ की संख्या प्राप्त हुई वहीं प्रो. स्वेल को तीन लाख उनतीस हज़ार चार सौ 85 की संख्या मिली। अतः दोनों के मध्य तीन लाख उनतीस हज़ार तीन सौ उनासी का विभेद रहा। वोटों के प्रतिशत की बात की जाए तो जहाँ डॉ. शर्मा को 64.78% वोट मिले वहीं प्रो. स्वेल को मात्र 33.21%। 13 जुलाई, 1992 को यह मतदान हुआ था। 16 जुलाई, 1992 को प्रतिफल घोषित हुआ। काँग्रेस की जर्जर स्थिति को देखते हुए यह पुनः कहना पड़ेगा कि काँग्रस पार्टी और उनके सहयोगियों के सहयोग से अधिक उनके अपने विशिष्ट व्यक्तित्व ने डॉ. शर्मा को यह विस्मयकारी विजय दिलाई। डॉ. शंकर दयाल शर्मा राष्ट्रपति बनने से पूर्व उप राष्ट्रपति पद पर कार्य कर रहे थे।

वह जब 1987 में उप राष्ट्रपति निर्वाचित हुए तो डॉ. एस. राधाकृष्णन और न्यायमूर्ति एम. हिदायतुल्ला निर्विरोध ही इस पद पर पहुँच थे। राष्ट्रपति के पद हेतु भी उन्हें निर्वाचन का सामना करना पड़ा क्योंकि उस समय राष्ट्र की स्थिति ही ऐसी थी।

इन्होंने मिडिल की परीक्षा ब्रिजीसिया पाठशाला से उत्तीर्ण की थी। इसके पश्चात् उन्होंने एलेक्जेन्ड्रा स्कूल में नामांकन लिया और भोपाल में ही अपनी स्कूली शिक्षा समाप्त की। उच्चतर शिक्षा इन्होंने सेंट जॉन्स स्कूल, आगरा, इलाहाबाद विश्वविद्यालय एवं लखनऊ विश्वविद्यालय से ग्रहण की। लखनऊ विश्वविद्यालय से इन्होंने अंग्रेजी साहित्य, हिन्दी एवं संस्कृत में मास्टर की डिग्री ली तथा एल. एल. एम. की परीक्षा वहीं से उत्तीर्ण की। तत्पश्चात् उन्होंने कैम्ब्रिज़ विश्वविद्यालय के 'फिजविलियम कॉलेज' से डॉक्टरेट की उपाधि ली एवं लन्दन विश्वविद्यालय से लोक प्रशासन में उपाधि प्राप्त की। लिंकन'स इन से इन्होंने 'बार एट लॉ' किया।

पेरिस विश्वविद्यालय ज़ूरिक विश्वविद्यालय एवं हार्वर्ड लॉ स्कूल से भी इन्होंने कानून की डिग्रियाँ प्राप्त कीं। अध्ययनशील तथा शिक्षा-प्रेमी डॉ. शंकर दयाल शर्मा अपने देश की दूसरी महत्त्वपूर्ण भाषा उर्दू की भी उपेक्षा कहाँ करने वाले थे, इन्होंने उर्दू में आलिम फ़ाज़िल की भी उपाधि प्राप्त की। अब डॉ. शंकर दयाल शर्मा के सम्पूर्ण जीवन काल पर नजर डालते हैं। जब इनकी उम्र 32 वर्ष थी तब इनका विवाह 7 मई, 1950 को विमला शर्मा से सम्पन्न हुआ। उस समय 32 वर्ष की अवस्था विवाह हेतु कुछ अधिक ही थी लेकिन उपाधि-पर-उपाधि बटोरते डॉ. शंकर दयाल शर्मा को विवाह की कोई हड़बड़ी नहीं थी और प्रस्ताव-पर-प्रस्ताव ठुकराते जाते रहे थे। विमला शर्मा की उम्र

उस समय स्वभावतः इनसे कम थी और जिस समय विवाह हुआ, उस समय उन्होंने एम. ए. की परीक्षा ही दी थी। इन्हें दो पुत्र और दो पुत्रियाँ प्राप्त हुईं। दुर्भाग्यवश इनकी लड़की गीतांजलि, जिसका विवाह लोकसभा सदस्य ललित माकन के साथ हुआ था, को आतंकवादियों की गोली का शिकार डॉ. शर्मा के उप राष्ट्रपति बनने के बाद ही अर्थात् 1986 को दिल्ली में ही होना पड़ा। डॉ. शंकर दयाल शर्मा की पत्नी श्रीमती विमला शर्मा भी राजनीति में काफी रुचि लेती थीं। राजनीति-प्रवेश के पूर्व इन्होंने सामाजिक कार्यों में भी रुचि दिखलाई। अन्ततः 1985 में विवाह के 35 वर्षों के पश्चात् इन्होंने मध्य प्रदेश विधान-सभा के उदयपुर चुनाव क्षेत्र से एक काँग्रेसी विधायिका के रूप में विधान सभा में प्रवेश किया।

यह पृथक् बात है कि इस विधान सभा का नेतृत्व उनके पति डॉ. शर्मा भी कर चुके थे। इनके पिता खुशीलाल शर्मा वैद्य ने दो विवाह किये थे। पहली पत्नी के अलावा दूसरी पत्नी श्रीमती सम्पत बाई से भी चार पुत्र हुये। शुभ दयाल, शिव दयाल, ईश दयाल एवं सोमेश दयाल। डॉ. शंकर दयाल शर्मा और उनके भाइयों के नाम से पता चलता है कि इनके पिता भगवान शंकर के बहुत बड़े भक्त थे क्योंकि राष्ट्रपति डॉ. शंकर दयाल शर्मा के अतिरिक्त इनके चारों सौतेले भाइयों के नाम का सम्बन्ध भी शंकर से है। ईशदयाल का मतलब ईश्वर दयाल।

धार्मिक पिता के धार्मिक पुत्र ने सदाशिव की अनुकम्पा से यदि राष्ट्र का सर्वोच्च पद धारण किया तो इसमें आश्चर्य की कोई बात नहीं।

डॉ. शर्मा बहुत ही उदार स्वभाव के व्यक्ति थे, जिसका प्रमाण इस बात से मिलता है कि उन्होंने अपनी पैतृक सम्पत्ति में से कोई अंशदान नहीं लिया। सब कुछ अपनी सौतेली माँ और उनके चार पुत्रों हेतु छोड़ दिया। इनकी विधवा पुत्री भी इन्हीं लोगों के साथ रही।

डॉ. शर्मा की पारिवारिक पृष्ठभूमि पर नजर डालने से यह पता चलता है कि उनका परिवार सामान्य था, जिसकी आर्थिक स्थिति भी कुछ खास नहीं थी। उस परिवार में इनको उच्च शिक्षा देने की शक्ति नहीं थी। सौभाग्यवश डॉ. शर्मा ऐसे मेधावी थे कि इन्हें अपने अध्ययन-काल में निरंतर छात्रवृत्ति मिलती गई। हार्वर्ड लॉ स्कूल से कैम्ब्रिज विश्वविघालय तक ऐसी ही स्थिति रही। डॉ. शर्मा की यह स्थिति भारतीय गणराज्य के दूसरे राष्ट्रपति सर्वपल्ली राधाकृष्णन से बहुत-कुछ मिलती-जुलती है।

वह भी एक गरीब-ब्राह्मण-परिवार से आए थें और उन्होंने छात्रवृत्तियों के सहारे अपनी शिक्षा पूरी की थी। यह प्रमुखतया रेखांकित करने योग्य बात है कि डॉ. शंकर दयाल शर्मा अपने विश्वविद्यालयों में सर्वदा प्रथम रहे। अधिकतर राजनीतिज्ञ छात्र-जीवन से ही राजनीति के क्षेत्र में रुचि लेने लगते हैं। वह 1939 से 1941 तक लखनऊ विश्वविद्यालय छात्र-संघ के पदाधिकारी रहे और विधि प्रकोष्ठ का इन्होंने प्रतिनिधित्व भी किया। लखनऊ विश्वविद्यालय ने इन्हें सामाजिक सेवाओं हेतु चक्रवर्ती गोल्ड मेडल प्रदान किया। यही नहीं, कैम्ब्रिज विश्वविद्यालय में वे 'टैगोर सोसायटी' और कैम्ब्रिज मजलिस के कोषाध्यक्ष भी रहे।

डॉ. शंकर दयाल शर्मा के राजनीतिक जीवन की तरह ही उन्हें जो शैक्षिक उपाधियाँ प्राप्त हुईं उनमें प्रमुख हैं–

1947-48 में इन्हें हार्वर्ड लॉ (यू. एस. ए.) का ब्रेन्डहिम फैलोशिप प्राप्त हुआ तथा मॉरीशस विश्वविद्यालय के पोर्ट लुईस से इन्हें कानून में पी-एच. डी. की मानद उपाधि प्राप्त हुई आदि।

उपरोक्त के अलावा अनेक भारतीय विश्वविद्यालयों ने इन्हें मानद उपाधियों से विभूषित कर अपने को सम्मानित किया। इनमें रूड़की विश्वविद्यालय, रूड़की; विक्रम विश्वविद्यालय; भोपाल विश्वविद्यालय; श्री वेंकटेश्वर विश्वविद्यालय, तिरुपति; आगरा विश्वविद्यालय, आगरा तथा देवी अहिल्या विश्वविद्यालय, इन्दौर प्रमुख हैं।

डॉ. शंकर दयाल शर्मा ने कुछ प्रमुख विश्वविद्यालयों दिल्ली विश्वविद्यालय, पांडिचेरी विश्वविद्यालय, गाँधीग्राम संस्थान (विश्वविद्यालय के समकक्ष) तथा सागर विश्वविद्यालय के कुलपति के पद पर कार्य कर इस पद को सुशोभित किया है। इन विश्वविद्यालयों का नाम इस प्रकार है–

उपर्युक्त के अतिरिक्त वे माखनलाल चतुर्वेदी राष्ट्रीय विश्वविद्यालय-पत्रकारिता-संस्थान के 'विज़िटर' भी रहे। इनकी शैक्षणिक योग्यता और अध्ययनशीलता को इस राष्ट्र ने प्रभावी ढंग से रेखांकित किया।

उपरोक्त पदों को सुशोभित करने के अलावा वे अनेक संगठनों के अध्यक्ष भी रह चुके हैं–

इन्दिरा गाँधी पर्यावरण सम्मान समिति, केन्द्रीय संस्कृत बोर्ड, दक्षिण-मध्य क्षेत्रीय संस्कृति संस्थान, आंध्र प्रदेश, मध्य प्रदेश, महाराष्ट्र एवं कर्नाटक –1986 से 1987 तक, जवाहरलाल नेहरू अन्तर्राष्ट्रीय सम्बन्ध सम्मान की अन्तर्राष्ट्रीय

जूरी तथा शान्ति, निःशस्त्रीकरण शान्ति के लिए इन्दिरा गाँधी सम्मान की अन्तर्राष्ट्रीय जूरी।

इन सबके अलावा इन्होंने निम्नलिखित पदों को भी धारण किया—

अध्यक्ष, भारतीय सांस्कृतिक सम्बन्ध समिति, नई दिल्ली तथा, अध्यक्ष लोक प्रशासन (I.P.A.) तथा उपाध्यक्ष, जवाहरलाल नेहरू स्मारक संघ आदि।

डॉ. शंकर दयाल शर्मा को भी अभिनव भारती समाज की तरफ से जगत गुरु शृंगेरी शारदा पीठ के पीठाधीश ने 'राष्ट्र-रत्न' की उपाधि भी प्रदान की। यह सम्मान भारत में बहुत ही प्रतिष्ठित माना जाता है। शंकर दयाल शर्मा इस सम्मान को ग्रहण करने वाले दूसरे व्यक्ति थे। इनसे पूर्व इसको ग्रहण करने वाले प्रथम राष्ट्रपति राजेन्द्र प्रसाद थे।

डॉ. शंकर दयाल शर्मा पर ब्राह्मण परिवार में जन्म लेने के कारण अध्यात्म और धर्म का भी प्रभाव रहा। इनके आध्यात्मिक-धार्मिक जीवन पर भी कुछ प्रकाश डालना पड़ेगा। ये तिरुपति के तिरुमाला गिरि-शृंखला पर अवस्थित भगवान तिरुपति के बहुत बड़े उपासक थे। यह इससे भी सिद्ध होता है कि इन्होंने जैसे ही राष्ट्रपति पद ग्रहण किया, इनकी प्रथम यात्रा इसी स्थान की हुई। भोपाल स्थिल तारावलि माता के भी वे उपासक थे। डॉ. शंकर दयाल शर्मा को पता था कि पवनपुत्र हनुमान ही सभी भक्ति-द्वारों के उद्घाटक हैं। अतः वे हनुमान के भी भारी भक्त थे। जब वे लखनऊ में थे तो महमुदाबाद हॉस्टल से अलीगंज-स्थित हनुमान मन्दिर में, एक लम्बी दूरी तय कर पैदल पहुँचते थे। इनके धार्मिक जीवन का प्रमाण तब मिलता है जब वे इंग्लैड में उच्चतर अध्ययन करने गए तो होटलों में खाना नहीं खाया अपितु वे अपने कमरे में अपना खाना बनाकर भोजन ग्रहण करते थे। वे पाश्चात्य देश में रहकर भी उसकी सांस्कृतिक रंग-ढंग में नहीं ढले। इन्होंने नित्य की पूजा-उपासना कभी नहीं छोड़ी।

प्रायः लोग कहते हैं कि जो व्यक्ति शिक्षा और धर्म में रुचि लेता है वो खेलकूद की दुनिया से पृथक् ही रहता है। लेकिन डॉ. शंकर दयाल शर्मा इसके अपवाद रहे। अपने छात्र-जीवन में इनकी रुचि कई खेलों के अतिरिक्त तैरने और नौका चालन में भी रही। ये लखनऊ विश्वविद्यालय में नौका चालन और तैराकी क्लब के अध्यक्ष भी रहे। इस विश्वविद्यालय के नौका-चालन तथा तैराकी चैम्पियनशिप इन्होंने निरंतर तीन वर्षों तक विजित की।

डॉ. शंकर दयाल शर्मा के कार्यकारी जीवन की शुरुआत सन् 1940 में हुई, जब इन्होंने लखनऊ में अवध मुख्य न्यायालय में वकालत आरम्भ की। इसके अलावा वो लखनऊ के विधि-विभाग में रीडर भी रहे।

यह उनकी महानतम उपलब्धियों में है कि कैम्ब्रिज विश्वविद्यालय में इन्होंने (1946 से 1947 तक) विधि का अध्यापन भी किया।

राजनैतिक जीवन

डॉ. शर्मा ने कांग्रेस पार्टी में एक सदस्य के रूप में सन् 1950 में शामिल हुए परन्तु राजनीतिक गतिविधियों में तथा देश की स्वतन्त्रता में इनकी रुचि पहले से ही थी। 'भारत छोड़ो आन्दोलन' में इन्होंने खुलकर भाग लिया जिसके कारण इन्हें जेल की सज़ा हुई। जेल वे दूसरी बार 1948 ई. में गए जब इन्होंने तत्कालीन भोपाल राज्य को तत्कालीन भारतीय राज्य में विलय हेतु आन्दोलन किया।

कांग्रेस पार्टी में शामिल होने के पश्चात् उन्हें कई महत्त्वपूर्ण पद प्रदान किये गये जैसे 1950 से 1952 तक डॉ. शर्मा भोपाल-काँग्रेस-समिति के अध्यक्ष रहे।

भोपाल-विधान-सभा के सदस्य भी वे 1952 से 1956 तक रहे। इसी दौरान वे तत्कालीन पार्ट 'सी' राज्य भोपाल के मुख्यमन्त्री भी अप्रैल, 1952 से नवम्बर 1956 तक रहे।

मध्य प्रदेश को अलग राज्य का दर्जा मिलने के बाद डॉ. शंकर दयाल शर्मा वहाँ से 1956 से 1971 तक विधान सभा में विधायक के रूप में रहे। इसी दौरान वे कई विधान-सभा समितियों के सदस्य अथवा अध्यक्ष भी रहे जैसे—मध्य प्रदेश सरकार में 1967 तक कैबिनेट मन्त्री भी रहे थे, तथा उनके ऊपर शिक्षा, विधि, लोक निर्माण, उद्योग एवं व्यापार, राष्ट्रीय सुधार और पृथक् राजस्व का दायित्व रहा।

इनके जिम्मेदारी में निरन्तर बढ़ोत्तरी होती रही और पश्चिम बंगाल में पुनर्वास कार्य तथा राजस्व समिति अध्यक्ष के रूप में कार्य करने के साथ ही सन् 1967-68 में मध्य प्रदेश काँग्रेस समिति के अध्यक्ष रहे। भारतीय राष्ट्रीय काँग्रेस समिति के सदस्य रहे और काँग्रेस-कार्य समिति के सदस्य बीस वर्षों तक रहे। डॉ. शर्मा प्रगति-पथ पर बढ़ते रहे। पाँचवीं लोक-सभा में वह

सफलतापूर्वक निर्वाचित हुए। इसी लोकसभा में 10 अक्टूबर, 1974 से 24 मार्च, 1977 तक वह वह संचार विभाग के कैबिनेट मिनिस्टर रहे। 1977 की काँग्रेस-विरोधी लहर में डॉ. शंकर दयाल शर्मा भी अपनी प्रतिष्ठा नहीं बचा सके और लोक सभा के चुनाव में पराजित हो गए। जनवरी, 1980 में इन्दिरा-लहर पर सवार होकर और अपनी असंदिग्ध कार्य-क्षमता के फलस्वरूप ये पुनः निर्वाचित हो गए।

डॉ. शंकर दयाल शर्मा ने कई राज्यों में राज्यपाल के पद पर भी कार्य किया लेकिन सभी राज्यों में इन्हें इस पद के दौरान कई कठिनाइयों का सामना करना पड़ा। अगस्त, 1984 में वे आन्ध्र प्रदेश के राज्यपाल बनाए गए। आन्ध्र प्रदेश में एक साल से थोड़ा ही अधिक रहने के बाद नवम्बर, 1985 में इन्हें पंजाब का राज्यपाल बनाया गया। 1986 में इन्हें राज्यपाल बनाकर महाराष्ट्र भेजा गया। इन्हें अक्सर उन्हीं राज्यों का राज्यपाल बनाया गया जहाँ की राजनीतिक स्थिति डाँवाडोल थी। यही कारण है कि कहीं एक राज्य में वे राज्यपाल पद पर पूर्ण कार्यकाल तक नहीं रहे।

आन्ध्र प्रदेश और पंजाब के राज्यपाल के रूप में इन्हें विशेष दूरदर्शिता का परिचय देना पड़ा। आंध्र में कभी एन. टी. रामाराव की तूती बोलती थी, लेकिन डॉ. शर्मा के पूर्व राज्यपाल रामलाल ने राजनीतिक परिस्थितियों का लाभ उठाते हुये भास्कर राव को रामराव की जगह मुख्यमन्त्री नियुक्त कर दिया था। डॉ. शर्मा ने आन्ध्र प्रदेश की बागडोर संभालने के पश्चात् स्थिति का समुचित आकलन किया और एन. टी. रामाराव को पुनः मुख्यमन्त्री बना दिया। जब पंजाब की हालात अधिक बिगड़ गई और अमृतसर का गुरुद्वारा भिंडरावाला के नेतृत्च में आतंकवादियों का अखाड़ा और गोला-बारूद का ज़खीरा बन गया तो बाध्य होकर इन्दिरा गाँधी को अमृतसर स्वर्ण मन्दिर में सेना भेजनी पड़ी थी। इस क्रम में आतंकवादियों के साथ-साथ तीर्थ यात्री और सामान्य नागारिक भी तोपों से निकले गोलों के आखेट हुए थे। स्वर्ण मन्दिर के कई भाग, अकाल तख्त के साथ ध्वस्त हो गए थे। इस सैनिक अभियान का नाम 'ब्लू स्टार' पड़ा था।

सिखों की धार्मिक भावना स्वभावतः आहत हुई थी और वे काँग्रेस पार्टी के घोर विरोधी हो गए थे। पंजाब की हालत बहुत ही भयावह तथा तनावपूर्ण हो गई थी और इसी समय डॉ. शर्मा वहाँ के राज्यपाल नियुक्त हुए। डॉ. शर्मा निश्चित ही अपनी राजनीतिक सूझबूझ और अपने मृदुल स्वभाव के कारण

सिख-समुदाय का मन जीतने में सफल होते लेकिन उसी बीच उन्हें महाराष्ट्र भेज दिया गया। वहाँ भी राज्यपाल के पद पर बहुत दिनों तक नहीं रह पाए और उनके भाग्य ने ऐसा पलटा खाया कि वे महाराष्ट्र से दिल्ली आ गए और 3 सितम्बर, 1987 को वे उपराष्ट्रपति के पद पर आसीन हो गए। जैसा कि पहले भी बताया जा चुका है कि उपराष्ट्रपति के पद पर निर्विरोध निर्वाचित होने वाले ये तीसरे व्यक्ति थे। इस पद के रूप में इन्हें पदेन राज्य-सभा के अध्यक्ष का भी भार सम्भालना पड़ा।

अपनी योग्यता और अनुभव के बल पर एवं पक्ष-विपक्ष दोनों के श्रद्धा-पात्र होने के कारण राज्य-सभा की कार्रवाई संचालित करने में इन्हें कोई असुविधा नहीं हुई।

सामाजिक जीवन

डॉ. शंकर दयाल शर्मा अनुशासन पर विशेष ध्यान देते थे। इसलिए कायदे-कानून से हटकर निर्णय देने की बात वे सोच भी नहीं सकते थे। पार्टी-विशेष की परवाह किए बिना वे सदा निष्पक्ष निर्णय देते रहे। उपराष्ट्रपति और राज्य-सभा के अध्यक्ष के रूप में इन्हें चार प्रधान-मन्त्रियों की कार्य-विधि और वाचा-शक्ति से परिचित होने का अवसर मिला। राज्य-सभा के अध्यक्ष के रूप में इनका अनुभव, इनकी विनोद-प्रिय प्रकृति एवं अधिकांश सदस्यों और चारों प्रधानमन्त्रियों ने इनके प्रति सदा श्रद्धा दिखाई। इनके समय में राज्य-सभा का काल स्वर्णिम काल कहा जा सकता है। आज जहाँ आए दिन इस प्रतिष्ठित सभा में भी हंगामा, बहिर्गमन तथा हो-हल्ला का साम्राज्य रहता है, डॉ. शर्मा की अध्यक्षावधि में ऐसी स्थिति नहीं बनती थी। केवल एक बार 1992 में कुछ उद्दंड सदस्यों ने सभा की कार्रवाई में गतिरोध उत्पन्न करने का प्रयत्न किया तो जब तक उन्होंने क्षमा नहीं माँगी, वे सदन की अध्यक्षता हेतु प्रस्तुत नहीं हुए।

भोपाल में डॉ. शंकर दयाल शर्मा को चाहने वाले बहुत थे। भोपाल के वर्तमान स्वरूप और यह जो झीलों का नगर कहा जाता है, इसका श्रेय डॉ. शर्मा को जाता है। इतना ही नहीं, इन्हीं के प्रयासों का परिणाम है कि राज पुनर्गठन आयोग की अनुशंसा के विरुद्ध जाकर भी भोपाल को मध्य प्रदेश की

राजधानी बनाया गया। 'भारत हैवी इलेक्ट्रिकल्स' को भोपाल लाने का श्रेय भी डॉ. शर्मा को है। स्वभावतः डॉ. शर्मा आजीवन भोपाल के लोगों के श्रद्धा-पुरुष बने रहे।

राष्ट्रपति के रूप में

डॉ. शंकर दयाल शर्मा को देश के राष्ट्रपति पद की शपथ 25 जुलाई 1992 को सवा ग्यारह बजे संसद भवन के केन्द्रीय कक्ष में सर्वोच्च न्यायालय के मुख्य न्यायाधीश एम. एच. कानिया द्वारा दिलाई गई। इन्होंने हिन्दी में शपथ ली। तत्पश्चात् इन्होंने हिन्दी और अंग्रेजी-दोनों में भाषण दिए। डॉ. शर्मा कभी हिन्दी के अन्ध पक्षधर नहीं रहे। उनका मानना था कि अंग्रेज़ी सम्पर्क-भाषा के रूप में अच्छा काम कर सकती थी और जब तक दक्षिणवासी पूरी तरह राजभाषा के रूप में हिन्दी को मान्यता देने को प्रस्तुत न हों तब तक उन पर उसे लादना नहीं चाहिए। डॉ. शर्मा तब तक जन-सभाओं में अंग्रेज़ी में ही बोलना पसन्द करते थे, जब तक कोई दक्षिण भारतीय हिन्दी में बोलने का अनुरोध नहीं कर दे।

देश के राष्ट्रपति पद पर कार्य करना इतना सरल नहीं था। डॉ. शंकर दयाल शर्मा एक 'रबर स्टाम्प' राष्ट्रपति न होकर साहसी तथा सही निर्णय लेने वाले राष्ट्रपति सिद्ध हुए। एक अल्पमतीय सरकार को चलाना किसी भी राष्ट्रपति हेतु अत्यन्त ही कठिन हो सकता है। प्रधानमन्त्री नरसिंह राव को लेकर कई विवाद खड़े हुए और राष्ट्रपति पर कितने राजनीतिक दबाव भी पड़े लेकिन इन्होंने अपार मानसिक सन्तुलन का परिचय दिया और स्थिति को नियन्त्रण में रखा। इनके राष्ट्रपतित्व काल में कई प्रधान मन्त्री बने जैसे—श्री अटल बिहारी वाजपेयी, एच. डी. देवगौडा, आई. के. गुजराल—ये सभी अल्पकालीन प्रधानमंत्री सिद्ध हुए और एक वर्ष के तहत ही आए और गए। यह बहुत ही उथल-पुथल का समय था। नरसिंह राव का समय मई, 1996 को समाप्त हो गया था। 1996 गें नई लोकसभा आई थी जिसने किसी पार्टी को बहुमत नहीं दिया था। डॉ. शर्मा के समक्ष परीक्षा की घड़ी उपस्थित हो गई थी।

इन्होंने ब्रिटिश प्रक्रिया का अनुसरण किया और सबसे बड़ी पार्टी, अर्थात् भारतीय जनता पार्टी को सरकार बनाने हेतु आमन्त्रित किया। यह अलग बात

है कि डॉ. शर्मा ने अटल बिहारी वाजपेयी को संसद में अपना बहुमत सिद्ध करने का आदेश दिया जिसका पालन करने में असफल रहने के कारण वे मात्र 16 मई 1996 से 1 जून 1996 तक प्रधानमन्त्री रह सके। इसके बाद जनता दल के एच. डी. देवगौड़ा को स्थान मिला। जनता-दल के आपसी कलह के कारण देवगौड़ा भी एक वर्ष की कार्यावधि पूरी नहीं कर सके और जनता दल ने 21 अप्रैल 1997 को इन्द्रकुमार गुजराल को अपना नया नेता चुन लिया। डॉ. शंकर दयाल शर्मा के समक्ष निःसन्देह यह समस्या आई होगी कि जिस पार्टी की सरकार हार गई, उसी पार्टी के दूसरे नेता को प्रधानमन्त्री का पद स्वीकार करने का अवसर दिया जाए अथवा नहीं, परन्तु डॉ. शर्मा ने एक साहसपूर्ण परिचय देते हुए गुजराल को प्रधानमन्त्री पद हेतु आमन्त्रित कर दिया।

डॉ. शंकर दयाल शर्मा के पूर्व नीलम संजीव रेड्डी और आर. वेंकट रमण दो ही राष्ट्रपति हुए, जिन्हें अपने विवेक के प्रयोग का अवसर मिला। इन दोनों से बड़ी अग्नि-परीक्षा निश्चित ही डॉ. शंकर दयाल शर्मा की हुई। विद्वान्-कुशल तथा राजनीतिज्ञ डॉ. शर्मा कठिन परिस्थितियों में भी विवादग्रस्त नहीं हुए और भारतीय इतिहास में वे एक सफल राष्ट्रपति के रूप में स्मरण किए जाएँगे। डॉ. शंकर दयाल ने विदेशों का भी खूब भ्रमण किया। वे एशियाई देशों से सम्बन्धित कराची में सम्पन्न यूनेस्को सम्मेलन में 1998 में गए थे। अन्तर्संसदीय-संघ-सम्मेलन के संसदीय प्रतिनिधिमण्डल के सदस्य के रूप में 1980 में ओस्लो गए थे। भारतीय स्वतन्त्रता के 40वें वार्षिकोत्सव के अवसर पर महास्वतन्त्रता संग्राम के प्रतिनिधि-मंडल के सदस्यों के साथ 1987 में यू. एस. एस. आर. गए थे। 1992 में नॉर्थ कोरिया की सरकारी यात्रा पर गए थे।

डॉ. शर्मा पत्रकारिता में भी काफी रुचि रखते थे उन्होंने लगभग छः पत्र-पत्रिकाओं का सम्पादन किया। उन्होंने कई राजनीतिक-सांस्कृतिक लेख भी लिखे थे। हिन्दी-अंग्रेजी और उर्दू—इन तीन भाषाओं में डॉ. शंकर दयाल शर्मा आसानी से लेख—पढ़ सकते थे। डॉ. शर्मा अपने राष्ट्रपतित्व काल में साहित्य पर विशेष ध्यान दिया और इससे सम्बन्धित अनेक महत्त्वपूर्ण कार्य किये। उन्होंने सदा लेखकों और साहित्यकारों को प्रोत्साहित करने का भी प्रयास किया। उनके समय में पुस्तकों के लोकार्पण या भेंट का कार्यक्रम लगातार आयोजित होता रहता था।

डॉ. शंकर दयाल शर्मा ने इन पंक्तियों के लेखक पीताम्बरा, काके लागूँ पाँव और गोविन्द-गाथा इन तीन किताबों का अलग-अलग तीन सालों में लोकार्पण किया था।

लेखक ने इन अवसरों पर इस विराट् व्यक्तित्व की विनम्रता और सरलता का निकटता से अनुभव किया।

जीवन के अन्तिम दिन

डॉ. शर्मा में छल-कपट और अहंकार बिल्कुल नहीं था। वे इतनी आत्मीयता से बातें करते कि आपको लगता ही नहीं कि आप एक राष्ट्राध्यक्ष ही नहीं, अपितु देश-विदेशों में प्रतिष्ठित विद्वान, शिक्षाशास्त्री तथा कई राज्यों के भूतपूर्व राज्यपाल के सदृश एक वटवृक्ष के सामने खड़े हैं। जब किसी समारोह-समाप्ति पर जलपान आता तो वे लेखकों से कुछ और खाने का आग्रह करते। इनकी महानता इस बात से स्पष्ट होती है कि ये कभी भी अपने से छोट लोगों से भी विचार-विमर्श करते या उनसे कुछ सीखने का प्रयत्न करते रहते थे। लेखक को स्मरण है कि 'पीताम्बरा' के विमोचन के समय उन्होंने पूछा था कि पुस्तक जब मीरा पर है तो आपने इसका नाम पीताम्बर क्यों रखा? लेखक ने जब यह कहा कि श्रीकृष्ण को पीताम्बरा कहते हैं और मीरा श्री कृष्ण को अर्पित थीं, अतः वह पीताम्बरा हुईं, तो डॉ. शर्मा ने मुस्कराकर कहा था–'आपने अच्छा नाम चयन किया है।'

अधिक उम्र हो जाने के पश्चात् भी उनकी स्मरण शक्ति बहुत तेज थी। हम जब भी उनसे मिलते वो हमें पहचान जाते और विनोदपूर्वक बोलते–'फिर कोई महान् ग्रन्थ आया होगा?' ऐसे अहंकार-शून्य विराट् व्यक्ति की स्मृति को नमन करने के अतिरिक्त और क्या उपाय है, क्योंकि 25 जुलाई, 1997 को पद-त्याग के पश्चात् दो वर्ष के समाप्त होते-होते 9 अक्टूबर, 1999 को साढ़े दस बजे रात्रि में वह पंचभूतों में लीन हो गए। हमारा देश हमेशा ऐसे ही सर्वगुण-सम्पन्न, यशस्वी, सदाचारी, निष्पक्ष और विनयशील राष्ट्राध्यक्ष की कामना अनेक वर्षों तक करता रहेगा।

मूल्यांकन

डॉ. शंकर दयाल शर्मा की पारिवारिक पृष्ठभूमि पर नजर डालने से यह

पता चलता है कि उनका परिवार सामान्य था, जिसकी आर्थिक स्थिति भी कुछ खास नहीं थी। सौभाग्यवश डॉ. शर्मा ऐसे मेधावी थे कि इन्हें अपने अध्ययन काल में निरन्तर छात्र-वृत्ति मिलती गई। उन्हें खेलों में भी काफी रुचि थी।

डॉ. शंकर दयाल शर्मा अनुशासनप्रिय व्यक्ति थे। इसलिये कायदे-कानून से हटकर निर्णय लेने की बात तो वे सोच भी नहीं सकते थे। पार्टी विशेष की परवाह किये बगैर वे सदा निष्पक्ष रूप से निर्णय देते रहे।

10

के. आर. नारायणन
(1919–2005)

के. आर. नारायणन भारत के दसवें राष्ट्रपति थे। उनका पूरा नाम कोचेरिल रमण नारायण रमण नारायणन था। ये उपराष्ट्रपति बनने से पूर्व एक नौकरशाह थे तथा एक ऐसे राष्ट्राध्यक्ष थे जिनका राजनीति से दूर-दूर तक कोई संबंध नहीं था। इनके पूर्व के सभी राष्ट्रपतियों ने पूरी तरह राजनीति को जिया था—राज्यों के मुख्यमन्त्री, केन्द्रीय मंत्री, परिषदों के सदस्य, काँग्रेस के महाधिवेशनों के अध्यक्ष आदि पदों पर रहकर भरपूर राजनीतिक अनुभव अर्जित किया था। यहाँ तक कि दार्शनिक राष्ट्रपति सर्वपल्ली राधाकृष्णन ने भी राजनीति में कुछ-न-कुछ रुचि प्रदर्शित की थी। वे सदा एक स्वतन्त्र राजनीतिज्ञ रहे और किसी पार्टी विशेष से अपने को सम्बद्ध नहीं किया। उपराष्ट्रपति होने के पूर्व तक के. आर. नारायणन भारतीय विदेश सेवा के सदस्य थे। इस रूप में कुछेक देशों में कूटनीतिक पद भी इन्होंने सम्हाला लेकिन इन्हें एक नौकरशाह से उपराष्ट्रपति और राष्ट्रपति बनने की विशेषता प्राप्त है।

नौकरशाही से राष्ट्रपति पद तक पहुँचने वाले के. आर. नारायणन प्रथम व्यक्ति तो थे लेकिन अन्तिम नहीं। इनके ठीक बाद आने वाले राष्ट्रपति अब्दुल कलाम का भी राजनीति से सरोकार नहीं रहा था। इनके विषय में यह भी उल्लेखनीय है कि दलित वर्ग से आने वाले वे प्रथम राष्ट्रपति ही थे। केवल दलित ही नहीं, अत्यन्त ही दरिद्र परिपार, जिसके पास रहने हेतु उसके और उसके परिवार को एक फूस की झोंपड़ी से अधिक उपलब्ध न हो, से विश्व

के शायद दूसरे सर्वाधिक विशिष्ट भवन (पहला वाशिंगटन का ह्वाइट हाउस) में पहुँचने वाले पहले व्यक्ति भी के. आर. नारायणन ही थे, जिन्होंने भारतीय वाइसराय के रूप में रायसीना पहाड़ी पर निर्मित 'वाइसरिगल हाऊस' में निवास किया। श्री नारायणन के भारतीय गणराज्य के सर्वोच्च पद पद आसीन होते ही उन लोगों का मुख सदा हेतु बन्द हो गया जो भारतीय संस्कृति का अर्थ नहीं समझ कर इसे आभिजात्य वर्गों की संस्कृति मानते थे एवं इसे जातिगत और समुदायगत आधार पर पक्षपात का पक्षधर मानते थे।

वस्तुतः भारतीय वाङ्मय ने जाति, रंग-रूप और लिंग के आधार पर असमानता की चर्चा की ही नहीं। विषमता को भारतीय चिन्तन-धारा ने सदा अमान्य करार दिया और समानता को प्रश्रय दिया। के. आर. नारायणन ने अपने कार्यों द्वारा यह सिद्ध कर दिया कि जाति जन्म से नहीं, अपितु स्वभाव और कर्म से निर्धारित होती है। अछूत के यहाँ उत्पन्न होकर भी कोई मद्य-मांस का सेवन करता है, सदाचार को तिलांजलि दे दुराचार को अपनाता है, मिथ्या कथन करता है, चौर्य-कार्य में संलिप्त होता है, जीवों की हत्या करता है—तो वह शूद्र से भी गया-बीता है। यह कोई मात्र सैद्धान्तिक उद्घोषणा नहीं है, भारतीय संस्कृति व्यवहार की दृष्टि से भी इस निष्कर्ष पर खरी उतरी है। वाल्मीकि व्याध थे, हत्यारा भी। लेकिन उन्होंने रामायण की सृष्टि की, तो भारतीय संस्कृति ने उन्हें महर्षि के रूप में अपनाया। यह मिथक नहीं है, अपितु यह ऐतिहासिक सत्य है।

कबीर दास मुसलमानों की निम्न जाति से आए थे। फिर भी, हिन्दू-संस्कृति ने उन्हें संत के सिंहासन पर बैठाया। भारतीय इतिहास ऐसे अनेक उदाहरणों से भरा पड़ा है जहाँ व्यक्ति अपनी जाति अथवा धर्म नहीं बल्कि कर्म के बल पर महान् कहलाये। रैदास जन्मजात चमार थे। जूते सीते थे, लेकिन अपार भगवद्-भक्त थे। भारतीय संस्कृति ने उन्हें भी सिर माथे पर लिया और नाभादास ने अपने भक्तमान उन्हें एक श्रेष्ठ स्थान प्रदान किया। भारतीय संस्कृति इस प्रकार गुण और कर्म को आदर देती रही है। कभी उसने वाल्मीकि, कबीर और रैदास को सम्मान दिया तो कभी के. आर. नारायणन को राष्ट्र का शिखर-पुरुष बनाकर अपने माथे पर लगे जाति-भेद के कलंक को धो दिया। कुछ लोग यह तर्क भी मान सकते हैं कि किसी राजनीतिक पद पर अराजनीतिक पृष्ठभूमि वाले व्यक्ति को लाकर स्पष्ट पक्षपात का कार्य किया गया है, लेकिन यह पूर्णतया उचित

नहीं कहा जा सकता है। क्योंकि श्री के. आर. नारायणन के चयन में या यों कहें कि उनके प्रारम्भिक विकास में, कोई और नहीं बल्कि भारतीय राजनीति के शिखर-पुरुष पंडित जवाहरलाल नेहरू का हाथ था।

भले ही के. आर. नारायणन के उपराष्ट्रपति अथवा राष्ट्रपति बनने के बहुत पूर्व पंडित नेहरू का निधन हो चुका था, लेकिन इनकी प्रतिभा को प्रथम-प्रथम पहचानने का कार्य उन्होंने ही किया था। विदेश सेवा में नियुक्ति से पूर्व के. आर. नारायणन को किसी तरह की कोई भी परीक्षा नहीं देनी पड़ी, यह 1949 की बात है। पृष्ठभूमि यह है कि नारायणन जब 'लन्दन स्कूल ऑफ इकोनॉमिक्स' में अध्ययन कर रहे थे तो राजनीति के विश्वविख्यात विद्वान् और विश्व-विश्रुत पुस्तक 'ग्रामर ऑफ पॉलिटिक्स' के लेखक प्रो. लास्की इनसे बहुत प्रभावित हुए थे, क्योंकि नारायणन ने बीएस. सी. (अर्थशास्त्र) के राजनीति विज्ञान के पर्चे में ऊँचे अंकों से प्रथम श्रेणी में प्रतिष्ठा (ऑनर्स) प्राप्त की थी। पंडित जवाहरलाल नेहरू भी लास्की के छात्र रह चुके थे। नारायणन जब स्वदेश लौटने लगे तो लास्की ने इनकी प्रतिभा का यथेष्ट वर्णन करते हुए प्रधानमन्त्री नेहरू के नाम एक पत्र लिखकर नारायणन को दिया। इसी पत्र से और वार्तालाप में उनकी प्रतिभा से प्रभावित हो पंडित नेहरू ने उन्हें भारतीय विदेश-सेवा में रख लिया था।

नेहरू ने तत्कालीन विदेश सचिव के. पी. एस. मेनन को यह अवश्य आदेश दिया था कि सेवा में लेने के पूर्व वह नारायणन का अच्छी तरह साक्षात्कार (इन्टरव्यू) ले लें, लेकिन प्रधानमन्त्री जब इन्हें रखने का मन बना चुके थे तो यह साक्षात्कार मात्र औपचारिकता थी। विदेश-सेवा में आने के पश्चात् इनकी प्रथम पदस्थापना रंगून के भारतीय दूतावास में हुई, जहाँ उन्होंने द्वितीय सचिव के रूप में कार्यभार ग्रहण किया। तत्पश्चात् ये लन्दन, टोक्या और आस्ट्रेलिया में भी पदस्थापित हुए। इनके विदेश-सेवा में शामिल होने का कारण केवल नेहरू जी की कृपा मानना पूर्णतया सही नहीं होगा क्योंकि नारायणन की मेधा-शक्ति और प्रतिभा ही ऐसी थी कि इस सेवा में शामिल होने वाले किसी भी व्यक्ति के मुकाबले श्रेष्ठता में कम नहीं थे। यह तथ्य और अधिक स्पष्ट होगा जब हम इनके छात्र-जीवन और इनकी शैक्षणिक उपलब्धियों का अगले पृष्ठों में उल्लेख करेंगे।

जीवन वृत्त

कोचेरिल रमण नारायणन मध्य केरल (तत्कालीन त्रावणकोर राज्य) के कोट्टायम ज़िले के मिलाचिल ताल्लुक के पुवांथुकुल (अजाउर) ग्राम में एक अत्यन्त दीनहीन दलित जाति में उत्पन्न हुए थे। यह स्थान अर्थात् पुवांथुकुल ग्राम नगर कोट्टायम से 30 किलोमीटर दूर था। जानकर विस्मय और दुःख दोनों होता है कि नारायणन जिस घर में पैदा हुए उसमें दोनों समय चूल्हा भी नहीं जलता था। दूसरे शब्दों में उस घर में खाने के लाले पड़े रहते थे। ऐसे घर से निकलकर राष्ट्रपति-भवन में पहुँचने वाला व्यक्ति प्रतिभावान तो होगा ही, साथ ही ईश्वर और भाग्य की अनुकम्पा भी कम नहीं रही होगी। कितने सुगन्धित सुमन निर्जन में खिलते और झड़ जाते हैं। उनके सौन्दर्य और सुगन्ध से किसी का साक्षात्कार नहीं होता। यदि आप पूर्व जन्मों के कर्मों के फलों में विश्वास नहीं रखते हों तो यह सोचकर विश्वास कीजिए कि अपनी सारी प्रतिभा और मेधा की प्रखरता के बावजूद अगर लास्की और नेहरु की भूमिका नहीं होती तो क्या ऊजाउर से राष्ट्रपति भवन की यात्रा, श्री के. आर. नारायणन हेतु कभी सम्भव हो पाती? अनास्थावादी इसे मात्र संयोग कहकर भी टाल सकते हैं लेकिन आस्थावान तो इसमें पूर्वकृत्य सुकर्मों का सुफल ढूँढ़ेंगे ही और किसी के भी जीवन में नियति को उचित स्थान देने में नहीं हिचकेंगे।

भारत के सुदूर दक्षिण में स्थित एक कोने में पड़ा केरल राज्य, अपितु तत्कालीन त्रावणकोर-स्टेट उस समय बहुत सभ्य और शिक्षित नहीं था। अर्थाभाव तो वहाँ यत्र-तत्र आज भी है भले ही साक्षरता शत-प्रतिशत हो गई हो। इनकी जन्मस्थली ऊजाउर बेहद पिछड़ा क्षेत्र था। दरिद्रता और पिछड़ेपन की स्थिति यह थी कि वहाँ पर एक टी.वी. सेट भी नहीं था जिस पर वहाँ के निवासी राष्ट्रपति के रूप में शपथ ग्रहण करते हुए अपनी धरती के सुपुत्र श्री नारायणन को देख सकें। श्री नारायणन ने ही एक टी. वी. सेट गाँव वालों को उपहार-स्वरूप प्रदान किया जिस पर लोगों ने आँखें फाड़-फाड़ कर इस तथ्य को अवलोकित किया कि उन्हीं की गंदी और मछली-गन्ध भरी मिट्टी में लोटपोट कर, उन्हीं के साथ जो बड़ा हुआ, आज वह सुदूर दक्षिण से, सुदूर उत्तर में देश की राजधानी दिल्ली में पहुँच कर देश के सर्वोच्च पद पर आसीन हो रहा है। उनके सामने बहुमूल्य वस्त्रों में वेष्टित गणमान्य व्यक्ति उपस्थित हैं; चारों ओर महोत्सव का

वातावरण है, जैसी तोप उन्होंने जीवन में कभी देखी नहीं, उससे गोले छोड़, उन्हें सलामी दी जा रही है।

सम्पूर्ण गाँव में हर्षोल्लास और उत्सव का माहौल था। क्योंकि यह सम्मान केवल कोचेरिल रमण नारायणन का नहीं था अपितु यह पूरे त्रावणकोर के निवासियों का था। राष्ट्रपति का मुकुट मात्र के. आर. नारायणन ही नहीं सम्पूर्ण शोषित और दलित जाति के सर पर बँध रहा था। भारतीय इतिहास की यह प्रथम विस्मयकारी घटना थी। शिक्षा हासिल करने के लिए श्री नारायणन को काफी कठिन दौर से गुजरना पड़ा था। स्कूल में जाने हेतु उन्हें कई किलोमीटरों (उस समय मीलों) की यात्रा करनी पड़ती थी। दारिद्र्य के कारण इनके पिता कई बार समय से स्कूल फीस नहीं दे पाते थे और श्री नारायणन को अपने शिक्षकों से अपने सहपाठियों के समक्ष अपमानित होना पड़ता था। इनके पिता का नाम कोचेरिल रमण वैद्यम् था। वे जड़ी-बूटियों से बनी दवा द्वारा इलाज कर अपनी जीविका चलाते थे। वह वैद्यम् नाम शायद इसी कारण पड़ा था। इनकी माता का नाम पप्पी अम्मा था। वे सात भाई और बहन थे। इनमें तीन बहनें थीं और चार भाई। दुर्भाग्यवश दो बड़े भाइयों की मृत्यु, जब वे 20 वर्ष की अवस्था में थे, तभी हो गई। इनके छोटे भाई भास्करन् ने शादी नहीं की या हुई ही नहीं। उसी तरह उनकी बड़ी बहन के. आर. गौरी भी अविवाहित रहीं, लेकिन नारायणन की देखभाल उन्होंने उनकी माता के रूप में ही की। उनकी दो बहनें केरल से बाहर रहती हैं—एक चेन्नई में और एक दिल्ली में।

नारायणन के मन में शिक्षा-प्राप्ति की ज्योति प्रचण्ड रूप में जल रही थी। आर्थिक तंगी के बावजूद पढ़ाई के प्रति इनकी रुचि कम नहीं थी। स्कूल दूर था, यह बात बताई जा चुकी है फिर भी इसी स्कूल से इन्होंने लोअर-प्राइमरी तक की शिक्षा प्राप्त की। पाँचवीं से लेकर आठवीं तक की पढ़ाई इन्होंने 'आवर लेडी ऑफ लौड स्कूल' से की। 'सेंट मेरीज़ ब्वायज़ हाई स्कूल' कोराविलंगद से इन्होंने उच्च पाठशाला की शिक्षा प्राप्त की। गाँधी जी द्वारा संचालित किये जा रहे हरिजन सेवक संघ ने शिक्षा प्राप्ति के लिए इनकी काफी मदद की। कोट्टयम इंटरमीडिएट कॉलेज में स्कॉलरशिप के आधार पर इन्होंने अध्ययन आरम्भ किया। इन्हें महाराज कॉलेज, त्रिवेन्द्रम में अध्ययन के लिए भी गुणवत्ता के आधार पर छात्रवृत्ति प्राप्त हुई।

ये छात्रवृत्तियाँ पर्याप्त नहीं थीं, इसलिए के.आर. नारायणन को शिक्षा का खर्च पूरा करने के लिए ट्यूशन आदि पढ़ाने पड़े। श्री नारायणन ने ट्रावनकोर विश्वविद्यालय से प्रथम श्रेणी में प्रथम स्थान प्राप्त कर अंग्रेजी साहित्य में एम. ए. की परीक्षा उत्तीर्ण की। इन्हें तत्काल जीविकोपार्जन करना था। अपने अतिरिक्त अपने परिवार का बोझ भी इनके सिर था। इन्होंने त्रावणकोर के दीवान से अपने लायक नौकरी का अनुरोध किया। दीवान ने इनकी शैक्षणिक उपलब्धियों को नज़रअन्दाज करते हुए अधिक-से-अधिक एक लिपिक का पद देने की बात की। नारायणन ने नम्रतापूर्वक इस पद को ठुकरा दिया। नारायणन को लग गया कि त्रावणकोर के सदृश पिछड़े प्रदेश में उनके लिए कोई स्थान नहीं है। अतः वे अपने पॉकेट खर्च से बचे रुपयों के आधार पर दिल्ली आ गए। दिल्ली में उन्हें सरकारी नौकरी मिल गई।

के.आर. नारायणन को पत्रकारिता के लेखन में प्रारम्भ से ही रुचि थी। प्रसिद्ध प्रकाशनों के माध्यम से उनकी लिखी कविताओं को प्रकाशित किया जाता था। दिल्ली में सरकारी नौकरी में कार्यरत रहते समय इन्हें इकोनॉमिक वीकली फॉर कामर्स एंड इंडस्ट्रीज में काम करने का आमन्त्रण मिला। यद्यपि वेतन बहुत नहीं था, फिर भी अपनी रुचि के अनुकूल कार्य पाकर इन्होंने इस पत्र में काम करना आरम्भ कर दिया। नियति ने पुनः एक अनुकूल खेल खेला। इन्होंने आगे की पढ़ाई की सोची। स्पष्टतः वे अपनी देशी डिग्री से सन्तुष्ट नहीं थे। उन्होंने साहस बटोरा और अपनी शैक्षणिक उपलब्धियों का पूर्ण विवरण देते हुए जे. आर. डी. टाटा से अनुरोध किया कि विदेश में अध्ययन हेतु उन्हें टाटा उद्योग-समूह से छात्रवृत्ति प्रदान की जाए। इनके आवेदन पर तत्काल निर्णय हुआ और विदेश में समुचित रूप में रहने और अध्ययन-हेतु एक अच्छी छात्रवृत्ति स्वीकृत हो गई। किन्हीं कारणों से वे डेढ़ वर्ष के पश्चात् ही लन्दन जा सके।

वहाँ के 'लन्दन स्कूल ऑफ इकोनॉमिक्स' में नामांकन लिया और उसके पश्चात् की घटनाओं का उल्लेख पहले हो चुका है, केवल एक घटना छोड़कर कि पत्रकारिता इनके रक्त से, अर्थशास्त्र का अध्ययन करते समय भी बाहर नहीं हुई और वे सी. राजगोपालाचारी द्वारा प्रकाशित 'सोशल वेलफेयर' साप्ताहिक पत्र के लन्दन-आधारित संवाददाता बने। वस्तुतः लन्दन-प्रस्थान करने में एक वर्ष से अधिक के विलम्ब का इन्होंने मद्रास के 'द हिन्दू' पत्र एवं बॉम्बे (अब मुम्बई) से प्रकाशित 'द टाइम्स ऑफ इंडिया' में कार्य कर उपयोग किया। रंगून

में अपनी पदस्थापना के समय इनके सम्पर्क में एक बर्मी लड़की मा टिन्ट-टिन्ट आई। यह पहले दिल्ली के 'स्कूल ऑफ सोशल वर्क्स' की छांत्रा थी। दोनों के मध्य प्रेम किस तरह परवान चढ़ा, इसका साक्षी कोई नहीं है, पर यह सम्बन्ध गाढ़ा होता गया। यहाँ तक कि उनकी प्रेमिका एवं भावी पत्नी ने रंगून विश्वविद्यालय में एक संगोष्ठी को सम्बोधित करने हेतु नारायणन को आमन्त्रित किया। यह संबंध और अधिक घनिष्ठ होता गया और अन्त में इन दोनों ने शादी करने का निर्णय लिया। उस समय के विदेश सेवा का अधिकारी किसी विदेशी से शादी नहीं कर सकता था। पंडित नेहरू का श्री नारायणन पर वरद हस्त था ही, इन्होंने प्रधानमन्त्री के यहाँ इस विवाह-हेतु विशेष अनुमति प्रदान करने का आवेदन दिया। आवेदन स्वीकृत हो गया। कुमारी मा टिन्ट-टिन्ट ने अपना नाम बदल कर एक भारतीय नाम रख लिया—उषा। 8 जून, 1951 को 31 वर्ष की आयु में के.आर. नारायणन का उषा के साथ दिल्ली में विवाह सम्पन्न हुआ। इन दोनों को कोई लड़का नहीं है, केवल दो लड़कियाँ हैं—चित्रा और अमृता। चित्रा ने बाप के नक्शे-कदम पर चलना पसन्द किया और वह भी भारतीय विदेश सेवा में प्रवेश पा गई। दूसरी लड़की अमृता ने 'एम. बी. ए.' की उपाधि प्राप्त की और इसे संयुक्त राज्य अमेरिका में कार्य करने का अवसर प्राप्त हुआ। इनकी बर्मी पत्नी उषा एक निष्ठावान पत्नी सिद्ध हुई। नारायणन ने अंग्रेजी-साहित्य में एम. ए. किया था। उषा को भी अंग्रेजी साहित्य में रुचि है। उषा की अभिरुचि साहित्य, विशेषकर कथा-लेखन में है और वह बर्मी कहानियों का अंग्रेजी में अनुवाद भी करती थीं।

विदेश सेवा के कार्यकाल में के.आर. नारायणन ने देश और विदेश में कई महत्त्वपूर्ण पदों पर कार्य किया था। उन्होंने निदेशक, पूर्व एशिया प्रभाग, निदेशक, बाह्य प्रचार प्रभाग, संयुक्त सचिव, नीति निर्धारण प्रभाग तथा अतिरिक्त सचिव आदि पदों का कार्य-भार संभाला।

1971 में इन्हें विदेश सचिव नियुक्त किया गया। प्रधानमंत्री इन्दिरा गाँधी के आदेश पर चीन और भारत के मध्य राजनयिक सम्बन्धों की स्थापना हेतु भेजे गये प्रतिनिधिमण्डल का नेतृत्व किया। 1976 से 1978 तक वे चीन में भारत के राजदूत रहे। यद्यपि दोनों देशों में 1962 में भीषण युद्ध हुआ था और राजनयिक सम्बन्ध जो विच्छिन्न हो गए थे, वे हाल ही में स्थापित हुए थे तथापि इस तनावपूर्ण स्थिति में, राजदूत के रूप में के. आर. नारायणन ने अपने दायित्व को अच्छी तरह संभाला।

नारायणन की विदेश-सेवा का और उल्लेख करें तो बताना पड़ेगा कि वे हनोई में भारत के कॉन्सल जनरल रहे। थाईलैंड में 1967 से 1969 तक एवं टर्की में 1973 से 1975 तक भारत के राजदूत रहे। अध्ययन-अध्यापन के प्रति नारायणन की रुचि सदा कायम रही और विदेश-सेवा के दौरान इनकी इस अभिरुचि में कोई कमी नहीं आई।

सरकारी दायित्वों से अलग हटते हुए इन्होंने जवाहर लाल नेहरू फैलोशिप हेतु आवेदन किया, जो स्वीकृत हो गया। इनका विषय था–'नेहरू की असम्बद्धता' (नॉन एलायमेंट) की अवधारणा।" जिनमें से कुछ प्रमुख विश्वविद्यालय हैं–

जवाहरलाल नेहरू विश्वविद्यालय (जे. एन. यू.), स्कूल ऑफ इंटरनेशनल स्टडीज़ तथा एल. डी. स्कूल ऑफ इकोनामिक्स तथा यूनिवर्सिटी ऑफ त्रावणकोर, जहाँ उन्होंने 1943 में अंग्रेजी साहित्य पढ़ा था। इनकी अध्यापन-वृत्ति ने इन्हें शिक्षा-शास्त्रियों की प्रथम पंक्ति में स्थापित कर दिया। इनके फलस्वरूप इन्हें निम्नलिखित संस्थानों से मानद फेलोशिप प्राप्त हुई इनमें जवाहरलाल नेहरू उच्च वैज्ञानिक अनुसंधान केन्द्र, बंगलौर; विकास अध्ययन केन्द्र, त्रिवेन्द्रम् तथा 'लन्दन स्कूल ऑफ इकोनामिक्स' प्रमुख हैं।

1978 में सेवानिवृत्ति के पश्चात् इन्हें जे.एन.यू. का कुलपति बनाया गया। इस पद पर वे अक्टूबर, 1980 तक रहे। 1979 में संयुक्त राष्ट्र महासंघ की आम सभा के भारतीय प्रतिनिधिमंडल के सदस्य के रूप में ये न्यूयार्क भी गए। श्री के.आर. नारायणन निरन्तर सफलता की सीढ़ी चढ़ते रहे। 1980 में इन्हें संयुक्त राज्य अमेरिका का राजदूत बनाकर प्रधानमन्त्री श्रीमती इन्दिरा गाँधी द्वारा वाशिंगटन में पदस्थापित किया गया। 1980 से 1984 तक ये महत्त्वपूर्ण पद पर कार्य करते रहे हैं। श्री नारायणन् एक लम्बे समय तक नौकरशाही से जुड़े रहे। विदेश सेवा से निवृत्ति के पश्चात् इनका रुझान राजनीति की तरफ बढ़ा और इन्होंने राजनीति में ही अपना भविष्य तलाशना शुरू कर दिया।

राजनैतिक जीवन

राजीव गाँधी ने इन्हें उत्तरी केरल के कोट्टायावन आरक्षित क्षेत्र से संसदीय उम्मीदवार के रूप में उतारा। इन्होंने तीन बार अर्थात् आठवीं, नौवीं और दसवीं लोकसभा का संसदीय चुनाव जीता और सिद्ध कर दिया कि आम मतदाता

की रुचि भी एक नौकरशाह और कुछ हद तक शिक्षा-शास्त्री में थी। राजीव गाँधी उनकी सरलता और विनम्र प्रकृति से बहुत प्रभावित थे और 1984 में ही इन्हें योजना विभाग का राज्यमन्त्री नियुक्त कर दिया। 1985 के 25 सितम्बर को वे विदेश विभाग के मन्त्री बनाए गए। इस पद पर 22 अक्टूबर, 1986 तक रहे। तत्पश्चात् कई मन्त्रालयों को इन्होंने सम्हाला, जिनमें विज्ञान तथा प्रौद्योगिकी, अणुशक्ति तथा इलेक्ट्रोनिक्स, स्पेस एवं सामुद्रिक विकास आदि प्रमुख हैं।

राजीव गाँधी के प्रधानमंन्त्रित्व काल में (1989 तक) श्री नारायणन केन्द्रीय मंत्री रहे, तत्पश्चात् 21 अगस्त, 1992 को राव के प्रधानमन्त्रित्व काल में वे भारतीय गणराज्य के उप राष्ट्रपति नियुक्त हुए। उप राष्ट्रपति के रूप में स्वभावतः इन्हें राज्य-सभा के अध्यक्ष का पद भी सम्हालना पड़ा। इस पद की गरिमा इन्होंने सुरक्षित रखी। वे एक साहसी, निष्पक्ष तथा विनम्र लेकिन दृढ़ अध्यक्ष सिद्ध हुए। धर्म-निरपेक्षता में इन्हें पूर्ण आस्था थी।

इन्होंने राज्यसभा की मर्यादा को अक्षुण रखने हेतु और अनुशासनबद्ध रखने हेतु 'इथिक्स समिति' की स्थापना में रुचि ली जो निश्चित ही एक प्रशंसनीय प्रयत्न था। राज्यसभा के अध्यक्ष के रूप में वे सभा-भवन में पूरी तैयारी के साथ आते थे। किसी भी पार्टी का सांसद हो, वह उसे ध्यानपूर्वक सुनते थे। यह भी मानना पड़ेगा कि राज्य-सभा के संचालन में नौकरशाह या एक राजनयिक के अनुभव ने ही इनकी सहायता की। श्री नारायणन किन्हीं पदों हेतु चुनाव या उच्चस्थ पदों की नियुक्तियों में राजनीतिज्ञों की तरह शीघ्रता नहीं करते थे। संचिकाओं के अध्ययन में काफ़ी समय देते थे और जब तक वे पूर्णतया सन्तुष्ट न हो जाएँ कि अमुक व्यक्ति सर्वथा योग्य और सदाचारी है, वे उसके पक्ष में निर्णय नहीं देते थे।

सामाजिक जीवन

श्री नारायणन ने पत्रकारिता तथा साहित्य में अपनी रुचि कभी नहीं छोड़ी। उन्होंने साहित्य, राजनीति और अन्तर्राष्ट्रीय सम्बन्धों पर कई निबन्ध लिखे, जिनमें इमेजेज एंड इनसाइड्स; इंडिया एंड अमेरिका : एसेज इन अंडरस्टैंडिंग तथा नॉन एलायमेंट इन कन्टेपोररी इंटरनेशनल रिलेशन्स आदि पुस्तकें काफी लोकप्रिय हुईं।

के.आर. नारायणन ने विविध प्रयोजनों से अनेकों बार विदेश यात्राएँ की। इन्हें अनेक मानद उपाधियाँ भी प्रदान की गईं, जिनमें श्री नारायणन ने नवम्बर 1985 में न्यूयार्क जाकर संयुक्त राष्ट्र संघ सुरक्षा परिषद् में जाम्बिया की स्वतन्त्रता के सम्बन्ध में भाषण दिया; संयुक्त राष्ट्र संघ की आम सभा के विशेष अधिवेशन में अफ्रीका की चिन्ताजनक स्थिति पर मई, 1986 में भाषण दिया; असम्बद्ध राष्ट्रों के 1986 में हरारे सम्मेलन के भारतीय प्रतिनिधिमण्डल का नेतृत्व किया तथा श्री नारायणन अन्तर्राष्ट्रीय-संस्कृति अकादमी, पेरिस के भी सदस्य रहे।

इन्हें निम्नलिखित विश्वविद्यालयों से निम्नलिखित मानद उपाधियाँ मिलीं जिनमें आस्ट्रेलियन राष्ट्रीय विश्वविद्यालय से अप्रैल, 1994 में डॉक्टर ऑफ लॉ; 1987 में संयुक्त राष्ट्र अमेरिका के टोलेडो विश्वविद्यालय से डॉक्टर ऑफ साइंस तथा सम्पूर्णानन्द संस्कृत विश्वविद्यालय से वाचस्पति प्रमुख हैं।

इन्हें किर्गिज रिपब्लिक द्वारा 'बिशेक ह्यूमिनिटी यूनिवर्सिटी' का मानद प्रोफेसर बनाया गया।

आस्ट्रेलियन राष्ट्रीय विश्वविद्यालय द्वारा इनके नाम पर एक भाषण माला आयोजित की गई, अपने कार्यकाल में श्री नारायणन कुछ समितियों के अध्यक्ष रहे उनमें जूरी, मौलाना अबुल कलाम आजाद अन्तर्राष्ट्रीय पुरस्कार; जूरी, साम्प्रदायिक सौहार्द पुरस्कार; जूरी, डॉ. अम्बेडकर अन्तर्राष्ट्रीय सामाजिक बदलाव पुरस्कार; अन्तर्राष्ट्रीय जूरी, जवाहरलाल नेहरू अन्तर्राष्ट्रीय सम्बन्ध पुरस्कार; अन्तर्राष्ट्रीय जूरी, इन्दिरा गाँधी शान्ति, निःशस्त्रीकरण तथा विकास पुरस्कार; जूरी, अन्तर्राष्ट्रीय गाँधी कुष्ठ पुरस्कार; सलाहकार समिति, राजीव गाँधी सद्भावना पुरस्कार; जूरी, इन्दिरा गाँधी पर्यावरण पुरस्कार; जूरी, डॉ. अम्बेडकर सामाजिक सौहार्द एवं दलित वर्ग उत्थान पुरस्कार तथा जूरी, जी. डी. बिड़ला मानवता, भारतीय परम्परा और संस्कृति एवं ग्रामीण उत्थान पुरस्कार महत्त्वपूर्ण हैं।

उपराष्ट्रपति के रूप में श्री नारायणन जिन संस्थानों के विजिटर के रूप में कार्यरत रहे उनमें माखनलाल चतुर्वेदी राष्ट्रीय विश्वविद्यालय; पत्रकारिता-संस्थान, भोपाल तथा मद्रास स्कूल ऑफ इकोनॉमिक्स।

श्री नारायणन निम्नलिखित विश्वविद्यालयों के कुलाध्यक्ष भी रहे जिनमें उत्तरी-पूर्वी पहाड़ी क्षेत्र, पांडिचेरी, गाँधी ग्रामीण संस्थान, दिल्ली, पंजाब तथा असम प्रमुख हैं।

(विश्वविद्यालय के समकक्ष)

उपराष्ट्रपति रहते हुए श्री नारायणन ने निम्नलिखित संस्थाओं के अध्यक्ष पद को भी सुशोभित किया जिनमें भारतीय लोक प्रशासन संस्थान (आई. आई. पी. ए.), भारतीय सांस्कृतिक सम्बन्ध समिति (आई. सी. सी. आर., दिल्ली) तथा रामकृष्ण मिशन सांस्कृतिक संस्थान, कोलकाता प्रमुख हैं।

राष्ट्रपति के रूप में

मुख्य न्यायाधीश जे. एस. वर्मा द्वारा 25 जुलाई, 1997 को संसद भवन में राष्ट्रपति के पद और गोपनीयता की शपथ दिलाई गयी। इस अवसर पर निवर्तमान राष्ट्रपति डॉ. शंकर दयाल शर्मा सहित अनेक गणमान्य व्यक्ति उपस्थित थे। ये प्रथम मलयाली व्यक्ति थे, जिन्होंने राष्ट्रपति-भवन में स्थान पाया। दक्षिण से ये पाँचवें राष्ट्रपति थे। श्री नारायणन छठे उपराष्ट्रपति हैं जिन्हें राष्ट्रपति का पद प्राप्त हुआ। इनके पूर्व जो उपराष्ट्रपति राष्ट्रपति पद तक पहुँचे वे हैं डॉ. एस. राधाकृष्णन, डॉ. ज़ाकिर हुसैन, श्री वी. वी. गिरि, श्री आर. वेंकट रमण, और डॉ. शंकर दयाल शर्मा।

वी. वी. गिरि यद्यपि राष्ट्रपति बनने के पूर्व उपराष्ट्रपति रहँ चुके थे लेकिन उन्हें राष्ट्रपति पद तक नहीं पहुँचने का षड्यंत्र काँग्रेस पार्टी ने किया था, जिसके फलस्वरूप इन्हें उपराष्ट्रपति के पद से त्यागपत्र देकर स्वतन्त्र उम्मीदवार के रूप में राष्ट्रपति पद हेतु चुनाव लड़ना पड़ा था। अतः ये सीधे उपराष्ट्रपति पद से राष्ट्रपति पद पर नहीं पहुँचे थे।

श्री नारायणन की, राष्ट्रपति पद हेतु उम्मीदवारी भी उल्लेखनीय है। 1989 से लेकर 1998 तक का दौर भारतीय राजनीति में तीव्र हलचल और उथल-पुथल का रहा। 1991 में मध्यावधि चुनाव कराना पड़ा। 1996 में यद्यपि पाँच वर्षों के बाद आम चुनाव हुआ था, तथापि किसी दल को पूर्ण बहुमत नहीं था। अतः 1998 में पुनः चुनाव कराना पड़ा। जनता दल की सरकार में उथल-पुथल का काल था। श्री नारायणन के राष्ट्रपति बनने के बाद यद्यपि जनता दल के इन्द्र कुमार गुजराल प्रधानमन्त्री थे तथापि कुछ ही समय पूर्व इसी दल के एच. डी. देवगौड़ा प्रधानमंत्री के पद पर विस्थापित हुए थे। उनके पूर्व भारतीय जनता पार्टी के अटल बिहारी वाजपेयी प्रायः दो सप्ताहों तक प्रधानमन्त्री रह कर अपने पद से हट चुके थे। ऐसी अस्थिर राजनीतिक माहौल में कोई व्यक्ति लगभग सभी प्रमुख राजनीतिक दलों का राष्ट्रपति पद का प्रत्याशी घोषित हो

जाए, यह विस्मयपूर्ण बात है। लेकिन यह विस्मय श्री के. आर. नारायणन के साथ घटा। राजनीतिक अस्थिरता के माहौल में के.आर. नारायणन को संयुक्त रूप से देश की प्रमुख पार्टियों—काँग्रेस, संयुक्त मोर्चा एवं भारतीय जनता पार्टी का समर्थन प्राप्त हुआ था।

संयुक्त दल और काँग्रेस में इनको प्रत्याशी बनाने को लेकर कुछ विचार-विमर्श अवश्य हुआ था जो जरूरी नहीं था। लेकिन भारतीय जनता पार्टी सदा एक सर्व-समर्थित प्रत्याशी के पक्ष में थी, अतः जैसे ही काँग्रेस और संयुक्त मोर्चा ने श्री नारायणन के नाम पर सहमति व्यक्त कर दी, भाजपा ने इसे सम्पुष्ट करने में अल्प विलम्ब भी नहीं किया। अतः, एक तरह से ये सर्वसम्मति से निर्वाचित राष्ट्रपति ही माने जाएँगे। राष्ट्रपति पद निर्वाचन में इनके समक्ष प्रत्याशी के रूप में जाने-माने चुनाव आयुक्त टी.एन. शेषन खड़े हुए थे किन्तु शेषन का दुर्भाग्य यह रहा कि श्री नारायणन से मुकाबले के दौरान उनकी जमानत भी जब्त हो गई।

नारायणन को 94.97 प्रतिशत मत प्राप्त हुए। राष्ट्रपतियों को प्राप्त अब तक के मतों में यह सर्वाधिक प्रतिशत वाला मत था। सब मिलाकर 4 हजार 2 सौ 31 निर्वाचित सांसदों और विधायकों ने इनके पक्ष में वोट दिये और इन मतों की मूल्य-गणना 9 लाख 56 हजार 2 सौ 90 आती है। यह कम महत्त्व की बात नहीं है कि जब भारत अपनी स्वतन्त्रता की स्वर्ण जयन्ती मना रहा था, उस समय राष्ट्रपति के रूप में भी नारायणन को ही संसद के विशेष सत्र को सम्बोधित करने का अवसर मिला। श्री नारायणन का चुनाव निश्चित ही उनकी कुशाग्र बुद्धिमत्ता, ईमानदारी, निष्पक्षता, धर्मनिरपेक्षता और सभी भारतवासियों हेतु समदृष्टि के फलस्वरूप हुआ था।

श्री नारायणन ने अपनी इन योग्यताओं से राष्ट्रपति की गरिमा में निश्चित ही अभिवृद्धि की। राष्ट्रपति के निर्वाचन के समय जो स्थिति श्री नारायणन के पक्ष में थी, उससे भिन्न उनके उपराष्ट्रपति पद के चुनाव के समय नहीं थी। यह इस तथ्य से स्पष्ट है कि उपराष्ट्रपति पद हेतु यद्यपि काँग्रेस ने इन्हें सर्वप्रथम उम्मीदवार घोषित किया था, लेकिन विभिन्न विचारधारा वाली पार्टियों, जैसे—राष्ट्रीय मोर्चा, वाम मोर्चा एवं भारतीय जनता पार्टी ने भी खुलकर इनका समर्थन किया। इसका फल यह हुआ कि डाले गए कुल 711 मतों में 700 मत श्री नारायणन को ही प्राप्त हो गए। 10 मत निरस्त हो गए एवं इनके एकमात्र प्रतिद्वन्द्वी काका जोगिन्दर सिंह 'धरती पकड़' को मात्र एक ही मत

मिला। उपराष्ट्रपति के चुनाव में विजय के साथ ही इनकी सर्वग्राह्यता और लोकप्रियता की पुष्टि होने लगी थी। उनकी इसी लोकप्रियता से राष्ट्रपति पद निर्वाचन में काफी मदद मिली।

जैसा कि पूर्व में कहा गया है, जिस समय श्री नारायणन राष्ट्रपति हुए, राष्ट्र की राजनीतिक स्थिति अस्थिर हो गई थी। 1989 से ही जब अल्पमत की सरकारें आने लगी थीं, राष्ट्रपति रायसीना पहाड़ी के भव्य महल की मात्र शोभा बन कर नहीं रह गए थे। उन्हें चाहे-अनचाहे ऐसे निर्णय लेने पड़ते थे जिनका पूर्वोदाहण नहीं था। राष्ट्रपति बनने के लगभग तीन महीने के अन्दर ही इन्हें प्रथम संवैधानिकी संकट का सामना करना पड़ा था। सरकार उत्तर प्रदेश में राष्ट्रपति शासन लागू करने हेतु कटिबद्ध थी। राष्ट्रपति श्री नारायणन के पास इसका प्रस्ताव आया तो इन्होंने उसे पुनर्विचार के लिए वापस कर दिया। ऐसा कदम उनके पूर्व किसी राष्ट्रपति ने नहीं उठाया था।

सरकार को अपने इस कदम पर पुनः विचार करना पड़ा और एक चुनी हुई सरकार से मुख नहीं मोड़कर उन्होंने प्रजातन्त्र की रक्षा की। राष्ट्रपति पद पर आसीन होने के बाद चार महीने के कार्यकाल तक गहन राजनैतिक अस्थिरता का सामना करना पड़ा। जब काँग्रेस पार्टी ने संयुक्त मोर्चा की सरकार, जो इन्द्रकुमार गुजराल के प्रधानमन्त्रित्व में कार्य कर रही थी, से 28 नवम्बर 1997 को अपना समर्थन वापस कर लिया। के. आर. नारायणन के समक्ष कठिन स्थिति थी। अब सरकार बनाने योग्य कोई नहीं था। गुजराल सरकार ने त्याग-पत्र देते हुए लोक सभा भंग करने की अनुशंसा भी नहीं की थी, लेकिन अल्पमत वाली गुजराल सरकार शासन में रखी भी नहीं जा सकती थी। राष्ट्रपति के. आर. नारायणन ने कोई शीघ्रता नहीं दिखलाई। संविधान-विशेषज्ञों से परामर्श किया। अन्ततः सरकार की अनुशंसा भी लोक सभा भंग करने की आ गई और राष्ट्रपति ने 4 दिसम्बर, 1997 को 11वीं लोकसभा को भंग कर दिया। सभी पार्टियों ने राष्ट्रपति के इस निर्णय का दिल खोलकर स्वागत किया।

18 महीने की अनिश्चितता और आया राम गया राम की स्थिति को समाप्त करने का इससे अच्छा उपाय और कोई नहीं था। श्री नारायणन को विदेशों से अपने पूर्ववर्तियों की अपेक्षा कुछ अधिक ही प्रतिष्ठा मिली। 29 अप्रैल, 1998 को उन्हें न्यूयार्क में 'वर्ल्ड स्टेट्समैन पुरस्कार-1998' प्रदान किया गया। इस अवसर पर दिए गए प्रशसा-पत्र में इन्हें एक श्रेष्ठ राजनेता, लेखक, राजनयिक और अपने राष्ट्र एवं विश्व हेतु प्रेरणा-पुरुष बताया गया। निश्चित ही राष्ट्रपति

के. आर. नारायणन अपने पूर्ववर्तियों से कुछ हट कर रहे। कई बार जटिल परिस्थितियाँ उत्पन्न होने पर इन्होंने अपने विचारों को स्पष्ट रूप से व्यक्त किया, परन्तु इन्होंने कभी भी अपने विचारों को प्रशासन पर थोपने का प्रयास नहीं किया। संसद की स्थिति कुछेक वर्षों से कैसी रही है, यह किसी से छिपा नहीं है।

संसद में अक्सर असंसदीय व्यवहार होता है। राष्ट्र की महत्त्वपूर्ण समस्याओं पर विचार-विमर्श तो दूर, हो-हल्ला और बहिर्गमन का वातावरण सदा-सर्वदा संसदीय कार्रवाई पर हावी रहता है। श्री के. आर. नारायणन ने अगस्त, 1998 के स्वतन्त्रता-दिवस की पूर्व सन्ध्या पर देश के नाम सन्देश में राष्ट्र हेतु कुछ निर्देश या सुझाव राष्ट्रहित में दिए, तो उन्हें सरकारी अधिकारों का अतिक्रमण के नजरिये से नहीं देखा जाना चाहिए। संविधान के अनुसार उसके संरक्षण, सुरक्षा और सम्मान की रक्षा का अधिकार राष्ट्रपति को जाता है एवं प्रजातन्त्रीय प्रणाली को लीक से हटते देख सांसदों को परामर्श देने का अधिकार उसे स्वभावतः मिलता है। के. आर. नारायणन ने निश्चित ही कुछ हद तक एक राष्ट्रपति के महत्त्व का अनुभव सरकार और देशवासियों को कराया और लीक पर चलने वाले राष्ट्रपति नहीं रहकर उन्होंने अपनी एक पृथक् छवि बनाई।

राष्ट्रपति के. आर. नारायणन सदा एक कवि-हृदय, भावुक, लेकिन निर्णय के अटल राष्ट्रपति रहे। उनकी भावुकता का परिचय एक घटना से मिलता है—

राष्ट्रपति बनने के पश्चात् सितम्बर, 1997 में उन्होंने अपने गृह राज्य केरल की यात्रा की। ये अपने छोटे से गाँव 'पूआंथुकुल' भी गए और वहाँ अपनी बड़ी बहन के. आर. गौरी जो उन्हें पुत्रवत् मानती थीं, से मिलकर भाव-विह्वल हो गए। उनके जिला नगर कोट्टायम में जो स्वागत-समारोह आयोजित हुआ था, उसमें उन्होंने नौवीं कक्षा में जो कविता लिखी थी और जो केरल की प्रसिद्ध पत्रिका 'मलयालम मनोरमा' में प्रकाशित हुई थी, के गायन द्वारा उनका स्वागत हुआ था। संगीतबद्ध इस कविता का एक कैसेट भी पत्रिका के तत्कालीन सम्पादक के. एम. मैथ्यू ने इन्हें भेंट की। 61 वर्ष पूर्व लिखी अपनी कविता का गायन सुनकर और कैसेट प्राप्त कर इनकी प्रसन्नता की सीमा नहीं रही। उन्होंने स्पष्ट कहा—"अभी जो मुझे प्रसन्नता हो रही है वह राष्ट्रपति बनते हुए भी नहीं हुई थी।"

के. आर. नारायणन वस्तुतः एक योग्य तथा क्षमतावान् राष्ट्रपति ही नहीं थे अपितु संविधान के अक्षर-अक्षर और शब्द-शब्द में विश्वास रखने वाले राष्ट्राध्यक्ष थे। यह जान कर आश्चर्य होगा, लेकिन यह सत्य है कि वे पहले राष्ट्रपति थे जिन्होंने अपने मताधिकार का प्रयोग किया। फरवरी, 1998 को अपनी पत्नी के साथ वे अपने निर्वाचन-केन्द्र पर जाकर पंक्ति में खड़े हुए और लोक-सभा के निर्वाचन में पति-पत्नी ने अपने मतपत्रों का प्रयोग कर भाग लिया।

जीवन के अन्तिम दिन

25 जुलाई, 2002 को श्री के.आर. नारायण ने अपने राष्ट्रपति काल की कार्यावधि के पाँच वर्ष पूरे किये और उसी दिन राष्ट्र के 11वें राष्ट्रपति डॉ. ए. पी. जे. अब्दुल कलाम ने पद तथा गोपनीयता की शपथ ली। इस तरह एक ऐसे राष्ट्रपति की कालावधि निःशेष हुई जिसने झोंपड़ी से राष्ट्रपति-भवन तक की यात्रा पूरी की थी। और जिसने अपनी दक्षता, कार्य-कुशलता, निष्पक्षता, न्यायप्रियता और कठिन-से-कठिन परिस्थितियों में अपनी निर्णय-शक्ति का परिचय देकर राष्ट्रपति की परम्परागत छवि में एक रेखांकन-योग्य बदलाव लाने का प्रयत्न किया। श्री के. आर. नारायणन भारत के प्रथम राष्ट्रपति डॉ. राजेन्द्र प्रसाद की स्मृति ताजा करते हैं, केवल अपनी सादगी और बुद्धिमत्ता के कारण ही नहीं, अपितु राजेन्द्र प्रसाद की तरह अपनी निर्णायक क्षमता का परिचय देकर भी।

9 नवम्बर, 2005 बुधवार को पौने छः बजे संध्या नई दिल्ली के आर्मी रिसर्च एंड रेफरल अस्पताल में लम्बी बीमारी के पश्चात् इस महान व्यक्तित्व का निधन हो गया। इनका पार्थिव शरीर उनके 34, पृथ्वीराज रोड, के सरकारी आवास पर रखा गया, जहाँ जानी-मानी हस्तियों एवं अन्य ने इनके शव पर श्रद्धा-सुमन अर्पित किये। दूसरे दिन 10 दिसम्बर, गुरुवार को सरकारी सम्मान के साथ शांतिवन और विजय घाट के मध्य पूर्व राष्ट्रपति ज्ञानी जैल सिंह की समाधि के पार्श्व में इनका अन्तिम संस्कार सम्पन्न हुआ।

मूल्यांकन

के. आर. नारायणन ने अपने कार्यों द्वारा यह सिद्ध कर दिया था कि जाति जन्म से नहीं; अपितु स्वभाव और कर्म से निर्धारण होती है। उनका

जन्म एक अत्यन्त दीनहीन दलित जाति में हुआ था, जहाँ दोनों समय चूल्हा भी नहीं जलता था। नारायणन के मन में शिक्षा-प्राप्ति की ज्योति प्रचण्ड रूप में जल रही थी। आर्थिक तंगी के बावजूद पढ़ाई के प्रति इनकी रुचि कम नहीं हुई थी। इन्होंने ट्रवानकोर विश्वविद्यालय से प्रथम श्रेणी में प्रथम स्थान प्राप्त कर अंग्रेजी साहित्य में एम. ए की परीक्षा उत्तीर्ण की। राजीव गाँधी उनकी सरलता और विनम्र प्रकृति से बहुत प्रभावित थे और 1984 में ही इन्हें योजना विभाग का राज्यमंत्री नियुक्त कर दिया। राष्ट्रपति पद पर आसीन होने के बाद चार महीने के कार्य-काल तक गहन राजनैतिक अस्थिरता का सामना करना पड़ा।

11

डॉ. ए.पी.जे. अब्दुल कलाम

(1921–)

डॉ. ए.पी.जे. अब्दुल कलाम आजाद जिनका पूरा नाम अबुल पाकीज जेनुअल अब्दुल कलाम है। उन्हें 25 जुलाई 2002 को भारतीय गणराज्य के 11 वें राष्ट्रपति के रूप में सम्मानित किया था तथा भारतीय मिसाइल का जनक भी कहा जाता है तथा वे भारत के प्रमुख वैज्ञानिकों में एक थे। ये बड़े आश्चर्य की बात है, कि ए.पी.जे. अब्दुल कलाम से पहले भारत के इस गरिमामय पद पर जो-जो लोग आसीन हुए, वे किसी-न-किसी तरह राजनीति से जरूर जुड़े हुए थे। लेकिन भारत के 11वें राष्ट्रपति को राजनीति से कोई वास्ता नहीं है। इनके पूर्व भी राष्ट्रपति एक अराजनीतिक व्यक्ति थे लेकिन डॉ. कलाम और उनकी इस प्रसंग में कोई तुलना नहीं हो सकती। कारण यह है कि भले ही श्री नारायणन ने एक राजनयिक के रूप में अपने जीवन के सर्वोत्तम वर्ष व्यतीत कर दिए थे और भारतीय विदेश सेवा के सर्वोच्च पद विदेश सचिव के रूप में उन्होंने सेवा-निवृत्ति भी प्राप्त कर ली थी, तथापि राजनीति में उन्होंने जीवन के प्रायः अन्तिम चरण में ही सही, प्रवेश किया।

सर्वप्रथम उन्होंने इन्दिरा गाँधी से अपने राजनीतिक प्रवेश की इच्छा व्यक्त की। वह कुछ करतीं, इसके पूर्व दुर्भाग्यवश षड्यंत्र का आखेट हो, वह इस संसार से विदा हो गईं। राजीव गाँधी से अपनी यही इच्छा उन्होंने दुहराई तो राजीव ने उन्हें 1984 के दिसम्बर में आठवीं लोकसभा का प्रत्याशी बनाया। इसके पश्चात् श्री नारायणन नौवीं और दसवीं लोक सभा के चुनावों में विजयी

होकर तीन बार संसद में आए। इतना ही नहीं, आठवीं लोक सभा में प्रवेश करते ही राजीव गाँधी ने योजना राज्यमन्त्री के रूप में इन्हें अपने मन्त्रिमंडल में शामिल कर लिया। श्री नारायणन ने अपने मन्त्रित्व काल में कई विभागों को संभाला। यथा—योजना, विज्ञान तथा प्रौद्योगिकी, अणु-शक्ति एवं विदेश-विभाग आदि। श्री नारायणन मन्त्री के रूप में सफल सिद्ध हुए। उपर्युक्त के अतिरिक्त जब वे उपराष्ट्रपति निर्वाचित हुए तो उन्हें पदेन राज्यसभा का अध्यक्ष भी बनना पड़ा जिस पद पर वे पाँच वर्षों तक रहे। यहाँ उनका सांसदों तथा संविधान से निरंतर पाला पड़ता रहा। पाँच वर्षों की राज्यसभा की अध्यक्षता के दौरान इस नौकरशाह अथवा राजनयिक का राजनीति से पूर्ण परिचय हो गया और उसमें उनकी पैठ भी गहरी हो गई।

उनके इस राजनीतिक अनुभव तथा ज्ञान का परिचय तब मिला जब राष्ट्रपति निर्वाचित होने के बाद इन्होंने कई महत्त्वपूर्ण राजनीतिक समस्याओं का समाधान कर राजनीतिज्ञों तथा देश की आम जनता का विश्वास प्राप्त किया। अतः श्री नारायणन को सही अर्थों में एक अराजनीतिक प्राणी नहीं कहा जा सकता। भारत के मिसाइल जनक डॉ. ए.पी.जे. अब्दुल कलाम भारत के श्रेष्ठतम वैज्ञानिकों में से एक हैं। इन्होंने प्रक्षेपास्त्रों के विकास में महत्त्वपूर्ण योगदान दिया है। इस महत्त्वपूर्ण योगदान के कारण इन्हें पद्म विभूषण और भारत रत्न से सम्मानित किया गया है। डॉ. ए. पी. जे. अब्दुल कलाम एक विशुद्ध अराजनीतिक व्यक्ति रहे। विज्ञान तथा प्रौद्योगिकी के क्षेत्र में सम्प्रति ये भारत के श्रेष्ठ वैज्ञानिक तथा सही मायने में 'मिसाइल-पुरुष' हैं।

किन्तु यह तो मानना ही पड़ेगा कि राजनीति के गलियारे में प्रवेश किए बिना ही वे राष्ट्रपति के सर्वोच्च पद पर प्रतिष्ठित हो गए जहाँ विज्ञान की कम, और संविधान की व्याख्या अधिक होती है। लेकिन हमारा लक्ष्य राष्ट्रपति के रूप में डॉ. कलाम को इनके पूर्ववर्तियों से कम कर आँकने का नहीं है। देश का यह सौभाग्य है कि एक बहु-आयामी विज्ञानी, जो राष्ट्र-रक्षा के क्षेत्र में भी असामान्य योगदान दे चुका है और जिसकी योग्यता के कारण सामरिक दृष्टि से राष्ट्र लगभग पूर्णतया सुरक्षित है, राष्ट्रपति भवन में विराजमान रहा। वह हमारे आत्म-विश्वास को बल देता है और हमें अपने अस्तित्व के बारे में आश्वस्ति भी प्रदान करता है। फिर भी मुख्यतः एक वैज्ञानिकी इंजीनियर के राष्ट्रपति पद पर पहुँचने की कहानी की पृष्ठभूमि तो कुछ रोचक है ही।

जिस समय डॉ. कलाम के राष्ट्रपति बनने की चर्चा चल रही थी, उस समय उपराष्ट्रपति के पद पर 21 अगस्त, 1997 से ही श्री कृष्णकान्त पदस्थापित थे। कुछेक अपवादों को छोड़कर उपराष्ट्रपति ही राष्ट्रपति की शोभा बढ़ाते रहे हैं।

देश रत्न डॉ. राजेन्द्र प्रसाद जब स्वतंत्र भारत के प्रथम राष्ट्रपति के रूप में आसीन हुए थे उस समय न तो कोई उपराष्ट्रपति था ना ही वे स्वयं ही उस पद पर थे। नहीं तो बहुत सम्भव है कि 11 में से सात उपराष्ट्रपति ही राष्ट्रपति बनते। डॉ. कलाम भाग्यशाली हैं कि ये उपराष्ट्रपति बने बिना ही राष्ट्रपति बन गए। लेकिन हम इनके राष्ट्रपति निर्वाचित होने की पृष्ठभूमि पर विचार कर रहे थे और हम यह उल्लेख कर चुके हैं कि उपराष्ट्रपति के रूप में कृष्णकान्त पदस्थापित थे। उनकी पदस्थापना इन्द्रकुमार गुजराल के काल में हुई थी जिसमें आंध्र प्रदेश के तत्कालीन मुख्यमन्त्री चन्द्र बाबू नायडू की भूमिका प्रमुख थी। इसका स्पष्ट कारण यह था कि श्री कृष्णकान्त आंध्र प्रदेश के राज्यपाल रह चुके थे और नायडू से इनका सम्बन्ध सदा सौहार्दपूर्ण रहा था।

जब भारत के राष्ट्रपति श्री के.आर. नारायणन जिनका पूरा नाम कोचिक रमण नारायण है, की अवधि जब समाप्ति के समीप पहुँची तो स्वभावतः भारत के गरिमामय पद को सुशोभित करने के लिए नए उम्मीदवार की खोज आरम्भ हुई। केन्द्र में इस समय भाजपा नीत राजग की सरकार थी। श्री अटल बिहारी वाजपेयी प्रधानमन्त्री के पद को सुशोभित कर रहे थे। अधिकांश लोगों का ध्यान अब तक की प्रायः स्थापित परिपाटी की ओर गया और श्री कृष्णकान्त को कई लोग भावी राष्ट्रपति के रूप में देखने लगे। ऐसे भी, उनका कार्यकाल 21 अगस्त, 2002 को समाप्त हो रहा था और 25 जुलाई, 2002 को ही राष्ट्रपति का रिक्त पद भरना था। श्री कृष्णकान्त भी यह आशा लगाए बैठे थे कि राष्ट्रपति के पद पर सुशोभित होने में उन्हें कोई अड़चन नहीं आएगी। चन्द्र बाबू नायडू भाजपा के भी बहुत करीब थे और इस सरकार को बाहर से अपना समर्थन दे रहे थे। अतः, श्री कृष्णकान्त का ऐसी आशा पालना अस्वाभाविक नहीं था।

किन्तु भारतीय जनता पार्टी के वरिष्ठ नेता अटल बिहारी वाजपेयी का ध्यान क़लाम पर केन्द्रित था क्योंकि 1998 के पोखरण अणुबम-परीक्षण में डॉ. कलाम का महत्त्व सर्वोपरि था। 11-13 मई, 1998 को पोखरण में पाँच परमाणु उपकरणों का परीक्षण सम्पन्न हुआ था। 11 मई को ही तीन परमाणु-परीक्षण

कर दिए गए थे और इसी तारीख को भारत परमाणु-सम्पन्न देशों में शामिल हो गया था। कितने लोगों को यह गलतफहमी है कि डॉ. कलाम ने ही परमाणु-बम का विकास किया था। यह बात नहीं है। इसका 'डिजाइन' तो बहुत पूर्व इन्दिरा गाँधी के समय में ही विकसित हो गया था। परीक्षण के समय डॉ. कलाम रक्षा अनुसन्धान तथा विकास-संगठन (डी. आर. डी. ओ) के सर्वेसर्वा थे। डी. आर. डी. ओ. का कार्य पूर्व प्रमाणित 'डिजाइन' का अस्त्रीकरण करना-मात्र था। यह उल्लेखनीय है कि इस परीक्षण में मात्र डी. आर. डी. ओ. का हाथ नहीं था, भारत के परमाणु ऊर्जा विभाग (डिपार्टमेंट ऑफ ऐटमिक एनर्जी) ने भी इसमें सहयोग किया था।

दोनों के सक्षम तथा प्रभावशाली सहयोग से ही पोखरण-परमाणु परीक्षण सफल हो पाया था। चूँकि डॉ. कलाम का नाम प्रौद्योगिकी क्षेत्र में काफी हो चुका था, अतः कितने इस भ्रम के शिकार हो गए कि परमाणु-बम के परीक्षण के पीछे मात्र डॉ. कलाम का ही हाथ था। यह भ्रम कुछ दिनों के बाद दूर हुआ और डॉ. कलाम 'बम-पुरुष' के बदले 'मिसाइल पुरुष' कहलाने लगे। यह निर्विवाद है कि मिसाइलों के निर्माण और परीक्षण में डॉ. कलाम का कोई प्रतियोगी नहीं था। पोखरण-परीक्षण से वाजपेयी को भी सम्मान मिला। उनकी प्रतिष्ठा में अप्रत्याशित वृद्धि हुई और भारत का सम्मान भी विश्व के अन्य देशों की दृष्टि में वृद्धिशील हुआ। चूँकि भारत अब तक आर्थिक दृष्टि से बहुत हद तक आगे बढ़ गया था, अतः इस परीक्षण को लेकर कुछेक अणु-सम्पन्न देशों ने भारत के इस कदम की आलोचना की। अमरीका और इंग्लैंड ने हिन्दुस्तान पर कई प्रतिबन्ध अवश्य लगाए, लेकिन इन्दिरा गाँधी के समय जैसी कठोर प्रतिक्रिया इन लोगों ने व्यक्त की थी, ऐसा वे नहीं कर सके।

श्रीमती इन्दिरा गाँधी के प्रधानमन्त्री काल में एक कार्टून प्रकाशित हुआ था, जिसमें एक भिखारिन के रूप में इन्दिरा गाँधी को एक पोटली लिए हुए दिखाया गया था और उस पर लिखा था—'परमाणु-बम' और कार्टून के नीचे जो अंग्रेजी में लिखा था, उसका अर्थ था 'कैसे-कैसे लोग परमाणु-क्लब के सदस्य बनते जा रहे हैं।'

कम-से-कम वाजपेयी के समय इस प्रकार की बात नहीं कही गई। स्वयं को और देश को मिले इस सम्मान से वाजपेयी गद्‌गद्‌ थे और उन्होंने डॉ. कलाम को राष्ट्रपति बनाने का निर्णय ले लिया था। उपराष्ट्रपति कृष्णकान्त को इसकी भनक मिली तो उन्होंने अपने संरक्षक चन्द्र बाबू नायडू की शरण

ग्रहण की। नायडू ने उन्हें आश्वासन दिया और वे दिल्ली आए भी। उन्होंने वाजपेयी से मुलाकात की। नायडू चाहते तो प्रधामन्त्री को कृष्णकान्त के पक्ष में ला सकते थे पर पता नहीं, दोनों में क्या खिचड़ी पकी कि नायडू ने दिल्ली छोड़ने के पहले यह स्पष्ट कर दिया कि वे इस मामले में तटस्थ हैं और भाजपा-सरकार जिसे भी राष्ट्रपति पद हेतु प्रत्याशी बनाए, उनके समर्थन में वह रहेंगे। हालाँकि मिसाइल पुरुष अब्दुल कलाम भारतीय जनता पार्टी के तरफ से ही प्रत्याशी हुए, लेकिन देश के प्रति जो उनका योगदान था, इससे प्रायः सभी पार्टियों ने उन्हें इस सर्वोत्तम पद के प्रत्याशी के रूप में स्वीकृत कर लिया और डॉ. कलाम ने 25 जुलाई, 2002 को राष्ट्रपति पद की शपथ ले ली।

डॉ. कलाम की अपने पूर्ववर्ती राष्ट्रपति के. आर. नारायणन से किसी और बात में तुलना हो अथवा नहीं, लेकिन एक बात में अवश्य थी। दोनों अत्यन्त दीन-हीन परिवार से आए थे। 'चिथड़ों से सम्पत्ति तक' का जो अंग्रेजी मुहावरा चलता है, वह दोनों के साथ समान रूप से लागू होता है। के. आर. नारायणन भी एक अत्यन्त दरिद्र परिवार में पैदा हुए थे जिनके पास एक फूस की झोंपड़ी के अतिरिक्त कुछ भी नहीं था। डॉ. कलाम भी तमिलनाडु में एक ऐसे परिवार में पैदा हुए थे जिसकी आजीविका मछली बेचकर चलती थी। नारायणन ने जहाँ अपनी पढ़ाई छात्रवृत्ति तथा 'ट्यूशनों' के आधार पर पूरी की, वहीं डॉ. कलाम ने समाचारपत्र–'हॉकर' के रूप में अपने जीवन की किशोरावस्था को अर्पित कर दिया।

डॉ. के.आर. नारायणन और डॉ. ए.पी.जे. अब्दुल कलाम दोनों एक दीन-हीन परिवार में पैदा होने के बावजूद भी दोनों में अध्ययन के प्रति अत्यधिक आकर्षण था। हालाँकि दोनों का अध्ययन क्षेत्र अलग-अलग था। नारायणन की रुचि मुख्यतः अंग्रेजी साहित्य में थी और डॉ. कलाम का रुझान विज्ञान के प्रति था जो अन्ततः इनके प्रौद्योगिकी प्रेम में परिवर्तित हो गया और ये एक परमाणु-वैज्ञानिक 'मिसाइल-पुरुष' आदि कई उपाधियों से विभूषित हो गए।

जीवन वृत्त

भारत के मिसाइल पुरुष, 11वें राष्ट्रपति डॉ. ए.पी.जे. अब्दुल कलाम का जन्म भारत के तमिलनाडु राज्य के रामेश्वरम् में एक दीन-हीन परिवार में 15 अक्टूबर, 1921 को हुआ था। जो भी हो दीन-हीन परिवार शिक्षा का महत्त्व

जरूर समझता था। शायद उसी का प्रभाव अब्दुल कलाम पर अधिक पड़ा। उनके घर का वातावरण आध्यात्मिक था। उनके माता और पिता दोनों धार्मिक प्रवृत्ति के थे लेकिन वे धार्मिक संकीर्णताओं से परे थे। इस्लाम के वे पक्षधर अवश्य थे लेकिन धार्मिक सहिष्णुता उनमें कूट-कूटकर भरी थी। इसका एक प्रमाण यह है कि रामेश्वरम् मन्दिर के मुख्य पुजारी लक्ष्मण शास्त्री से उनके पिता की अभिन्न मित्रता थी। इस्लाम-पंथी होने के बावजूद लक्ष्मण शास्त्री से इनके पिता ने हिन्दू धर्म के समभाव तथा 'वसुधैव कुटुम्बकम्' की भावना अर्जित की। धार्मिक सहिष्णुता का भाव भरने के प्रयत्न में डॉ. कलाम के पिता ने एक दिन उनसे कहा कि सच्ची प्रार्थना किसी धर्म विशेष का एकाधिकार नहीं है। जब तुम मन की गहराइयों से प्रार्थना करते हो तो ब्रह्मण्ड का ही एक अंश बन जाते हो और ऐसी स्थिति में सम्पत्ति, जाति, वर्ग अथवा आयु का कोई फर्क नहीं रहता है।

पिता और माता के धर्म-निरपेक्ष आचरण ने ही डॉ. कलाम को आगे चलकर एक प्रबल धर्म-निरपेक्ष व्यक्ति बनाया। जाति और वर्ण के भेद से ऊपर उठकर सम्पूर्ण राष्ट्र को अपना मानने की जो राष्ट्रीय भावना कूट-कूट कर भरी देखी जाती है वह उनके बचपन के संस्कारों को ही परिलक्षित करती है। डॉ. कलाम अन्य राष्ट्रपतियों से इस रूप में भी अधिक भाग्यशाली रहे कि दैश का सर्वोच्च सम्मान 'भारत-रत्न' प्रायः जहाँ उनके राष्ट्रपति होने के पश्चात् प्राप्त हुआ, वहीं इनको यह सम्मान राष्ट्रपति बनने के पहले ही मिल गया। 1997 में इन्हें भारत-रत्न की उपाधि से सम्मानित किया गया जबकि ये राष्ट्रपति 2002 में बने। सम्मान और पुरस्कार के क्षेत्र में शायद डॉ. कलाम अपने पूर्ववर्तियों से अधिक भाग्यशाली रहे। सौभाग्यवश इन्होंने अपने अध्ययन और कार्य-क्षेत्र को इस रूप में चुना कि जिसका सीधा सम्बन्ध राष्ट्र की सुरक्षा से था। अतः कोई सम्मान इनको दिया जा सकता था और उसको लेकर इनके विरुद्ध कोई उँगली नहीं उठा सकता था।

1997 में भारत-रत्न की प्राप्ति के पूर्व 1981 में इन्हें पद्म-भूषण और 1990 में पद्म-विभूषण की उपाधि दी जा चुकी थी। उपर्युक्त सम्मानों के अतिरिक्त डॉ. कलाम को कई अन्य पुरस्कार और सम्मान मिले हैं जिनमें प्रमुख हैं—इन्दिरा गाँधी राष्ट्रीय एकता पुरस्कार-1997; नेशनल डिजाइन अवार्ड—1980, जी. एम. मोदी पुरस्कार-1996 (विज्ञान के लिए); विज्ञान एवं प्रौद्योगिकी में श्रेष्ठ कार्य के लिए एच. के फिरोदिया पुरस्कार-1996; वीर सावरकर पुरस्कार-1998,

एरोनॉटिकल सोसायटी ऑफ इंडिया द्वारा डॉ. वीरेनराय स्पेश अवार्ड-1986; विज्ञान तथा प्रौद्योगिकी के लिए ओमप्रकाश भसीन पुरस्कार; मध्य प्रदेश सरकार द्वारा इंजीनियरिंग तथा प्रौद्योगिकी के क्षेत्र का राष्ट्रीय नेहरू पुरस्कार-1990; आंध्र प्रदेश एकेडेमी ऑफ साइंसेज का प्रो. वाई. नयडम्मा मेमोरियल गोल्ड मेडल-1996 तथा एस्ट्रोनॉटिकल सोसायटी ऑफ इंडिया का आर्यभट्ट-पुरस्कार-1996।

इनके अतिरिक्त इंडियन नेशनल एकेडेमी ऑफ इंजीनियरिंग द्वारा इन्हें लाइफ टाइम कंट्रीब्यूशन एवार्ड भी प्राप्त है।

इंजीनियरिंग स्टॉफ कॉलेज ऑफ इंडिया द्वारा इसके विशेष प्रोफेसर पद की उपाधि भी इन्हें प्राप्त हुई। डॉ. कलाम की मुख्य शिक्षा मद्रास इंस्टीट्यूट ऑफ टेक्नोलॉजी में हुई जहाँ से इन्होंने वायु-इंजीनियरिंग में विशेषज्ञता प्राप्त की।

यद्यपि डॉ. कलाम ने कोई विशेष अनुसंधान-पत्र अथवा ग्रन्थ आदि नहीं लिखे, लेकिन इन्हें डी. एस-सी. अर्थात् डॉक्टर ऑफ साइंस की मानद् उपाधि देने हेतु भारतीय विश्वविद्यालयों में होड़ लग गई। इन विश्वविद्यालयों के साथ आई. आई. टी. वाले भी थे। ऐसी कुछ संस्थाओं का, जिन्होंने डॉ. कलाम को मानद उपाधि देकर सम्मानित किया, वे प्रमुख हैं—छत्रपति साहू जी महाराज विश्वविद्यालाय, कानपुर; राजीव गाँधी प्रौद्योगिकी विश्वविद्यालय, भोपाल; जवाहरलाल नेहरू टैक्नॉलॉजिकल विश्वविद्यालय, हैदराबाद (यहाँ से इन्हें पी-एच. डी. की उपाधि मिली); अन्ना विश्वविद्यालय ऑफ टैक्नोलॉजी, मद्रास; बनारस हिन्दू विश्वविद्यालाय; हैदराबाद विश्वविद्यालय; यादवपुर विश्वविद्यालय; मैसूर विश्वविद्यालय; कल्याणी विश्वविद्यालय; इलाहाबाद विश्वविद्यालय; इंडियन स्कूल ऑफ माइन्स; महाराजा शय्याजी राव यूनिवार्सिटी ऑफ बड़ौदा; रुड़की विश्वविद्यालय; दिल्ली विश्वविद्यालय; आन्ध्र विश्वविद्यालय, विशाखापट्टनम्; मणिपुर एकेडेमी ऑफ हायर एजुकेशन; कामराज विश्वविद्यालय, मदुरई; भारतिदासन विश्वविद्यालय, तिरुचिरापल्ली; विश्वेश्वरैया टैक्नौलॉजिकल यूनिवर्सिटी, बेलगाँव; आई. आई. टी., दिल्ली; आई. आई. टी., कानपुर; आई. आई टी., मुम्बई तथा बिड़ला इंस्टीट्यूट ऑफ टेक्नोलॉजी, रांची।

उपर्युक्त ने इन्हें जहाँ डॉक्टर ऑफ साइंस की उपाधि दी (हैदराबाद विश्वविद्यालय छोड़ कर), तथा इन्हें डॉ. ऑफ लिटरेचर की मानद उपाधि दी उनमें डॉ. बाबा साहब अम्बेडकर मराठवाड़ा विश्वविद्यालय, औरंगाबाद (महाराष्ट्र) तथा विश्वभारती, शान्ति निकेतन प्रमुख हैं।

मद्रास इंस्टीट्यूट ऑफ टैक्नॉलॉजी से वायु इंजीनियरिंग में विशेषज्ञता प्राप्त कर ली। डॉ. कलाम को रक्षा अनुसन्धान तथा विकास संगठन (डिफेंस रिसर्च एंड डवलपमेंट ऑर्गेनाइजेशन) में कार्य मिला। यह कार्य तब मिला जब वह पाँच वर्षों पश्चात् 1963 में भारतीय अन्तरिक्ष अनुसन्धान संगठन (इंडियन स्पेस रिसर्च ऑर्गेनाइजेशन) में शामिल हुए। डॉ. कलाम यहाँ रहकर स्वदेशी उपग्रह-प्रक्षेपण-यान के निर्माण के हर पक्ष से सम्बद्ध रहे। इसी यान द्वारा भारत का रोहिणी उपग्रह धरती की कक्षा के भीतर स्थापित किया गया। सन् 1980 में डॉ. कलाम विक्रम साराभाई अन्तरिक्ष केन्द्र में 'एरोस्पेश डाइनेमिक तथा डिजाइन' प्रभाग के निदेशक नियुक्त हुए। जब डॉ. कलाम 1982 में डी.आर. डी.एल. के निदेशक के रूप में नियुक्त हुए तो उन्हें ऐसा लगा कि उनके जीवन ने महत्त्वपूर्ण मोड़ ले लिया हो।

यहीं उन्होंने 'इंटिग्रेटेड गाइडेड मिसाइल डेवलपमेंट प्रोग्राम' की परिकल्पना की जिसका मुख्य अधिकारी इन्हें ही नियुक्त किया गया। यहाँ रहते हुए रक्षा-सेवाओं की आवश्यकताओं की पूर्ति की ओर डॉ. कलाम का ध्यान गया। इसी कार्य ने इन्हें प्रसिद्धि के शिखर पर पहुँचाया और राष्ट्र इनका सदा के लिए कृतज्ञ हो गया। यहीं रहकर इन्होंने स्वदेशी योग्यता और राष्ट्रीय आत्मनिर्भरता का परिचय देते हुए जिन स्वदेशी मिसाइलों का सफल परीक्षण किया, उनमें पृथ्वी, त्रिशूल, आकाश तथा नाग प्रमुख हैं।

इस मिसाइल पुरुष ने स्वदेशी मिसाइलों का परीक्षण कर सम्पूर्ण विश्व को इस बात से अवगत करा दिया कि भारत प्राचीन समय में भी अपनी सुरक्षा के लिए आत्मनिर्भर था और आज भी है। इस महान वैज्ञानिक ने स्वदेशी मिसाइलों का परीक्षण करके भारत को कुछेक महत्त्वपूर्ण देशों की पंक्ति में ला दिया जो उन्नत प्रौद्योगिकी और शास्त्र-प्रणालियाँ प्राप्त कर चुके हैं।

राजनैतिक जीवन

इस महान वैज्ञानिक की असाधारण प्रतिभा को देखकर भारत सरकार ने उन्हें पदोन्नति की। सन् 1992 में वे भारत सरकार के रक्षा मंत्रालय से सीधे जुड़ गए एवं रक्षा मन्त्री के वैज्ञानिक सलाहकार नियुक्त हुए। साथ ही ये डिपार्टमेंट ऑफ डिफेंस रिसर्च एंड डेवलपमेंट के सचिव और डी. आर. डी. ओ. के महानिदेशक भी बन गए। इन पदों पर ये नवम्बर, 1999 तक रहे। नवम्बर, 1999 में कैबिनेट मन्त्री का दर्जा देकर इन्हें भारत सरकार का मुख्य

वैज्ञानिक सलाहकार बनाया गया। डॉ. कलाम नवम्बर, 1999 से लेकर नवम्बर, 2001 तक इस पद पर रहे। डॉ. कलाम एक स्वप्न-द्रष्टा के रूप में प्रसिद्ध हैं। उनका मानना है कि जीवन में आगे बढ़ने हेतु व्यक्ति को सपने बुनना चाहिए। ये सपने विचारों में परिवर्तित होते हैं और विचारों को क्रियान्वित करें तो सपने साकार हो उठते हैं। यह कोई नया सिद्धान्त नहीं है। विचारों को प्रमुखता कई आध्यात्मिक चिन्तकों और वैज्ञानिकों ने दी है। प्रमुख अमेरिकन आध्यात्मिक उत्प्रेरक एन. वी. पील. का कहना था कि विचार, शून्य नहीं हैं, बल्कि ये वस्तु हैं। एन. वी. पील. की एक पुस्तक 'पॉजिटिव थिंकिंग' बहुत प्रसिद्ध हुई। इसकी प्रतियाँ करोड़ों में विश्व भर में बिकीं।

यह अमेरिका के एक बड़े चर्च का मुख्य पादरी था। इस पुस्तक में उसका यह मानना है कि विचारों को सदा सकारात्मक रखना चाहिए। सकारात्मक विचार वाले अपने लक्ष्यों की प्राप्ति कर लेते हैं। उसका स्पष्ट मानना है कि विचार से विभेद आता है। विचारों के इसी सकारात्मक पक्ष को रेखांकित करते हुए कई पाश्चात्य मनोवैज्ञानिकों ने कई उत्साहवर्द्धक पुस्तकें लिखी हैं। 'सोचें और धनी बनें'—'करोड़पति कैसे बनें' आदि पुस्तकों में विचारों की महत्ता ही सिद्ध की गई है। डॉ. कलाम ने भी निश्चित ही समाचार-पत्र बेचते समय ही राष्ट्रपति बनने का स्वप्न देखा होगा और वह स्वप्न एक दिन साकार हो उठा। अभी उनका स्वप्न है कि भारत 2020 तक विकसित देशों की पंक्ति में आ जाए। डॉ. कलाम की जीवन-शैली को लेकर काफी चर्चा हुई है। विशेषकर, उनके राष्ट्रपति बनने के बाद। डॉ. कलाम सभी धर्मों के प्रति समान भाव रखते हैं। उनके बारे में यह कहा जाता है कि वे पवित्र ग्रन्थ कुरान का पाठ तो नित्य करते ही हैं, साथ में पवित्र हिन्दू ग्रन्थ गीता का पाठ करना भी कभी नहीं भूलते हैं। इस बात का पता बहुत कम लोगों को है कि वे वीणा बजाते हैं।

वह नियमित रूप से सुबह का भ्रमण (मार्निंग वॉक) करते हैं। प्रातः भ्रमण के प्रति इनकी प्रतिबद्धता की तुलना महात्मा गाँधी की प्रतिबद्धता से की जा सकती है। गाँधी जी, एक बार किसी सम्मेलन में भाग लेने लन्दन गए थे और बर्मिंघम पैलेस में ठहरे थे। प्रातः भ्रमण के समय पानी पड़ने लगा? गाँधीजी प्रातः भ्रमण हेतु नहीं जा सकते थे और अपना नियम भी नहीं तोड़ सकते थे। अतः बर्मिंघम पैलेस के बरामदे में ही उन्होंने अपना प्रातः भ्रमण शुरू कर दिया। डॉ. कलाम की भी स्थिति इसी से मिलती-जुलती है। राष्ट्रपति

बनने के पूर्व इन्हें देश का विस्तृत भ्रमण करना पड़ता था एवं रात की उड़ान से ही ये यात्रा करते थे जिससे वे सुबह होने के पूर्व ही अपने गन्तव्य पर पहुँच जाएँ और इनके प्रातः भ्रमण में बाधा न हो।

इनके बाह्य व्यक्तित्व की चर्चा करते समय इनके केशों की चर्चा न हो यह हो नहीं सकता। सिर के केशों को सजाने का इनका शायराना अन्दाज काफी चर्चा में रहा। जब ये राष्ट्रपति हुए तो इन्हें कई पत्र मिले कि वे अपने केशों को करीने से कटाएँ। लेकिन हर बार डॉ. कलाम ने यही उत्तर दिया कि उनके केश जिस रूप में सजते आए हैं, राष्ट्रपति बनने पर भी, उसी तरह सजते रहेंगे। अब उनके इस केश-विन्यास से किसी को विरक्ति हो तो हो, किन्तु उसे परिवर्तित नहीं करने का निर्णय डॉ. कलाम के आत्म-बल का ही परिचय देता है।

पूर्णतया मानवतावादी—ये साधारण व्यक्तियों के दुःख-दर्द को भी बाँटते हैं और अपने सहयोगियों की सहायता हेतु सदा तत्पर रहते हैं। इन्होंने 'पोलियोग्रस्त' बालकों हेतु लकड़ी के भारी पैरों के बदले, कुछ तत्त्वों के मिश्रण से हल्के पैर बनवाए और डी. आर. डी. ओ. की सहायता से हजारों पोलियोग्रस्त बच्चों के मध्य उनका वितरण किया। डी. आर. डी. ओ., जिससे वे लम्बे समय तक सम्बद्ध रहे, ने केवल वैज्ञानिक परीक्षण और रक्षा सम्बन्धी उत्पादनों पर ही जोर नहीं दिया, केवल मिसाइलें ही नहीं तैयार कीं, बल्कि उसका सदा एक मानवीय पक्ष भी रहा।

डी.आर.डी.ओ. आपदा प्रबन्ध हेतु प्रसिद्ध था। डॉ. कलाम डी.आर.डी.ओ. के महानिदेशक थे। डी.आर.डी.ओ. में पूर्व निर्मित खाद्य पदार्थ, दवाइयाँ, पेय-जल एवं टेंट आदि भी उपलब्ध रहते थे। इनके कार्यकाल में निम्नलिखित सात प्राकृतिक आपदाओं में डी. आर. डी. ओ. ने सहायता प्रदान की उनमें प्रमुख हैं—जलेश्वर (उड़ीसा) का तूफान, गुजरात का चक्रवात, मानसरोवर के रास्ते मालपा में भू-स्खलन, चमोली का भूकम्प, भुज, गुजरात का भूकम्प, उड़ीसा का भयँकर चक्रवात और लातूर, महाराष्ट्र का भूकम्प।

सामाजिक जीवन

इस विनाशकारी प्राकृतिक आपदा में कलाम के 'नेतृत्व वाले डी.आर. डी.ओ.' उस समय अपनी उच्च तकनीक का परिचय दिया जब इस संस्था

ने 30 सितम्बर, 1993 की सुबह महाराष्ट्र के लातूर एवं उस्मानाबाद जिलों में विनाशकारी भूकम्प से पीड़ित लोगों को राहत-मुहैया कराने में उल्लेखनीय सफलता हासिल की। इस विनाशकारी भुकम्प की चपेट में साढ़े सात हजार लोग अपने प्राणों से हाथ धो बैठे। सोलह हजार लोग घायल हुए। 30 हजार मकान नष्ट हो गए। 29 अक्टूबर 1999 की सुबह एक भयँकर चक्रवात ने उड़ीसा के समुद्री तट को अपनी चपेट में ले लिया। प्रायः 160 मील प्रति घंटे की रफ्तार की हवाओं एवं 14-15 फुट ऊँची समुद्री लहरों तथा लगातार जारी मूसलाधार वर्षा ने तट से दूर-दूर तक बसी बस्तियों को भी बुरी तरह प्रभावित किया। इस चक्रवात में 10 हजार से अधिक लोग मौत के शिकार हुए। 20 लाख से अधिक घर नष्ट हो गए। 15 लाख लोग प्रत्यक्ष रूप से प्रभावित हुए।

डी. आर. डी. ओ. ने चक्रवात राहत में डॉ. कलाम के निर्देश पर खुलकर भाग लिया। पेयजल का संकट भारी था। डी. आर. डी. ओ. ने जल-शुद्धिकरण का कार्य युद्ध-स्तर पर किया। डिफेंस लेबोरेट्री, जोधपुर ने समुद्र तटीय गाँवों में 2000 लीटर प्रतिदिन की क्षमता वाले 8 जल-शुद्धिकरण संयंत्र लगाए। इसके अतिरिक्त जल-शोधन के और यत्न भी किए गए। इनके लिए कार्यालय-समय का कोई अर्थ नहीं होता। इनका अधिकांश समय कार्यालय में ही बीतता था। अपने सहयोगियों से भी ये यही अपेक्षा करते थे और देर रात प्रयोगशालाओं के परियोजना-निदेशकों को फोन कर प्रगति की जानकारी लेते थे।

रात में वह कितने बजे सोते थे, इसकी ठीक जानकारी किसी को नहीं थी। यह प्रसिद्ध था कि उनसे मिलने का समय लेना हो तो रात के आठ बजे के बाद का समय ज्यादा अनुकूल था। वह कभी-कभी रात्रि 11 बजे का समय भी मिलने हेतु दे देते थे। डॉ. कलाम को बच्चों से बड़ा प्रेम है। ये उन्हें देश के भावी निर्माता के रूप में देखते हैं और इनके स्वास्थ्य और शिक्षा को लेकर चिन्तित रहते हैं।

डॉ. कलाम पूर्णतया धार्मिक तथा अध्यात्मवादी हैं। ये सदा जैसे आध्यात्मिक अन्वेषणों में ही लगे रहते हैं।

डॉ. कलाम तमिल की कम्ब रामायण के प्रेमी हैं और उन्होंने उसका ठीक से अध्ययन किया है। तमिल के प्रसिद्ध काव्यकार तिरुवल्लूवर के ग्रन्थ 'तिरुक्कुरल' में भी इनकी विशेष रुचि है। आश्चर्य की बात तो यह है कि कलाम एक वैज्ञानिक होते हुए भी न केवल उनकी साहित्य में रुचि है, बल्कि

ये स्वयं तमिल में अच्छी कविताएँ भी कर लेते हैं। ये कविताएँ अक्सर, मानवतावादी और प्रेरणाप्रद होती हैं। डॉ. कलाम भारत के कई महत्त्वपूर्ण पदों को सुशोभित कर चुके हैं। उन्हें अब भौतिक-विलासता के लिए किसी भी चीज की कमी नहीं रह गई। लेकिन वे अपने बचपन की दुःखभरी जिन्दगी को कभी नहीं भूल पाए।

वे हमेशा दीन-दुखियों की बातों को आत्मा से सुनना चाहते हैं। जो लोग दीन-हीन की सेवा करते हैं उनके प्रति वे अपना ज्यादा आभार प्रकट करते हैं। असहायों, अनाथों की माँ मदर टेरेसा के प्रति उन्हें बहुत श्रद्धा थी।

साहित्य से प्रेम है तो पुस्तक से प्रेम होना स्वाभाविक है। और जब पुस्तकों से प्रेम होगा तो पुस्तकालयों से भी प्रेम होना जरूरी है। डॉ. कलाम अपनी पुस्तकालय के रख-रखाव पर तो ध्यान देते ही हैं, उनका विचार है कि देश-भर में पुस्तकालयों का जाल बिछना चाहिए और जो पुस्तकालय सहायता के अभाव में जर्जर स्थिति में हैं उनको इस दुःखद स्थिति से उबारना चाहिए। जब वे रक्षा मन्त्री के वैज्ञानिक सलाहकार के पद पर थे तब उन्होंने अपने तकनीकी सलाहाकार को यह आदेश दिया था कि वह देश-भर के पुस्तकालयों का अध्ययन करें ताकि उनका उद्धार किया जा सके।

यह बात पृथक् है कि वैज्ञानिक तथा तकनीकी पुस्तकों पर उनका ध्यान अधिक रहता है, क्योंकि उनका दृढ़ विश्वास है कि वैज्ञानिक तथा तकनीकी विकास के बिना राष्ट्र 2020 तक पूर्णतया विकसित राष्ट्र का स्वरूप नहीं ले सकता। उन्होंने कई पुस्तकें लिखी हैं, जिनमें अग्नि की उड़ान, तेजस्वी मन, भारत 2020 तथा अदम्य साहस अत्यधिक प्रसिद्ध हैं–

'अदम्य साहस' उनकी अद्यतन कृति है। यह अत्यन्त ही प्रेरणापद है। 'अग्नि की उड़ान' वस्तुतः डॉ. कलाम की आत्मकथा है और 'तेजस्वी मन' 125 पृष्ठों की एक छोटी पुस्तक है जिसमें बच्चों के अन्दर नेतृत्व-शक्ति भरने का प्रयत्न किया गया है और उन्हें जीवन में कुछ करने को प्रेरित किया गया है।

'भारत 2020 : नवनिर्माण की रूपरेखा' डॉ. अब्दुल कलाम की सबसे प्रसिद्ध पुस्तक है। तथ्यों और आँकड़ों से भरपूर यह पुस्तक आने वाले 9 वर्षों में अर्थात् सन् 2020 तक भारत को अमरीका के समकक्ष एक अत्यन्त विकसित, प्रगतिशील और समृद्ध देश बनाने की व्यावहारिक योजना है। विभिन्न क्षेत्रों जैसे–उद्योग, खेती, खनिज, विज्ञान, इन्फोटैक, स्वास्थ्य, आर्थिक और सामाजिक

उत्कर्ष इन सभी पर प्रामाणिक और सिलसिलेवार कार्य-योजना दी गई है। इसमें उनके सहयोगी लेखक हैं—वाई. सुंदर राजन।

राष्ट्रपति के रूप में

राष्ट्रपति के रूप में डॉ. ए. पी. जे. अब्दुल कलाम को अभी राष्ट्रपति का पद संभाले हुए दो वर्ष पूरा हुआ भी नहीं था, कि उनके सामने विशेष संवैधानिक संकट आ गया। हालाँकि इन्हें इस विशेष संवैधानिक संकट का सामना नहीं करना पड़ा। किन्तु एक छोटा-सा विवाद तो अवश्य ही तब के लोकसभा चुनाव के बाद उत्पन्न हो गया। हुआ यह कि 2004 के मध्य जुलाई में जब लोकसभा का प्रतिफल सामने आया तो किसी पार्टी अथवा गठबन्धन को स्पष्ट बहुमत नहीं मिला। सबसे बड़ी पार्टी के रूप में काँग्रेस उभरी और काँग्रेस पार्टी ने सोनिया गाँधी को प्रधानमन्त्री बनाने का मन बनाया।

सोनिया गाँधी के विदेशी मूल को लेकर भाजपा और सहयोगी दलों ने घोर विरोध प्रकट करना शुरू किया। सोनिया गाँधी ने अभी अपनी ओर से प्रधानमन्त्री के प्रत्याशी के रूप में अपने को पेश नहीं किया था, न ही राष्ट्रपति के पास विधिवत् पत्र ही दिया था कि उन्हें प्रधानमन्त्री के पद की शपथ दिलाई जाए। पता नहीं, राष्ट्रपति ने क्या सोचकर स्वयं के स्तर से ही सोनिया गाँधी को विचार-विमर्श हेतु आमन्त्रित कर लिया। ऐसा पूर्वोदाहरण उपलब्ध नहीं था। विशेषकर तब, जब भाजपा और उसके सहयोगी सोनिया गाँधी के विदेशी मूल को लेकर मोरचा खोले हुए थे, राष्ट्रपति का सोनिया गाँधी को विमर्श हेतु बुलाना शायद उचित नहीं था। सोनिया गाँधी के विरोधियों ने स्पष्टतः इसे पक्षपात माना। लेकिन डॉ. कलाम के सौभाग्य से बात इस रूप में सुलझ गई कि राष्ट्रपति के यहाँ से लौटते ही सोनिया ने यह ऐलान कर दिया कि वह प्रधानमन्त्री नहीं बनेंगी, बल्कि डॉ. मनमोहन सिंह इस पद के प्रत्याशी होंगे।

सोनिया गाँधी के इस ऐलान से बड़े-बड़े राजनीतिज्ञ ने इस निष्कर्ष पर पहुँचा कि हो सकता है कि राष्ट्रपति ने स्वयं श्रीमती सोनिया गांधी के सामने विदेशी मूल का प्रश्न उठाकर श्रीमती गाँधी को प्रधानमन्त्री बनने से मना किया है। अन्ततः राष्ट्रपति-भवन को यह सफाई देनी पड़ी कि राष्ट्रपति और श्रीमती गाँधी के वार्तालाप के मध्य विदेशी मूल का प्रश्न कभी नहीं उठा। इस सबकी जरूरत ही नहीं पड़ती, यदि डॉ. कलाम ने

सोनिया गाँधी को स्वयं ही विचार-विमर्श के लिए आमन्त्रित नहीं किया होता।

राष्ट्रपति अब्दुल कलाम ने ठीक 25 जुलाई, 2007 को अपने राष्ट्रपति-कार्यकाल के पाँच वर्ष पूरे किए। इस बीच उन्होंने कई कमाल के काम किए। प्रथम यह कि सियाचिन ग्लेशियर जो दुनिया का सबसे ऊँचा रण-क्षेत्र है, का दौरा किया और सुरक्षाकर्मियों का हौसला बढ़ाया। इसके पूर्व कोई भी राष्ट्रपति इस ऊँचाई पर नहीं पहुँचा था। दूसरे वर्ष के कार्यकाल के दौरान डॉ. कलाम ने कुछ देशी-विदेशी यात्राएँ कीं। तब तक डॉ. कलाम देश के 18 राज्यों की यात्रा कर चुके थे, जिनमें उनका गृह-राज्य तमिलनाडु और प्रथम राष्ट्रपति राजेन्द्र प्रसाद की भूमि बिहार भी सम्मिलित थे, जिसका दौरा इन्होंने सर्वप्रथम किया था। यह यात्रा एक संयोग ही थी क्योंकि इन्हें पटना-संग्रहालय के पुनर्निर्मित स्वरूप का उद्‌घाटन करना था।

डॉ. कलाम ने निम्नलिखित कई बाहरी देशों रूस, उक्रेन, स्विट्ज़रलैंड, आईसलैंड, म्यांमार, मारीशस, फ्रांस, यूनान, संयुक्त अरब अमीरात, सूडान, बुल्गारिया, तंजानिया, दक्षिण अफ्रीका, फिलीपींस, सिंगापुर तथा दक्षिण कोरिया आदि देशों की यात्राएँ भी की हैं।

राष्ट्रपति के रूप में उनकी सबसे बाद की यात्रा यूनान की ही रही जो अप्रैल, 2007 के अन्त में सम्पन्न हुई। 24 से 28 अप्रैल 2007 की आधिकारिक यात्रा जिसमें पहले फ्रांस, फिर यूनान की यात्रा के दौरान डॉ. कलाम ने फ्रांस के स्ट्रासबर्ग में यूरोपियों संसद को संबोधित किया। डॉ. कलाम साहस, धैर्य और निर्भीकता के सजीव उदाहरण रहे। जहाँ उन्होंने सियाचिन की गगन चुम्बी चोटी पर पहुँच कर एक कीर्तिमान बनाया, वहीं 13 फरवरी, 2006 को सागर की अतुल गहराई में पहुँचने वाले यह प्रथम राष्ट्रपति तथा सेनाओं के प्रथम सर्वप्रमुख 'कमांडर' सिद्ध हुए। उन्होंने बंगाल की खाड़ी में विशाखापत्तनम् नौसेना अड्डे पर 'सिंधुरक्षक' पनडुब्बी में चढ़कर गोता लगाया। 40 मीटर गहराई में 20 नॉटिकल मील की यात्रा की।

यही नहीं, इस 'मिसाइलमैन' को तारपीडो (वाटर शॉट) चलाकर भी, उनकी इच्छानुसार दिखाया गया। मिसाइल पुरुष डॉ. ए.पी.जे. अब्दुल कलाम उस समय नौ सेना के इतिहास में एक स्वर्णिम अध्याय जोड़ दिया, जब वह समुद्र के अन्दर तीन घण्टे से अधिक समय बिताया। इस राष्ट्रपति ने समुद्र के अन्दर तीन घण्टे रहकर यह साबित कर दिया कि उनमें साहस, धैर्य और निर्भीकता

रोम-रोम में भरी हुई है। पनडुब्बी में समुद्र की गहराई में समय बिताना सशस्त्र सेनाओं के तीनों अंगों में सर्वाधिक कठिनतम कार्य माना जाता है। राष्ट्रपति ने ऐसा कर नौ-सेना के मनोबल में वृद्धि की। उन्होंने पनडुब्बी के विभिन्न भागों का निरीक्षण भी किया जिससे नौ-सेना को लाभ ही हुआ। क्योंकि बाहर आते ही उन्होंने 'लाँग रेंज' और अधिक एंड्युरेस (सहन-क्षमता) वाली अप्रत्यक्षतः परमाणु-क्षमता-चालित पनडुब्बियों की जरूरत पर बल दिया।

उनके उत्तरवर्ती राष्ट्रपति यदि उनकी इस अनुशंसा को क्रियान्वित कराएँ तो निश्चित ही राष्ट्र सामरिक दृष्टि से समृद्धतर होगा। डॉ. कलाम एक बार फिर अपनी निर्भीकता का परिचय दिया। इन्होंने भारत के लड़ाकू विमान सुखोई-30, जो कि ध्वनि से भी तेज गति की रफ्तार से उड़ता है, में 30 मिनट तक उड़ान भरी। पुणे के लोहेगाँव वायुसेना हवाई अड्डे पर यह कमाल हुआ। विमान को आसमान में प्रायः साढ़े सात किलोमीटर की ऊँचाई पर राष्ट्रपति और विंग कमाण्डर राठौर ले गए। उड़ान के दौरान राष्ट्रपति केवल मूक दर्शक नहीं रहे, बल्कि उन्होंने कई 'कंट्रोल पैनलों' को सम्भाल कर चालक की पर्याप्त सहायता की। उन्होंने बाहर आकर लड़ाकू विमान और चालक की प्रशंसा करते हुए कहा कि देश सुरक्षित हाथों में है।

वास्तविकता तो यह है कि डॉ. कलाम सदृश वैज्ञानिक राष्ट्रपति के रहते देश वस्तुतः उन्हीं के सुरक्षित हाथों में अपने को निरापद अनुभव करता रहा। राष्ट्रपति कलाम विदेश में जहाँ भी गए, वहाँ उन्होंने अपने व्यक्तित्व से राजनेताओं एवं आमजन को प्रभावित किया। अपनी दक्षिण कोरिया-यात्रा के दौरान उन्हें वहाँ की राजधानी सिओल में 8 फरवरी, 2006 को 'दक्षिण कोरियन नेशनल एसेम्बली' को सम्बोधित करने की प्रतिष्ठा दी गई। उन्होंने अपने भाषण से सभी सदस्यों को मंत्र-मुग्ध कर दिया। राष्ट्रीय एसेम्बली के स्पीकर 'किम वन कि' भील बहुत प्रभावित हुए। इसका अनुमान इसी से लगता है कि डॉ. कलाम ने रवीन्द्र नाथ टैगोर की अन्य पंक्तियों को अपने सम्बोधन में शामिल किया।

डॉ. कलाम के इस कथन से सभी हर्षित हुए कि भारत तथा दक्षिण कोरिया की ऐतिहासिक पृष्ठभूमि प्रायः एक ही है, अतः दोनों को आपसी आर्थिक तथा तकनीकी सहयोग पर एक-दूसरे के त्वरित विकास-हेतु जोर देना चाहिए। डॉ. कलाम का एक स्वप्न है—एक 'विश्व ज्ञान प्लैटफार्म' (डब्लू.के.पी.) की स्थापना, जहाँ से सभी राष्ट्रों को आधुनिकतम ज्ञान-विज्ञान और तकनीक का लाभ मिल सके। यह एक नूतन तथा मौलिक उद्भावना है। अपने भाषण में

उन्होंने दक्षिण कोरिया से भी अपने विचार को साकार करने की दिशा में सहयोग करने की अपेक्षा की और उन्हें उत्साहवर्द्धक आश्वासन प्राप्त हुआ। डॉ. कलाम की हार्दिक इच्छा रही कि भारत के गाँव इतने विकसित हो जाएँ कि जो सुविधाएँ नगरवासियों को उपलब्ध हैं, वे ग्रामीणों को भी प्राप्त हों। उनकी दृष्टि में विकास का सही मापदण्ड यही है। उनके पूर्व किसी भी राष्ट्रपति ने गाँवों की इतनी चिन्ता शायद ही की हो।

ग्रामीण तथा समग्र राष्ट्रीय विकास सदा उनकी चिन्ता रही है। अपनी इस चिन्ता को डॉ. कलाम विभिन्न मंचों से अभिव्यक्ति देते रहे हैं। एक उदाहरण है, 25 जनवरी, 2006 को गणतंत्र दिवस की पूर्व संध्या पर दिया गया उनका भाषण। उन्होंने कहा कि सभी राजनीतिक पार्टियों को विकास, विशेषकर ग्रामीण विकास हेतु अपनी एकजुटता प्रदर्शित करनी चाहिए। उनके अनुसार चुनाव के तुरन्त पश्चात् सभी राजनीतिक दलों को गरीबी रेखा के नीचे गुज़र-बसर कर रहे लोगों के हित में कार्य करना चाहिए। डॉ. कलाम ने भ्रष्टाचार-मुक्त समाज की वकालत की तथा सिद्धान्तों पर आधारित विकास पर बल दिया। उन्होंने अपने मौलिक अंदाज़ में कहा कि राजनीति के दो आयाम हैं। प्रथम है—राजनीतिगत राजनीति तथा द्वितीय है—विकासगत राजनीति।

चुनाव के दौरान पहली राजनीति का जो सहारा लेना पड़े, चुनाव के पश्चात् तो दूसरी राजनीति के आधार पर, दलगत भावनाओं को भूलकर सभी को देश की 26 करोड़ जनता को गरीबी रेखा से ऊपर उठाने एवं निरक्षरता तथा बेरोज़गारी को समाप्त करने के लिए कटिबद्ध होना चाहिए। ग्रामीण विकास हेतु उन्होंने प्रवासी भारतीयों का भी आह्वान किया। जनवरी, 2006 को हैदराबाद में 'चतुर्थ प्रवासी भारतीय दिवस' के समापन-सम्बोधन के अवसर पर उन्होंने कहा कि वे गाँवों हेतु भी कुछ करें और उनके विकास में अपना नेतृत्व प्रदान करें। 16 देशों के 1360 से अधिक अनिवासी भारतीयों को उन्होंने कहा कि भारत में 6 लाख गाँव हैं और उनमें से हरेक का किसी न किसी से नाता है। वे अपने अनुभव, ज्ञान तथा साधनों के आधार पर इन गाँवों का कायाकल्प कर सकते हैं। देश के तीसरे सबसे बड़े बैंक, 'बैंक ऑफ इंडिया' के शताब्दी वर्ष के समापन-समारोह को सम्बोधित करते हुए। 25 अगस्त, 2006 को डॉ. कलाम ने कहा कि भारत के ग्रामीण क्षेत्रों में वहाँ के अनुकूल बैंकिंग प्रणाली का विकास करना चाहिए। उन्होंने 2006 के मई के अन्त में संविधान प्रदत्त

अपने अधिकार का प्रयोग करते हुए 'लाभ के पद' से सम्बन्धित विधेयक को पुनर्विचार-हेतु वापस कर दिया था।

इससे सरकार के कई महत्त्वपूर्ण लोगों को राहत मिलने वाली थी पर डॉ. कलाम ने भविष्य की चिन्ता किए बिना अपने विवेक से निर्णय लिया। डॉ. कलाम राजनीतिक क्षेत्र में भी निर्भीक निर्णय लेते रहे और शायद इसका कुफल भी उन्हें इस रूप में भोगना पड़ा कि वर्तमान सरकार ने उन्हें 2007 के राष्ट्रपति-चुनाव में उम्मीदवार बनाने से एतराज प्रकट कर दिया। डॉ. कलाम ने 2007 की राष्ट्रपति चुनाव नहीं लड़ने की इच्छा पहले भी प्रकट की थी, लेकिन चुनाव के समय कई दलों के अनुरोध पर उन्होंने इस शर्त पर चुनाव में उतरने की घोषणा की कि उनकी विजय सुनिश्चित हो। जब इसका आसार नज़र नहीं आया तो उन्होंने तत्काल अपनी पहली इच्छा दुहरा दी और चुनाव-मैदान से स्वतः बाहर हो गए। 25 जुलाई, 2007 को उनका कार्यकाल समाप्त हो गया और उन्होंने अपने सर्वप्रिय कार्य अध्यापन को अपना लिया। डॉ. कलाम ने अब तक के, भारत के श्रेष्ठ राष्ट्रपतियों की पंक्ति में स्वयं को स्थापित कर लिया है। वह डॉ. राजेन्द्र प्रसाद तथा डॉ. राधाकृष्णन के समतुल्य माने जाएँगे।

मूल्यांकन

डॉ. ए.पी.जे. कलाम भारत के प्रमुख वैज्ञानिकों में एक थे। उन्होंने प्रक्षेपास्त्रों के विकास में महत्त्वपूर्ण योगदान दिया। इस महत्त्वपूर्ण योगदान के कारण उन्हें पद्‌म विभूषण और भारत रत्न से सम्मानित किया गया। डॉ. ए.पी.जे. अब्दुल कलाम एक विशुद्ध अराजनैतिक व्यक्ति रहे। विज्ञान तथा प्रौद्योगिकी के क्षेत्र में सम्प्रति थे। भारत के श्रेष्ठ वैज्ञानिक तथा सही मायने में मिसाइल पुरुष हैं। किन्तु उन्होंने राजनीति के गलियारे में प्रवेश किये बिना ही ये राष्ट्रपति के सर्वोच्च पद पर प्रतिष्ठत हो गये जहाँ विज्ञान की कम और संविधान की व्याख्या अधिक होती है।

12

प्रतिभा पाटिल

(1935—)

श्रीमती प्रतिभा पाटिल भारत की पहली महिला राष्ट्रपति होने के साथ उन पाँच एशियाई महिला राष्ट्रपतियों की सूची में शामिल हो गईं जिन्होंने न जाने कई मुश्किलों का सामना करते हुए आत्मविश्वास के साथ आधी आबादी को गौरवान्वित किया। पाटिल की इस सफलता ने एशिया में अपेक्षाकृत कम विकसित माने जाने वाले देशों में महिलाशक्ति के प्रभुत्व को एक बार फिर साबित किया है। इस मामले में एशिया ने एक लिहाज से अमरीका को भी पीछे छोड़ दिया है। जहाँ लम्बे लोकतांत्रिक इतिहास के बावजूद वहाँ भी इस बार हिलेरी रोधम क्लिंटन के रूप में सशक्त महिला दावेदार सामने आयी हैं। भारत और इसके पड़ोसी देशों पाकिस्तान, बांग्लादेश और श्रीलंका में महिला प्रधानमंत्री तो कई हो चुकी हैं लेकिन राष्ट्रपति बनने का मौका महज चार महिलाओं को ही मिला। एशिया को पहली बार महिला राष्ट्रपति देने वाला देश फिलीपींस था। जहाँ कोराजोन एक्विनों 1986 से 1992 के बीच राष्ट्रपति रहीं।

भारत के पड़ोसी देश श्रीलंका में 1994 में जब चंद्रिका कुमारतुंगा राष्ट्रपति के पद पर काबिज हुईं तो वह दुनिया में ऐसी पहली महिला थीं जिन्होंने किसी गणतंत्र के प्रधानमंत्री और राष्ट्रपति का पद एक के बाद एक संभाला। वह 2005 तक राष्ट्रपति रहीं। खास बात यह रही कि चंद्रिका का चुनाव दोनों

पदों के लिए लोकतांत्रिक प्रक्रिया के तहत हुआ। फिलीपींस ने ही अपने यहाँ एक बार फिर एक महिला को राष्ट्रपति चुना। जब मारिया ग्लोरिया मैकपैगल अरोयो जनवरी 2001 में राष्ट्रपति बनीं। इंडोनेशिया ने एशिया को मेगावती सुकर्णोपुत्री के रूप में चौथी महिला राष्ट्रपति मुहैया कराया। सन 1945 से लेकर अब तक की महिला राष्ट्रपतियों पर नजर डालें तो कई रोचक बातें सामने आती हैं। ताइवान में प्रत्यक्ष तौर पर राष्ट्रपति पद के लिए किसी महिला का चुनाव तो नहीं हुआ लेकिन अक्टूबर 1968 से लेकर फरवरी 1972 तक सांग क्लिंगालिंग ने वहाँ कार्यकारी राष्ट्राध्यक्ष की भूमिका निभाई। अर्जेन्टीना में मारिया इस्टेला (इसाबेल) मार्टिनेज डी पेरोन 1974 से 1976 के बीच राष्ट्रपति बनीं।

एक रोचक तथ्य यह भी है कि सैन्य तख्तापलट के बाद हटाई जाने वाली वह पहली महिला राष्ट्रपति थीं। सन 1980 से लेकर 1996 तक आइसलैंड की राष्ट्रपति रहीं। विक्डिस फिनबोगाडोतिर के साथ कई रोचक तथ्य जुड़े हैं। वह यूरोप की पहली महिला राष्ट्रपति थीं। जनता द्वारा सीधे चुनी गयी पहली महिला राष्ट्रपति होने का श्रेय भी उन्हें है। प्रतिभा ताई की सफलता केवल भारत के लिए ही नहीं बल्कि पूरी दुनिया के लिए एक मिसाल बन गई है। हम जो कहते हैं वह कर दिखाते हैं। हमने महिलाओं को आर्थिक रूप से ही नहीं बल्कि सामाजिक रूप से स्वतंत्र करने का बीड़ा उठाया और उसमें सफलता मिलती गयी। आज प्रतिभा ताई पाटिल हमारे देश की पहली महिला राष्ट्रपति बनीं वह भी आधी आबादी के लगातार प्रयास के बाद। ऐसा नहीं है कि पहले राष्ट्रपति पद के लिए महिलाओं ने अपनी उपस्थिति दर्ज नहीं करायी लेकिन राजनीतिक खेल में सब कुछ जायज है।

पुरुष प्रधान समाज नहीं चाहता था कि महिलाएँ इस मुकाम पर पहुँचें। हमारी परम्परा रही है कि महिलाएँ घर के अन्दर ही शोभा देती हैं लेकिन परम्पराएँ टूटती हैं और टूट गयीं। सदियाँ बीत गईं एक तरह की परम्परा कभी भी नहीं रही। प्रतिभा ताई के राष्ट्रपति बनने के साथ ही देश की आधी आबादी के चेहरे पर जो मुस्कान बिखरी उसे देखकर यह कहा जा सकता है कि अब महिलाएँ पीछे नहीं हैं। कौन सा क्षेत्र है जहाँ उन्होंने अपनी उपस्थिति नहीं दर्ज करायी। कहा जाता है कि स्त्री सशक्तीकरण के लिए जरूरी है आर्थिक

स्वावलम्बन। 21वीं सदी की शुरुआत में भारत ने सन 2001 को स्त्री सशक्तीकरण वर्ष घोषित किया। उसके बाद तो हर क्षेत्र में महिलाओं ने अपनी प्रतिभा का जौहर बिखेरा। कोई भी क्षेत्र उनसे अछूता नहीं रहा। घूँघट की ओर से बाहर निकली महिलाओं ने अपनी मंजिल पहचानी। कहाँ उन्हें क्या और किस तरीके से करना है इसकी समझ पैदा की। सरकार की योजनाएँ तो बनती हैं लेकिन उसका कितना क्रियान्वयन हो पाता है इसकी फिक्र उन्हें नहीं थी। बस एक सपना था कि आगे बढ़ना है। पंचायतों में जब 33 फीसदी आरक्षण मिला तो गाँव की महिलाओं को एक नया आयाम मिल गया। वह उस परिपाटी को तोड़ने में कामयाब हुई जिसकी परंपरा लम्बे समय से यही थी कि घर का चौखट को नहीं लांघना है।

स्त्री को यह समझ में आया कि अगर वह आर्थिक रूप से स्वतंत्र है तो उसके ऊपर जुल्म नहीं होंगे और यदि होंगे भी तो कम होंगे। स्वावलम्बी होने से औरत का स्वाभिमान और प्रतिबन्धों को नकारने की क्षमता हासिल कर लेती है। वह समाज की संकीर्ण परम्पराओं से परे मुक्ति की राह पर चल सकती है। सच तो यह है कि पुरुंष प्रधान समाज ने स्त्री को इस रूप में परिभाषित किया कि वह घर का नेतृत्व करे या घर चलाए। जब स्त्री घर चला सकती है तो देश क्यों नहीं। इस परम्परा को तोड़ते हुए प्रतिभा ताई का राष्ट्रपति बनना यह साबित करता है कि स्त्रियाँ नीति निर्णायक मुद्दों पर क्यों नहीं आ सकती हैं। आज जब वह प्रधानमंत्री, मुख्यमंत्री, राज्यपाल बन सकती हैं तो राष्ट्रपति क्यों नहीं। तीन दशक पहले जब तेजी से स्त्रियों ने अपने अधिकारों को लेकर पाँव पसारना शुरू किया तब पुरुष प्रधान समाज ने उन्हें कुचलने का प्रयास किया। 1975 में अंतर्राष्ट्रीय स्त्री सम्मेलन जो बर्लिन में हुआ था जिसमें एक सौ से अधिक स्त्रियों ने भाग लिया और नारी मुक्ति की एक जबरदस्त लहर भारत में आयी।

तब तक स्त्रियाँ राजनीति में प्रधानमंत्री, राजदूत, जज, बैरिस्टर, डाक्टर, इंजीनियर, एसपी, डीसी एवं अन्य उच्च प्रशासनिक सेवाा और सेना में भी अपनी पैठ बना चुकी थीं। वह पायलट भी बनी तो ट्रक ड्राइवर भी। व्यापार को भी अपने बलबूते पर चलाने के लिए उत्सुक हुई। स्कूल में अध्यापन, कार्यालय में क्लर्की, कॉलेज में प्रोफेसरी और नर्स के रूप में उन्होंने शुरुआत कर दी

थी। भारत में आजादी के 60 वर्षों में बहुत कुछ बदला। जो सबसे ज्यादा बदला वह है नारी शक्ति। कोई भी क्षेत्र अछूता नहीं रहा गया है। प्रतिभा ताई की सफलता को पूरी दुनिया में एक मिसाल के तौर पर देखा जा रहा है। यह भी देखा जा रहा है कि संसद और विधान सभाओं में 33 प्रतिशत आरक्षण का सपना भी पूरा होगा। जिससे कि स्त्री अस्मिता से जुड़े कई सारे पहलुओं को नया आयाम मिलेगा। प्रतिभा ताई का लम्बा राजनीतिक सफर आज उन स्त्रियों के लिए मिसाल बन चुका है जो बहुत जल्दी में कुछ हासिल करना चाहती हैं। क्योंकि वक्त बदला है, और वक्त की परिपाटी में हर कोई फिट बैठ रहा है।

आज वह मिसाल बन चुकी हैं और उस मिसाल को तोड़ने के लिए बहुत सारी स्त्रियाँ उनके पीछे खड़ी हैं। प्रतिभा ताई भी मानती हैं कि महिलाओं का सशक्तीकरण बहुत अहम् है क्योंकि इसी से देश शक्तिशाली बनेगा। प्रतिभा ताई अब तो केवल विदर्भ की नहीं पूरे देश की प्रतिभा हैं। लेकिन विदर्भ की मिट्टी में जन्मीं और देश के सर्वोच्च पद पर पहुँची प्रतिभा ताई से पूरा विदर्भ क्षेत्र गौरवान्वित है। वहाँ की मिट्टी में पली-बढ़ीं, और उसी क्षेत्र को कर्मभूमि बनाकर उन्होंने जिस प्रकार देश के सर्वोच्च पद पर पहुँचने में सफलता पाई है वह आज एक मिसाल बन गया है। विदर्भ में प्रतिभा ताई का जो काम है, इस क्षेत्र के प्रति जो संकल्प है उसे वहां के लोग कभी नहीं भूल सकते हैं। 45 साल की दीर्घ राजनीतिक यात्रा में उन्होंने इस क्षेत्र को बहुत कुछ दिया। विकास के बहुत सारे आयाम तय किए। कभी उन्हें यह नहीं लगा कि यह क्षेत्र उनके लिए पराया है।

उन्होंने हमेशा इस बात पर बल दिया कि अगर नींव मजबूत होगी तो पूरा ढाँचा मजबूत होगा, अगर नींव ही कमज़ोर है तो कोई कुछ नहीं कर सकता। इसलिए प्रतिभा ताई ने इस मूल मंत्र के जरिए सफलता को छुआ। आज प्रतिभा ताई ने जो कहा वह कर दिखाया। उनकी सबसे बड़ी जीत तो यही है कि विदर्भ का हर व्यक्ति उनकी इस सफलता से खुशी से झूम रहा है। कोई एक दूसरे को मिठाई खिलाकर इस खुशी का इजहार कर रहा है तो कोई दिल्ली आकर उन्हें फूलों का हार देकर सफलता की कामना कर रहा है। जिस दिन प्रतिभा ताई की जीत की घोषणा हुई थी

साउथ एवेन्यू का वह 11 नम्बर का फ्लैट चारों तरफ से खुशियों से भरा था। हर तरफ एक ऐसा माहौल देखा जा सकता था जहाँ कि खुशी की लहर फ्लैट के कमरों तक पहुँचने के लिए बेताब थी। विदर्भ से भी लोग समय गंवाए बिना वहाँ पहुँच गए उनके साथ खुशी के एक पल बाँटने के लिए। लेकिन प्रतिभा ताई के चेहरे पर वही मुस्कान आभा बिखेर रही थी जो कि 45 साल पहले उन्होंने विदर्भ के लोगों के बीच बिखेरी थी। उन्होंने कभी हार नहीं मानने का संकल्प ले रखा था।

विदर्भ की प्रतिभा आज देश की पहली नागरिक बन गयीं। इस बात पर विदर्भ का हर कोना-कोना दिल्ली में देखा जा सकता था। इनकी जीत की खुशी मायके से लेकर ससुराल तक देखी जा सकती थी। उनके राष्ट्रपति बनने की खबर जैसे ही उनके पैतृक गाँव में पहुँची, पटाखों, ढोल, नगाड़ो और नारेबाजी के शोर के बीच सब कुछ मानों ठहर सा गया। लोग सड़कों पर आकर जश्न मना रहे थे। जलगाँव की सभी सड़कों पर, चौराहों पर उत्सव जैसा माहौल दिख रहा था। लोग ढोल-नगाड़ों की धुनों पर नाचते हुए एक दूसरे को बधाई दे रहे थे और मिठाइयाँ बाँट रहे थे। प्रतिभा यहाँ की जिस बालिका माध्यमिक विद्यालय से पढ़ी थीं वहाँ छात्राओं ने एक रंगोली बनाई और पारम्परिक लेजिम पर नृत्य किया। प्रतिभा की जीत का जश्न मनाने बड़ी संख्या में लोग, मित्र और रिश्तेदार उनके घर के बाहर जमा हुए। मुक्ताई नगर में तो बाकायदा जुलूस निकालकर जीत का जश्न मनाया गया। जैसे ही मीडिया के जरिए लोगों को पता चला कि प्रतिभा ताई राष्ट्रपति बन गई हैं नासिक शहर में लोगों और नेताओं ने जश्न में भाग लिया।

नासिक में रह रहे जलगाँव के लोगों ने भी पटाखे छोड़े और एक दूसरे पर रंग लगाकर जीत का जश्न मनाया। बांधवाड़ के नादगाँव में जैसे ही खबर पहुँची कि उनकी बेटी जल्दी ही राष्ट्रपति भवन जा रही है तो लोगों ने जमकर पटाखे फोड़े और मिठाइयाँ बाँटी। प्रतिभा की जीत का जश्न मनाने के लिए गाँव वाले पारम्परिक वेशभूषा धारण किये हुए थे। ग्रामीणों का उत्साह ऐसा था कि पूरे रात गाँव में जश्न मना। ग्रामीणों का एक तरफ से कहना था कि यह मौका न सिर्फ हमारे लिए बल्कि पूरे राज्य के लिए गर्व की बात है। विदर्भ के साथ-साथ छोटी लोसल के लोग भी जश्न में डूब गये।

राजस्थान के सीकर जिले के छोटी लोसल गाँव में प्रतिभा ताई का विवाह देवी सिंह रणसिंह शेखावत से हुआ था। इसलिए इस गाँव के लोग अपनी बहू की जीत की खुशी में फूले नहीं समा रहे थे। छोटी लोसल के सरपंच प्रेम कंवर प्रतिभा की जीत पर कहते हैं कि भगवान ने हमारी दुआ सुन ली। हमारी बहूजी ने शेखावत (भैरो सिंह शेखावत) जी को पछाड़ दिया। छोटी लोसल के वाशिंदे गाँव की चौपाल पर चंग की धुन में पर बधाई गान गा रहे थे। छोटी लोसलवासी गाँव की चौपाल पर चंग की धुन पर बधाई गान गा रहे थे।

छोटी लोसलवासियों को यह उम्मीद जग गयी कि अब हो न हो गाँव का विकास तो जरूर होगा। सभी सुविधाएँ मिलेंगी। सड़क, बिजली, पानी, चिकित्सा का जो संकट था वह अब दूर होगा। गाँव वाले विदर्भ की प्रतिभा को इस मुकाम पर देखकर ऐसे झूम रहे थे मानों अब तो उनके सब कष्ट दूर हो जाएँगे। आखिर हो भी क्यों न छोटी लोसल की बहू ने जो कर दिखाया आखिर सबको एक उम्मीद तो बनी ही रहती है। प्रतिभा ताई कभी कमजोर नहीं साबित हुईं, कभी हार नहीं मानी। भारतीय राजनीति में कुछ गिने-चुने नेता हैं जिन्होंने हार नहीं पाई है। उसी में से एक हैं प्रतिभा ताई। 1962 में उन्होंने पहला चुनाव लड़ा उसके बाद तो पीछे मुड़कर नहीं देखा। 1962 से 1985 तक लगातार महाराष्ट्र विधानसभा में वे रहीं। 1967 में वे पहली बार मंत्री बनीं। वसंतरावनाईक मंत्रिमंडल में उन्हें स्वास्थ्य व पर्यटन विभाग के उपमंत्री पद की जिम्मेदारी सौंपी गयी। 1972 में प्रतिभा ताई कैबिनेट मंत्री हुईं, उसके बाद जुलाई 1979 से फरवरी 1980 तक 8 माह तक अपवाद छोड़कर 1985 तक वे लगातार मंत्री थीं।

इस अवधि में उन्होंने स्वास्थ्य, शिक्षा, नागरी विकास, समाज कल्याण, शहरी विकास व अन्य महत्त्वपूर्ण जिम्मेदारियाँ संभालीं। लेकिन विदर्भ के लोगों के प्रति प्यार बना रहा जो उनकी सफलता का प्रमुख कारण था। 1985 से उन्होंने अपना राजनीतिक ट्रैक बदला। राज्य की राजनीति से केन्द्रीय राजनीति में आयीं। लेकिन विदर्भ के प्रति उनका मोह कम नहीं हुआ। विदर्भ से आए लोग बताते हैं कि किस प्रकार प्रतिभा ताई का प्यार इस क्षेत्र के प्रति है। लोग इस बात को लेकर आश्वस्त हैं कि भले ही प्रतिभा ताई किसी

मुकाम पर हों वह अपनों को नहीं भूलतीं। अपनी माटी की खुशबू को नहीं भूलेंगी और जिसके लिए जो सोचा वह कर दिखाने का जज्बा उनके अंदर आज भी है। जिस दिन खुशियों की सौगात गूंजी थी उस दिन विदर्भ के लोगों के लिए खास तौर पर उन्होंने समय निकाला। सबसे एक-एक करके मिलीं। बधाई देने वालों का तो तोता लगा हुआ था लेकिन वह नहीं भूलीं अपनों को और नहीं भूलीं अपनी उस जमीन की खूशबू को। राज्यसभा की सदस्य बनाए जाने के बाद भी उन्होंने अपने काम को बखूबी करने का दायित्व उसी प्रकार निभाया जैसे जन-प्रतिनिधि के तौर पर निभाया करती थीं। क्योंकि उनकी सबसे बड़ी सफलता इसी में थी कि वह लोगों को न भूलें। उनको न भूलें जो अपने थे। जिनके सहारे वे राजनीति की पगडंडियाँ चढ़कर इस मुकाम तक पहुँचीं। तभी तो अमरावती से 1991 में लोकसभा का चुनाव लड़ा और विजयी रहीं।

जबकि राजनीति में यह होता है कि जनता से कट जाने के बाद दुबारा जनता के बीच सक्रिय होना कुछ करिश्मा ही होता है। राज्यसभा की सदस्य होने के साथ ही उनका काम करने का तरीका एकदम जनप्रतिनिधि वाला ही था जिस वजह से उन्होंने सफलता का परचम अमरावती में लहराया।

उसके बाद वह राजनीति से पूरी तरह से गायब सी हो गयीं। बस विदर्भ की जनता के बीच जाकर काम करने का संकल्प लिया बिना किसी लालच के। क्योंकि उन्हें पता था कि वह अब जनप्रतिनिधि के तौर पर सक्रिय राजनीति में नहीं आएँगी। फिर भी जनता के प्रति उनका मोह कम नहीं हुआ। उन्होंने संकल्प ले रखा था कि जो भी हो वह जनता के बीच बने रहना चाहती हैं। इसलिए उन्होंने बड़े ही साफगोई तरीके से जनता के प्रति अपना प्यार बनाए रखा। उनके सुख-दुख में शरीक होना उनका अपना व्यक्तित्व था। जनता के बीच मिल रहे प्यार के बावजूद उन्होंने कभी सक्रिय राजनीति में लौटने का मन नहीं बनाया। जबकि उन्हें पता था कि अगर वह सक्रिय राजनीति में लौटेंगी तो सफलता मिलेगी। क्योंकि वह एक सच्ची जनप्रतिनिधि जो ठहरीं। लेकिन उन्होंने सक्रिय राजनीति को मानों किनारे कर दिया।

लम्बे समय बाद जब उन्हें राजस्थान के राज्यपाल बनाने की बात आयी तो उन्होंने तुरन्त हमारी भर दी, मना नहीं किया। उनकी सोच थी कि एक

अलग तरीके से राजनीति की सक्रियता बनाए रखी जाए। एक संवैधानिक पद का दायित्व का वह बखूबी पालन कर सकेंगी। पूरा आत्मविश्वास भरा था। उन्होंने इस दायित्य को पूरी तरह से निभाया भी। किसी प्रकार की झिझक नहीं थी। सारी परिस्थितियाँ अनुकूल थीं। तभी तो उन्होंने बिना किसी देर के इस पद के दायित्व को संभाला और जब तक राज्यपाल रहीं, बखूबी निभाया। प्रतिभा ताई ने 21 जून 2007 को राज्यपाल पद से इस्तीफा दे दिया क्योंकि उन्हें अब उससे भी महत्त्वपूर्ण पद को संभालना था। 23 जून 2007 को जब वह राष्ट्रपति पद के लिए नामांकन कर रही थीं तब पूरा विदर्भ गौरवान्वित हो रहा था कि उनके क्षेत्र की कोई महिला देश के सर्वोच्च पद के लिए नामांकन भर रही है। उस दिन पूरे विदर्भ में एक अलग तरह का माहौल देखा जा रहा था। हर तरफ खुशियों की बरसात हो रही थी। विदर्भ के लोगों को विश्वास था कि कभी न हार मानने वाली प्रतिभा ताई भला इसमें कैसे हार मान जाएँगी।

उन्हें तो यकीन उसी दिन हो गया था जब प्रतिभा ताई का नाम राष्ट्रपति पद के लिए उम्मीदवार घोषित किया गया। वह यकीन पूरे विश्वास में बदलता नजर आ रहा था और 21 जुलाई 2007 को पूरी तरह से विश्वास में बदल गया कि अब प्रतिभा ताई ने कोई न हार मानने का जो रिकार्ड बनाया था वह नहीं टूटा और विजयी हो गयीं। पूरा विदर्भ खुशियों से परिपूर्ण हो गया। विदर्भ की इस प्रतिभा को देश-दुनिया से बधाई मिलने लगी। हर तरफ एक ही स्वर था कि विदर्भ की प्रतिभा ने अपनी प्रतिभा का लोहा मनवा ही दिया और जो रिकार्ड था उसे उसी तरीके से बनाए रखा जो 1962 में पहली बार विधानसभा का चुनाव जीतकर बनाया था। नागपुर की प्रथम महिला मेयर रह चुकी कुंदाताई विजयकर कहती हैं कि प्रतिभा पाटिल ईमानदार और प्रतिबद्ध नेता रही हैं और यही वजह है कि वह इस पद के काबिल मानी गयीं।

जीवन वृत्त

कहावत है कि पूत के पाँव पालने में ही दिखाई देने लगते हैं। ऐसा ही कुछ कहा जा सकता है देश की प्रथम महिला राष्ट्रपति प्रतिभा देवी सिंह पाटिल के बारे में। जलगाँव के नदगाँव गाँव में 19 दिसंबर 1934 को जन्मीं प्रतिभा आज देश के सर्वोच्च पद पर विराजमान होंगी। यह, शायद पिता नारायण

राव को भी पता नहीं था। देश गुलामी की जंजीरों से जकड़ा हुआ था। पूरे देश में आजादी के लिए एक अलग प्रकार का माहौल बना हुआ था। पिता के सरकारी वकील होने के कारण प्रतिभा ताई को घर में ही ऐसा माहौल देखने को मिला कि लोग आ रहे हैं उनकी किस प्रकार की समस्याएँ हैं। प्रतिभा बड़े गौर से सुना करती थीं। उन समस्याओं के बारे में फिर बैठ जाती थी चिन्तन-मनन करने के लिए आखिर क्यों पैदा हो रही हैं यह समस्याएँ। इन समस्याओं की क्या वजह है।

गहन चिन्तन और मनन के बाद वह निष्कर्ष पर पहुँच जातीं कि हो न हो यह समस्याएँ सिर्फ हमारे आसपास नहीं बल्कि पूरे देश और समाज की हैं। जिसको लेकर प्रतिभा ताई का वह विचारणीय पहलू बाद में देखने को मिला। पहले तो लोगों को पता ही नहीं था कि प्रतिभा ताई जो सोच रही हैं उस सोच के पीछे क्या वजह है। घर के लोग भी थोड़ा आश्चर्यचकित हो जाते थे कि आखिर नन्हीं प्रतिभा क्या सोच रही, क्यों सोच रही है। किसके लिए सोच रही है। जैसे-जैसे प्रतिभा ताई के जीवन की डोर आगे बढ़ती गई वैसे-वैसे परिपक्व प्रतिभा में बदलाव देखे गए। यह बदलाव था देश के प्रति, समाज के प्रति। वह किसी भी प्रकार का अन्याय बर्दाश्त नहीं कर पातीं। उसका विरोध करने से लेकर उस समस्या के बारे में सोचना भी।

उनकी एक अलग प्रक्रिया थी कि आखिर यह समस्या क्यों पैदा हुई, किसने पैदा की। घर का वातावरण शांत था लेकिन आसपास का माहौल और पिता के पास आने वाले मुवक्किलों की मुश्किलें दोनों में सामंजस्य बैठाकर देखना प्रतिभा की रुचियों में शामिल था। वह हर पहलू पर विचार करने के बाद ही किसी निष्कर्ष पर पहुँचती भी कि हो न हो समस्या जरूर कहीं न कहीं है। महिलाओं के प्रति वह बचपन से ही संवेदनशील थीं। यह नहीं कहा जा सकता कि वह एक महिला थी इसलिए उन्हें महिलाओं के प्रति सोचना था बल्कि यह कहा जा सकता था कि घर की देहरी में रहने वाली उन महिलाओं के प्रति सोचना था बल्कि यह कहा जा सकता कि वह एक महिला थीं इसलिए उन्हें महिलाओं के प्रति सोचना था बल्कि यह कहा जा सकता था कि घर की देहरी में रहने वाली उन महिलाओं पर क्या-क्या गुजरती है, किस प्रकार वह अपने जीवन को जीती हैं। एक खुला वातावरण उन्हें क्यों नहीं मिल पाता। निष्कर्ष निकाला महिलाओं का सशक्तीकरण।

प्रतिभा ताई तो उस दौर में जन्मी थीं जिस दौर में घर में पर्दा प्रथा थी। घर की देहरी महिलाओं को लाँघना अपराध समझा जाता था। लेकिन जैसे-जैसे बड़ी हुईं उन्होंने देखा-पाया कि नहीं कुछ न कुछ ऐसी बातें हैं जो उन्हें आगे बढ़ने से रोकती हैं। ऐसे में उन्होंने अपने परिवार से सीखी और जीवन भर उसे उतारने का प्रयास भी किया। कभी विचलित नहीं हुईं। हमेशा काम को काम की तरह से किया, जो उनके जीवन का मूल मंत्र बना। दूसरा सबसे महत्त्वपूर्ण पहलू उनके जीवन का यह रहा कि उन्हें तब खुशी होती है जब कोई महिला प्रगति करे। उन्हें महिलाओं का आगे बढ़ना हमेशा पसन्द रहा वह भी अपने दायरे में रहकर। साड़ी और बड़ी सी बिन्दी लगाने वाली साधारण महिला प्रतिभा पाटिल ने अपने परिवार से जो संस्कार पाए उनमें एक सबसे बड़ी खासियत यह है कि उन्हें झूठ से सख्त नफरत है और अगर कोई झूठ बोलता है तो उन्हें गुस्सा भी बहुत आता है।

लेकिन वह गुस्से को बहुत ही सहज तरीके से दर्शाती हैं ताकि सामने वाला उनकी बात को समझ जाए और भविष्य में उनके साथ कोई ऐसा व्यवहार न करे कि फिर उन्हें गुस्सा होना पड़े। उनके इस कुशल व्यवहार को देखकर परिवार के अन्य लोग भी प्रतिभा की प्रतिभा के कायल होकर कुछ नहीं कहते बल्कि बढ़ावा देते रहे और उनकी बातों को गर्व से सुनते रहे कि प्रतिभा जो भी करती हैं या जो भी कहती हैं वह सही कहती हैं क्योंकि जिस काम को वह हाथ में लेती थीं बड़ी ही कुशलता के साथ करना चाहती थीं और सामने वाले को भी करवाने के लिए प्रेरित करती रहतीं।

प्रतिभा ताई घर की नहीं बल्कि अपने घर के आसपास के लोगों को भी प्रिय थीं। उनके पुराने जानने वाले लोग बताते हैं कि प्रतिभा ताई की बात को हर कोई ध्यान से सुनना चाहता था क्योंकि उनका सुझाव बड़ा ही सही और कारगर होता था इसलिए गाँव के लोग प्रतिभा को बचपन से ही एक नेतृत्व करने वाली बालिका समझने लगे थे। जिन्होंने प्रतिभा के बचपन को देखा है वह याद कर कह उठते हैं कि हमें उम्मीद थी कि एक न एक दिन यह प्रतिभा जरूर कुछ ऐसा कर दिखाएगी और आज उसने एक ऐसे मुकाम पर पहुँचकर दिखा दिया कि उसके अन्दर बहुत कुछ करने का जज्बा था। पढ़ाई के दिनों में ही राजनीतिक सक्रियता से उन्होंने अपने आप को आगे बढ़ाने का लगातार प्रयत्न किया।

उन्हें परिवार का पूरा सहयोग मिलता रहा और 27 साल की उम्र में उन्होंने 1962 में भारतीय राष्ट्रीय कांग्रेस के टिकट पर विधानसभा चुनाव एदलाबाद विधान सभा सीट से लड़ा और विजयी हुयीं। इस जीत ने प्रतिभा देवी के परिवार वालों में मानों चार चाँद वाली खुशियाँ ला दीं। हर तरफ खुशी का ऐसा माहौल बना कि नदगाँव की यह प्रतिभा चारों तरफ चर्चित हो गयीं। हर तरफ प्रतिभा की गूँज होने लगी कि कम उम्र में प्रतिभा सफलता पाकर मानों गाँव के हर किसी की प्यारी बन गयीं। पूरे गाँव में खुशियाँ ऐसी दौड़ीं कि जिसने रुकने का नाम नहीं लिया। क्योंकि प्रतिभा ने उन खुशियों को कभी कम नहीं होने दिया। लगातार अपनी प्रतिभा का लोहा मनवाती रहीं। 1962 की वह विधानसभा की जीत हो या फिर 2007 में राष्ट्रपति के चुनाव की जीत, खुशी समान थी अन्तर था कि वह खुशी कुछ ज्यादा व्यापक हो गई। प्रतिभा पाटिल का विवाह देवी सिंह शेखावत से 7 जुलाई 1965 को हुआ।

राजस्थान के सीकर जिले के छोटी लोसल के मूल निवासी श्री शेखावत के पूर्वज जलगांव में आकर बस गये थे। शिक्षाविद् और सामाजिक कार्यकर्त्ता श्री शेखावत उस समय अमरावती के महापौर थे जब प्रतिभा पाटिल का उनसे विवाह हुआ। श्री शेखावत महाराष्ट्र विधानसभा के सदस्य भी रहे। विवाह के बाद प्रतिभा पाटिल की और सक्रियता बढ़ गयी क्योंकि उन्हें अब पूरा राजनीतिक सहयोग मिलने लगा। श्री शेखावत हमेशा उन्हें आगे बढ़ने के लिए प्रेरित करते रहे। उन्होंने कभी भी प्रतिभा पाटिल को कुछ करने से नहीं रोका बल्कि उनके हर काम में बराबर का सहयोग देते रहे। प्रतिभा पाटिल और श्री शेखावत ने मिलकर जलगाँव जिले में कई ऐसे काम किए जिनकी सराहना आज भी वहाँ के लोग करते हैं। छोटा परिवार सुखी परिवार की कहावत को चरितार्थ करते हुए प्रतिभा पाटिल दो बच्चों की माँ बनीं। जिनमें बेटी ज्योति और बेटे राजेन्द्र को आज अपनी माँ पर गर्व है कि वह देश की पहली महिला राष्ट्रपति बनीं जिन्होंने अपने जीवन में हमेशा सिद्धान्तों को महत्त्व दिया।

प्रतिभा पाटिल राजनीतिक व्यस्तताओं के बावजूद भी परिवार के लिए समय देती थीं। परिवार में बड़े लोगों को महत्व देना, छोटों को प्यार करना उनकी प्रमुख विशेषता थी। प्रतिभा मेहमानवाजी में भी कम नहीं, घर आए मेहमान

का स्वागत पूरे मन से करती हैं। उन्हें पल-पल की सारी बातें याद आती हैं। उनकी नजर में कोई छोटा-बड़ा नहीं है। सबके लिए समान भाव रखने वाली प्रतिभा को नाती-पोतों से भी बड़ा प्यार है। बच्चों के बीच घुल-मिलकर रहना उन्हें अच्छा लगता है। उनके परिवार के लोग कहते हैं कि प्रतिभा को सभी बच्चे प्यार से ताई कहकर बुलाते हैं। क्योंकि बच्चे जब अपनी दादी-नानी के बारे में सुनते हैं कि वह ताई कहकर बुलायी जाती हैं तो बच्चे भी उन्हें प्यार से ताई ही कहते हैं। प्रतिभा ताई इतनी व्यस्तताओं के बावजूद अपने परिवार के सदस्यों के बीच एक साथ बैठकर जब अपने अनुभवों को साझा करती हैं तो सभी को बड़ा सुखद एहसास होता है। जब वह राजस्थान की राज्यपाल बनीं राजभवन ही उनका घर हो गया जहाँ के सभी कर्मचारी खुश रहते थे। राजभवन के सभी कर्मचारी खुशी से कहते हैं कि राजभवन में आज तक प्रतिभा ताई की तरह कोई नहीं आया जहाँ उन्हें अपना सा प्यार मिला। प्रतिभा ताई आज राजभवन से होते हुए राष्ट्रपति भवन पहुँच गईं। परिवार के सदस्यों को ही नहीं राष्ट्रपति भवन के कर्मचारियों ने जिन्होंने उनके बारे में सुना है सभी को इंतजार था कि प्रतिभा ताई के साथ मिलकर उन्हें परिवार का एहसास होगा। राष्ट्रपति पद पर विराजमान होने वाली प्रतिभा ताई को तो शिक्षक बनना था क्योंकि गाँव में बचपन में जिस प्रकार अपने आसपास के लोगों को वह शिक्षित करने का काम कर रही थीं उसे देखते हुए गाँव वाले तो यही कहते थे कि बिटिया को शिक्षक बनना है। लेकिन कहते हैं कि जो बनना होता है उसे कोई रोक नहीं सकता।

प्रतिभा ताई ने हमेशा कर्म करने में विश्वास किया कुछ बनने में नहीं। उन्होंने अपने कर्मों को ध्यान में रखकर बचपन से जो बनना था वह आज बन कर कर दिखा दिया। क्योंकि बचपन के दिनों में गाँव के लोग उनकी बातों को सुनकर यही कहते थे कि बिटिया कितने अच्छे से समझा लेती है इसलिए सबको यही उम्मीद थी कि वह शिक्षक बनेंगी। भले ही वह शिक्षक नहीं बन पायीं लेकिन उन्होंने शिक्षा के क्षेत्र में कई ऐसे काम किए जिनकी आज महाराष्ट्र के कई जगहों पर गूँज होती है। शिक्षा के क्षेत्र में पति देवी सिंह शेखावत के साथ मिलकर उनका प्रयास पूरी तरह से जारी रहा कि कुछ ऐसा किया जाए जिससे कि पहचान बन सके कि उन्होंने जलगाँव में शिक्षा ग्रहण की थी। प्राथमिक

से लेकर महाविद्यालयीन शिक्षा उन्होंने इस नगरी में ली थी। जिस पर संबंधित शिक्षण संस्थाओं को गर्व है। 19 दिसम्बर 1934 को जन्मीं प्रतिभा ताई को प्राथमिक शिक्षा नगरपालिका की कन्याशाला क्रमांक 3 में मिली थी। यहाँ से चौथी कक्षा तक पढ़ाई करने के बाद उन्होंने उस समय की न्यू इंगलिश स्कूल (वर्तमान आर. आर. विद्यालय) में पाँचवीं कक्षा में प्रवेश लिया।

28 नवम्बर 1945 को उन्होंने आर.आर. विद्यालय में प्रवेश लिया था और जून 1950 में वहीं से दसवीं की परीक्षा उत्तीर्ण की। इसके बाद उच्च शिक्षा के लिए उन्होंने एम.जे. महाविद्यालय में प्रवेश लिया, जहाँ से स्नातक की उपधि प्राप्त की। यहाँ पढ़ाई के साथ-साथ प्रतिभा ताई ने टेबल टेनिस में भी उत्कृष्ट खेल का प्रदर्शन करते हुए अपनी पहचान बनाई। पढ़ाई के साथ-साथ खेल में भी अव्वल रहते हुए स्नातक की उपाधि प्राप्त करने के बाद प्रतिभा ताई ने कानून की पढ़ाई गवर्नमेंट लॉ कॉलेज मुम्बई से किया। कानून की पढ़ाई जारी रहने के दौरान ही प्रतिभा, वसंतराव नाईक, मधुकरराव चौधरी जैसे नेताओं के सम्पर्क में आयीं। जो उन्हें राजनीति की राह पर ले आए। राजनीति की राह पर उनका सफर महत्त्वपूर्ण सिद्ध हुआ और आज वे राष्ट्रपति पद तक पहुँची हैं। अगर वह राजनीति में नहीं आतीं तो वह एक योग्य शिक्षक जरूर बनतीं। क्योंकि प्रतिभा ताई ने स्नातक की उपाधि पाने के बाद शिक्षक बनने का निर्णय किया था।

इस निमित्त उन्होंने 1962 में बी.एड. पाठयक्रम के लिए आवेदन किया था। उन्हें अकोला के सरकारी अध्यापक विद्यालय में प्रवेश भी मिला। लेकिन प्रतिभा ताई को तो कुछ और बनना था इसलिए वह अध्यापक नहीं बन पायीं। प्राथमिक से लेकर स्नातक की शिक्षा ग्रहण करने तक प्रतिभाताई की अनेक लोगों से मित्रता हुई। उनके सुख-दुख में वे शामिल हुईं। राजनीतिक क्षेत्र में सफलता प्राप्त करने के बाद भी उन्होंने अपनी मित्र मंडली से संवाद कायम रखा। आज उनके सहयोगियों को प्रतिभा ताई पर गर्व है। आखिर हो भी क्यों न! क्योंकि प्रतिभा ताई जिससे भी मिलीं उन्हें अपनत्व के भाव से देखा। सहपाठी बताते हैं कि बचपन से ही प्रतिभा को कुछ अलग कर दिखाने की चाहत थी। वह स्कूल में भी कोई काम मिलता था तो सबसे पहले पूरा करने का प्रयास करतीं। अगर किसी प्रकार की प्रतियोगिता होती

थी तो उसमें बढ़-चढ़ कर हिस्सा लेती थीं। यह कहीं से नहीं कहा जा सकता था कि वह कमजोर है। क्योंकि हर काम करने की जो चाह मन में पैदा हुई थी उसे प्रतिभा ने करने का पूरा प्रयास किया। स्कूल के सहपाठी जो कभी निभा को देखकर ईर्ष्या भी कर लेते थे वह भी बाद में उनकी उपलब्धियों पर गौरवान्वित होते हैं। क्योंकि विनम्र स्वभाव की प्रतिभा ताई ने कभी किसी की बुरा नहीं सोचा।

हमेशा सबको प्रेरणा देती रहीं कि आगे बढ़ो। काम करते जाओ, काम को रोको मत। जो सोचते हो उस पर अमल करने का प्रयत्न करो क्योंकि वही तुम्हारी पूँजी है। उसके बिना कुछ भी नहीं। जिस नगरपालिका स्कूल में प्रतिभाताई ने शिक्षा ग्रहण की। इसके लिए स्कूल भी आज गौरवान्वित है। जिस दिन प्रतिभा ताई राष्ट्रपति बनी स्कूल की दीवारें भी मानों कह रही थीं कि कभी इस देश की प्रतिभा यहाँ हुआ करती थी। स्कूल का हर सदस्य गौरवान्वित हो रहा है कि प्रतिभा ताई ने जो कर दिखाया वह स्कूल के लिए नहीं देश और समाज के लिए अपनी अलग पहचान कायम किए हुए हैं। जिस-जिस शिक्षण संस्था में प्रतिभा ताई ने शिक्षा ग्रहण की। उन सभी संस्था संचालकों को आज प्रतिभा ताई पर अभिमान है। प्रतिभा ताई के अधिकांश गुरुवर्य अब सेवानिवृत्त हो चुके हैं। कई तो स्वर्ग सिधार चुके हैं, जो जीवित हैं उन्हें प्रतिभा ताई पर अभिमान है पर व्यक्त करने के लिए उन्हें शब्द नहीं सूझते। आखिर जिस प्रतिभा को उन्होंने बचपन में निखारने का काम किया आज वह कहाँ से कहाँ पहुँच गई। समय बड़ा बलवान होता है। यह कहते हुए आज उनके सहपाठियों को सुना जा सकता है।

प्रतिभा ताई ने पढ़ाई के बाद तो वकालत करने का काम शुरू किया लेकिन वकालत करना शायद उन्हें मंजूर नहीं था। लेकिन पिता के पदचिन्हों पर चलने की चाह के आगे वह और भी बहुत कुछ सोचती थीं। इसलिए उनके साथ के लोग कहते हैं कि उनका लक्ष्य हमेशा एक रहा। इसलिए वह अपने लक्ष्य में कामयाब होती गयीं। जब उन्हें वकालत करने का मन हुआ तो वकालत करने लगीं लेकिन जब राजनीति में आईं तो पूरी तरह से परिपक्व राजनीतिज्ञ बनने का बीड़ा उठाया। पिता के कारण प्रतिभा को वकालत में कोई दिक्कत नहीं आयी। वह चाहतीं तो एक नामी-गिरामी वकील

बनकर रहतीं लेकिन उन्हें शायद अलग करने का जुनून था जिसे सच कर दिखाया। ऑलराउण्डर प्रतिभा ताई को अगर इस उपाधि से नवाजा जाए तो कोई अतिश्योक्ति नहीं होनी चाहिए। क्योंकि वास्तव में उन्होंने बचपन से लेकर आज तक जो किया वह किसी ऑलराउण्डर से कम नहीं था। प्रतिभा ताई का जवाब नहीं।

बचपन से ही उन्होंने अपनी प्रतिभा का लोहा मनवाना शुरू कर दिया था। सकूल के दिनों से ही वह हर प्रतियोगिता में भाग लेकर अपनी प्रतिभा का प्रदर्शन करती रहतीं। प्रतिभा को नजदीक से जानने वाले लोग बताते हैं कि प्रतिभा ताई को बचपन से ही कुछ अलग कर दिखाने का शौक था। वह हर समय कुछ अलग करने की चेष्टा करती रहतीं। बचपन में जब उन्हें एक काम करते हुए ऊब होने के बाद दूसरे काम में नए संदर्भों को तलाशना उनका शौक बन चुका था। कुशाग्र बुद्धि की प्रतिभा पढ़ाई में अव्वल थीं। स्कूल के दिनों में आयोजित होनी वाली प्रतियोगिताओं में भी प्रतिभा बढ़-चढ़ कर हिस्सा लेती थीं। उनका कहना था कि कोई भी प्रतियोगिता होती है उसमें भाग लेना चाहिए तभी तो कुछ अलग कर दिखाने का मौका मिलेगा। प्रतिभा ताई की यह सोच हमेशा उन्हें अलग करने की प्रेरणा देती रहती था। केवल पढ़ाई ही नहीं खेल-कूद में भी वह महारत हासिल कर रही थीं।

स्कूल कॉलेज में होने वाली हर प्रतियोगिता का एक हिस्सा होती थीं प्रतिभा ताई। टेबल टेनिस के प्रति तो ऐसी रुचि थी कि वह आज भी खत्म नहीं हुई। राजस्थान का राज्यपाल रहते हुए उन्हें कई बार खेल-कूद की प्रतियोगिताओं में जाने का मौका मिला जहाँ वह एक-एक हाथ आजमाने में पीछे नहीं हटीं। टेबल टेनिस के प्रति बढ़ती रुचि ने उन्हें महाविद्यालय में पढ़ते हुए चैंपियन बनाया। एक खिलाड़ी होने के साथ-साथ प्रतिभा ताई वाद-विवाद प्रतियोगिता के अलावा लेखन आदि प्रतियोगिताओं में हिस्सा लेती थीं। हर क्षेत्र में वह किसी न किसी रूप में अपनी पहचान बनाती जा रही थीं। उनकी इस विलक्षण प्रतिभा को देखकर कॉलेज में लोग उनके दुश्मन भी होते गए। लेकिन उन्होंने अपने सरल स्वभाव से हर किसी का दिल जीत लिया।

कहना न होगा कि प्रतिभा ताई जब कॉलेज में थीं तो अपनी विलक्षण प्रतिभा के कारण कई लोग उनसे बात करने से कतराते थे। क्योंकि उन्हें अपनी

मेहनत और ज्ञान पर भरोसा था। लोग इस बात से डरते थे कि अगर प्रतिभा ताई से बहस हो गयी तो वह पछाड़ देंगी। क्योंकि उन्हें तार्किक रूप से जवाब देना आता था। बहुमुखी प्रतिभा की धनी प्रतिभा ताई कॉलेज के दिनों में कॉलेज क्वीन भी चुनी गयीं। उस दौर में जब कि न तो उदारीकरण का दौर था और न ही देश में इस प्रकार की प्रतियोगिताओं की ओर लोगों का ध्यान जाता था। लेकिन कॉलेज क्वीन चुने जाने के बाद तो प्रतिभा का कद कॉलेज में और भी बढ़ गया।

कुशाग्र बुद्धि और सरलता की सहज भावों के बीच सुन्दरता का ऐसा मिश्रण हुआ कि प्रतिभा ताई हर जगह अपनी पहचान बनाने में कामयाब होती देखी गयीं। प्रतिभा गायन की भी शौकीन थीं। स्कूल के दिनों में जब दोपहर का अवकाश होता था तो वह सहेलियों के बीच खड़ी गीत गुनगुनाती थीं। कॉलेज में भी अपने सहपाठियों के बीच प्रतिभा अपने मधुर कण्ठ से गीतों को गुनगुनाने का सिलसिला नहीं छोड़ा। अभी भी जब उन्हें मौका मिलता है तो वह गीत गुनगुनाने में पीछे नहीं हटतीं। 60 और 70 के दशक के फिल्मी गीतों में उन्हें अपनत्व दिखाई पड़ता है। भले ही प्रतिभा ने कानून की पढ़ाई की हो लेकिन उनकी रुचि साहित्य में भी है। वि.स. खांडेकर. श्रीपाद कृष्ण कोल्हटकर, महात्मा फुले, डा. पंजाबराव देशमुख उनके प्रिय लेखक थे। कवियित्रियों में बहनाबाई चौधरी की अनेक कविताएँ उन्होंने पढ़ीं।

आज भी जब उन्हें मौका मिलता है वह बड़े नामी-गिरामी लेखकों को पढ़ना पसंद करती हैं। राजनीति में अनेक महत्त्वपूर्ण पद निभाने के बावजूद वे घर के प्रति उदासीन नहीं रहीं। एक गृहिणी की तरह उन्होंने घर संभाला और हर काम को पूरी ईमानदारी के साथ करने का प्रयास किया। बहुमुखी प्रतिभा की धनी प्रतिभा की काबिलियत का लोहा इसलिए हर कोई मानता था। वह जब कोई काम नहीं होता तो चिन्तन-मनन करने बैठ जातीं। राजनीति में भी उन्होंने अपने काम को ईमानदारी से किया। ईमानदारी उनकी पहली प्राथमिकता रही। तभी तो उन्होंने हर काम को बखूबी अंजाम दिया। लोकसभा चुनाव लड़ा, जीतीं लेकिन पीछे मुड़कर नहीं देखा। लोकसभा का कार्यकाल खत्म होने के बाद वह अपने काम में जुट गईं। उनकी कोई बहुत बड़ी ऐसी महत्वाकांक्षा नहीं थी कि वह फिर अगला चुनाव लड़ें और राजनीति में पूरी तरह से सक्रिय

रहें। क्योंकि मन में एक धारणा थी कि अभी तो उन लोगों के लिए बहुत कुछ करना है जिनके बल पर वह इस मुकाम पर पहुँची हैं।

कहते हैं कि पद से ही पूजा होती है लेकिन प्रतिभा ताई बिना पद के भी पूजी जाती रही हैं। क्योंकि उन्होंने बिना पद के भी उन हजारों लोगों के लिए जो करना चाहती थीं वह कर दिखाया। उन्हें कभी इस बात का गुरुर नहीं था कि राजनीति में इतने साल सक्रिय रहने के बाद सामाजिक कार्यों में क्यों लग गईं। क्योंकि वह तो आलराउण्डर थीं इसलिए अपनी आलराउण्डर वाली छवि के कारण वह हर जगह अपनी पहचान कायम कर लेतीं। जब 2004 में राज्यपाल बनाएं जाने की बात आयी तो भी उन्होंने बहुत उत्सुकता नहीं दिखाई बल्कि बड़े ही सहज भाव से पद को स्वीकार किया और अपना काम करने में जुट गईं। प्रतिभा ताई का गाँधी घराने से निकट संबंध रहा। 1962 में चुनाव जीतने के बाद वह कांग्रेस के वरिष्ठ नेताओं के संपर्क में आईं तो उनमें इंदिरा गांधी प्रमुख थीं। एक महिला होने के साथ-साथ वह इंदिरा गाँधी के व्यक्तित्व से बहुत ही प्रभावित थीं। इंदिरा गाँधी ने जिस प्रकार से अपनी एक अलग पहचान बनाई प्रतिभा उनकी इस व्यक्तित्व की कायल थीं।

इंदिरा गाँधी ने जिस प्रकार से अपनी एक अलग पहचान बनाई प्रतिभा उनकी इस व्यक्तित्व की कायल थीं। जब भी उन्हें मौका मिलता था वह इंदिरा गाँधी से मिलने का समय निकालती थीं या उनसे पत्रों के माध्यम या फोन से संपर्क में रहतीं। इंदिरा गाँधी भी प्रतिभा पाटिल की सक्रियता से काफी खुश थीं। उन्हें जब पता चला कि प्रतिभा पाटिल केवल राजनीतिक शख्सियत ही नहीं बल्कि सामाजिक तौर पर भी अपने क्षेत्र में सक्रिय हैं तो उनकी खुशी का ठिकाना नहीं रहा। कांग्रेस के पुराने साथी बताते हैं कि प्रतिभा ताई से इंदिरा गाँधी बहुत हद तक प्रभावित थीं। महाराष्ट्र में पार्टी को मजबूत करने के लिए और महिलाओं का समर्थन हासिल करने की जिम्मेदारी इंदिरा गाँधी ने प्रतिभा ताई को सौंपी थी। प्रतिभा ताई ने अपना काम बखूबी पूरी ईमानदारी से निभाया। उन्हें प्रदेश स्तर पर जो भी जिम्मेवारी मिली उसको पूरे लगन के साथ करती गईं और अपनी एक अलग पहचान बनाई।

राजनीति में आगे बढ़ने से लोगों के अन्दर जलन तो पैदा होती है लेकिन प्रतिभा ताई पर इन सारी बातों का कोई असर नहीं दिखा। वह साफ तौर पर मानती हैं कि उनका जो काम है अगर उसे ईमानदारी के साथ करें तो

ज्यादा बेहतर है। बिला वजह किसी बात का बतंगड़ बनाना उनकी आदत में नहीं था। वह हमेशा ईमानदारी को अपना धर्म समझती रहीं और उसी भाव के साथ इंदिरा गाँधी के सम्पर्क में रहीं और जैसे भी हो पाया उन्होंने उनके लिए किया। आपतकाल के बाद श्रीमती इंदिरा गाँधी को जब गिरफ्तार किया गया तो कुछ ही नेता उनके साथ थे। इसमें प्रतिभा पाटिल मुख्य रूप से शामिल थीं। इंदिरा गाँधी की गिरफ्तारी के निषेधार्थ स्वयं को गिरफ्तार करवाया। जिस दिन इंदिरा गाँधी गिरफ्तार हुईं उस दिन प्रतिभा ताई का जन्मदिन थी। यानी 19 दिसम्बर 1977 को अपने जन्मदिन की परवाह किए बिना प्रतिभा ताई ने जेल जाना स्वीकार किया। क्योंकि वह कदम-कदम पर उनके साथ थीं। उनका सुख हो या दुख किसी काम में प्रतिभा ताई पीछे नहीं हटीं। प्रतिभा जब जेल गईं तो बहुत से उनके विरोधी हो गए क्योंकि बहुत चन्द लोग थे जो इंदिरा गाँधी के निकट थे।

ऐसे में इंदिरा गाँधी के साथ रहने पर कुछ लोगों को तो जलन होती ही। इसलिए जेल में रहते हुए प्रतिभा ताई की निकटता इंदिरा गाँधी से और बढ़ गई। बताते हैं कि इंदिरा गाँधी ने उन्हें हमेशा प्रोत्साहित किया कि काम करो और जनता के प्रति सोचो। उनका उद्धार करो। हम जनता के सेवक हैं इसलिए यह जनता ही हमारे लिए सब कुछ है। प्रतिभा ताई ने इंदिरा गाँधी की एक-एक बात मानकर अपने कामों को अंजाम देती रहीं। उन्होंने कभी इस बात पर घमण्ड नहीं किया कि वह प्रदेश सरकार में मंत्री रही हैं, विधायक हैं, जनता के प्रति उनकी भक्ति है। तभी तो वह लगातार चुनाव जीतकर जनता के दिलों में अपनी पहचान बनाने में कामयाब रहीं। गांधी परिवार के प्रति प्रतिभा की ईमानदारी शुरू से ही लेकिन उन्होंने अपने संबंधों का कभी दुरुपयोग नहीं किया। इसके पीछे प्रमुख कारण यही था उन्होंने अपनी महत्वाकांक्षा को हमेशा अपने दायरे तक सीमित किया। भगवान के प्रति आस्था रखते हुए वे अपने काम में लगी रहीं और असफलता को कभी भी अपने पीछे लगने नहीं दिया।

राजनीतिक जीवन

प्रतिभा ताई का राजनीतिक जीवन बहुत काँटों भरा था लेकिन उन काँटों पर चलकर जो उन्होंने ऐसी बिसात बिछाई कि उसका आज गरार देखने

को मिल रहा है। प्रतिभा ताई ने राजनीतिक क्षेत्र में उस समय कदम रखा जब महिलाओं का घर से बाहर निकलना भी दुश्वार समझा जाता था। घर की देहरी में महिलाओं को रहने का अवसर दिया जाता था। लेकिन प्रतिभा तो आखिर प्रतिभा थीं। उन्होंने हार मानने का सपना कभी नहीं देखा। स्कूल के दिन हों या कॉलेज के, हर समय उन्होंने जीत हासिल की। राजनीतिक जीवन की शुरुआत में वसंतराव नाईक, मधुकरराव चौधरी जैसे नेताओं ने प्रतिभा की प्रतिभा को पहचाना और राजनीतिक क्षेत्र में आगे बढ़ने की प्रेरणा दी। मुंबई के एम.जे. कॉलेज से एम.ए.और गवर्नमेंट लॉ कॉलेज से कानून की पढ़ाई करने के बाद प्रतिभा ने जलगांव में वकालत शुरू की। नाम कमाने में उन्हें ज्यादा समय नहीं लगा। क्योंकि प्रतिभा के पिता भी इसी पेशे से जुड़े हुए थे।

वे वकालत के साथ-साथ जलगाँव में महिलाओं और गरीब आदिवासियों के उत्थान सरीखे सामाजिक कार्यों में जुट गईं। इसी दौरान वे काँग्रेसी नेता अबा साहेब केलकर की नजर में आईं। उनकी मित्र और महाराष्ट्र प्रदेश काँग्रेस कमेटी की अध्यक्षा प्रभा राव बताती हैं कि उस समय काँग्रेस समाज में महत्त्वपूर्ण भूमिका निभाने वाली मेहनती महिलाओं को ढूँढ़कर पार्टी में शामिल करना चाहती थीं। 1962 में अबा साहेब ने प्रतिभा पाटिल से विधानसभा का चुनाव लड़ने को कहा। 27 साल की अवस्था में प्रतिभा ने यह सोचा भी नहीं था कि उन्हें विधानसभा जैसे महत्त्वपूर्ण राजनीतिक पद के लिए चुनाव लड़ने का मौका मिलेगा। वह एदलाबाद (जलगाँव) से काँग्रेस के टिकट पर विधानसभा का चुनाव लड़ीं और जीतकर दिखाया कि चुनाव कैसे जीता जाता है।

पहले प्रतिभा को यकीन नहीं था कि उनका नाम विधानसभा के लिए प्रस्तावित किया जाएगा। लेकिन जब उन्हें यह संदेश मिला कि उन्हें यह संदेश मिला कि उन्हें एदलाबाद से चुनाव लड़ना है तो उनकी खुशी का ठिकाना नहीं रहा। पहले तो उन्हें सहज विश्वास ही नहीं हो रहा था कि उन्हें इस प्रकार का मौका मिला है लेकिन जब उन्हें पूरी तरह से पता चल गया कि नहीं, अब चुनाव लड़ना ही है तो सबसे पहले घर के सदस्यों से आशीर्वाद लेकर वह निकल पड़ीं चुनावी जंग में और सफल होकर दिखाया। उनकी सफलता का सबसे मूल मंत्र यही था कि अपने सहज स्वभाव के

कारण वह सबकी प्रिय थीं। उनका किसी प्रकार का विरोध नहीं था। उनके मित्रों, सहपाठियों, परिजनों, रिश्तेदारों सभी ने उन्हें सहयोग किया कि प्रतिभा चुनाव जीतेंगी और उन्होंने जीतकर दिखा दिया कि नहीं, चुनाव जीतना सहज है बस मन में विश्वास हो। भागवान पर भरोसा करके प्रतिभा ने चुनाव में पूरी ताकत झोंक दी। कहीं से भी विचलन नहीं था कि वह इतने बड़े चुनाव में इतनी कम उम्र में लड़ाई कर रही हैं। बस विश्वास था तो अपनों पर और अपनों ने पूरा साथ दिया।

7 जुलाई 1965 को देवी सिंह शेखावत के साथ परिणय सूत्र में बंधने के बाद तो प्रतिभा ताई के हौसले और भी बुलन्द हो गए क्योंकि उन्हें अपने पति की ओर से भी पूरा सहयोग मिलने लगा, कि नहीं राजनीति के क्षेत्र में एक मुकाम हासिल करनी है। 1967 में वह दुबारा महाराष्ट्र विधानसभा के लिए चुनी गयीं और पहली बार महाराष्ट्र सरकार में मंत्री बनी। 1967 से 1972 तक उन्होंने महाराष्ट्र सरकार में राज्यमंत्री के तौर पर जन स्वास्थ्य, पर्यटन, आवास और संसदीय कार्य जैसे महत्त्वपूर्ण मंत्रालयों का कामकाज संभाला। अपने दायित्व का निर्वहन करते हुए उन्होंने 1972 में तीसरी बार चुनाव जीतकर राज्य सरकार में पर्यटन, समाज कल्याण और आवास विभागों की कैबिनेट मंत्री के तौर पर काम किया। लेकिन जब 1979 में काँग्रेस पार्टी महाराष्ट्र विधानसभा में विपक्ष में पहुँची तो प्रतिभा पाटिल ने जुलाई 1979 से फरवरी 1980 तक वह महाराष्ट्र विधानसभा में विपक्ष की नेता रहीं। 1982 में 1985 तक वह कैबिनेट मंत्री के तौर पर ग्रामीण विकास, आवास, कल्याण एवं नागरिक आपूर्ति जैसे मंत्रालयों का काम बखूबी निभाया। 1962 से 1985 तक वह पाँच बार महाराष्ट्र विधानसभा की सदस्य रहीं और पहली बार को छोड़कर हर कार्यकाल में वह मंत्री रहीं। उन्होंने वसंतदादा पाटिल, बाबासाहेब भोंसले, एस.वी. चव्हाण और शरद पवार के मुख्यमंत्रित्व काल में बखूबी अपनी जिम्मेदारियों का निर्वहन किया। महाराष्ट्र काँग्रेस की अध्यक्ष रह चुकीं प्रतिभा पाटिल ने अपने पूरे कार्यकाल के दौरान अपने सहयोगियों, क्षेत्र की जनता के बीच अपनी ऐसी छाप छोड़ी कि उनकी पूछ हर जगह होने लगी। किसी भी महत्त्वपूर्ण राजनीतिक निर्णय में प्रतिभा के विचार को समाहित किया जाने लगा। उन्होंने अपने राजनीतिक सूझ-बूझ

को हमेशा जनहित में उपयोग किया और यह बताने का प्रयास किया कि किस प्रकार से कामकाज को बेहतर तरीके से करके जनता के बीच अपनी छाप छोड़ी जा सकती है।

1980 में जब महाराष्ट्र में काँग्रेस सत्ता में आयी तो उनका नाम मुख्यमंत्री की दौड़ में शामिल हो गया। इनको लेकर उनके कई तरह के विरोधी भी पैदा हो गए। लेकिन प्रतिभा ताई किसी भी प्रकार से विचलित नहीं हुईं। उन्होंने हमेशा शीर्ष सत्ता की बात को प्राथमिकता दी। इसलिए उनहें किसी प्रकार का न तो डर (भय) था और न किसी प्रकार की लालसा। उनका साफ तौर पर मानना था कि शीर्ष नेतृत्व यदि उन्हें मुख्यमंत्री बनाता है तो ठीक, नहीं तो वह अपने कामकाज से खुश हैं। उन्होंने कभी किसी काम को बड़ा या छोटा नहीं समझा। उनका मानना था कि कोई काम बड़ा या छोटा नहीं होता है। जो काम मिले उसे ईमानदारी से करना चाहिए। इसी का फल था कि उन्हें 1985 में राज्यसभा के लिए चुना गया। क्षेत्रीय राजनीति से ऊपर उठकर वह राष्ट्रीय राजनीति में सक्रिय हो गयीं। नवम्बर 1986 से नवम्बर 1988 तक राज्यसभा की उपसभापति रहीं। इसके साथ ही राज्यसभा प्रिवेलेज कमेटी की अध्यक्ष रहीं। अपने कार्यकाल के दौरान उन्होंने उन जिम्मेदारियों का बखूबी निर्वहन किया जो उन्हें मिला। उन्होंने कभी भी तत्परता नहीं दिखायी। उस समय उनके साथ राज्यसभा में सहयोगी उनके काम की तारीफ करते हुए कहते हैं कि प्रतिभा ताई ने सदन संचालन में जो भूमिका निभाई उसकी याद हमेशा बनी रहेगी। उन्होंने यह जाना कि किस प्रकार सदन के सदस्य अपनी माँगों को लेकर कार्य करते हैं। उस नब्ज को पहचानने की क्षमता उनके अन्दर थी। इसलिए उन्होंने हमेशा उन कामों को प्राथमिकता दी जो सदस्यों के मनमाफिक था। इसलिए उन्हें किसी काम को करने में किसी भी प्रकार की कठिनाई नहीं हुई। अपने कार्यकाल के दौरान उन्होंने सभी के साथ सामंजस्य बनाकर काम किया जिसका कि उन्हें लाभ मिला। 1990 में उनका कार्यकाल समाप्त हो गया। उसके बाद वह अपने गृह क्षेत्र में जाकर सामाजिक कार्यों में जुट गईं। राजीव गाँधी के निधन के बाद दसवें लोकसभा चुनाव (1991) में अमरावती से उन्हें लोकसभा का उम्मीदवार बनाया गया और वह लोकसभा का चुनाव जीतीं। लोकसभा में उन्होंने अपने क्षेत्र

के विकास को लेकर कई सारे मुद्दे उठाए भी। लोकसभा सदस्य रहते हुए उन्हें लोकसभा आवास कमेटी के अध्यक्ष का पद भी दिया गया जिसका निर्वहन उन्होंने बखूबी किया। लोकसभा का कार्यकाल खत्म होने के बाद उन्होंने सक्रिय राजनीति से किनारा कर लिया और सामाजिक कार्यों में जुट गईं। लेकिन प्रतिभा ताई के सक्रिय राजनीति के योगदान और काँग्रेस पार्टी को दिए गए योगदान को कैसे भुलाया जा सकता है। वर्ष 2004 में उन्हें पुनः एक बार जिम्मेवारी मिली लेकिन यह जिम्मेवारी जनप्रतिनिधि के तौर पर नहीं बल्कि राजस्थान का राज्यपाल बनाकर मिली।

प्रतिभा ताई ने अपने राजनीतिक जीवन में कई ऐसे काम किए जिन्हें बराबर याद किया जाता रहेगा। हालाँकि उन कामों की चर्चा कम होती है लेकिन 1962 में विधायक बनने के बाद ही उन्होंने अपने क्षेत्र के विकास से शुरू किया काम पूरे महाराष्ट्र प्रदेश में करना शुरू किया। जब वह मंत्री बनीं तो उन्होंने अपने विभाग के कई ऐसे निर्णयों से राज्य की जनता का भला किया। राज्य में राशन कार्ड वितरण प्रणाली का मामला रहा हो या फिर पुलिस की यूनिफार्म में परिवर्तन जैसे काम रहे हों। प्रतिभा पाटिल ने हर काम को पूरी ईमानदारी के साथ किया! इसलिए उनके काम को लेकर कभी भी कोई सवाल नहीं पैदा हुआ। 1967 में जब वह पहली बार मंत्री बनीं तो उन्होंने जनस्वास्थ्य, पर्यटन जैसे महत्त्वपूर्ण विभागों का काम मिला। जिसको लेकर वह काफी संवेदनशील रहीं। जनस्वास्थ्य का मामला तो महाराष्ट्र के उन आदिवासियों के प्रति खास तौर से जुड़ा था जिसके लिए वह राजनीति में आने से पहले ही सोचा करती थीं। आदिवासी और महिलाओं के लिए कई योजनओं का उन्होंने उस दौर में शुभारंभ भी किया। पर्यटन के लिए भी राज्य की योजनाओं में विकास करना उनकी प्राथमिकता में शामिल रहा। 1972 में जब पर्यटन के अलावा समाज कल्याण विभाग की जिम्मेदारी भी उन्हें मिली तो उन्होंने समाज कल्याण के क्षेत्र में कई महत्त्वपूर्ण निर्णय लिए। समाज कल्याण का सीधा संबंध महिलाओं से था इसलिए प्रतिभा ताई ने इस विभाग के जरिए महिलाओं को सशक्त करने का जो बीड़ा उठाया था उसमें उन्हें सफलता मिलती गयी। ग्रामीण विकास जैसे महत्त्वपूर्ण मंत्रालय में रहकर भी उनके काम की आज तक सराहना होती है।

राज्यपाल से राष्ट्रपति तक

बात 14 जून 2007 की है जब काँग्रेस अध्यक्ष सोनिया गाँधी के समख यह संशय भरा सवाल पैदा हुआ कि कौन होगा राष्ट्रपति पद का उम्मीदवार। नाम कई चल रहे थे लेकिन किसी भी महिला का नाम सामने नहीं था। कोई सुशील कुमार शिंदे को राष्ट्रपति के रूप में देख रहा था तो कोई प्रणव मुखर्जी के नाम पर चर्चा करता नजर आ रहा था। भारतीय सांस्कृतिक परिषद के अध्यक्ष और सांसद डा. कर्ण सिंह भी राष्ट्रपति बनने के सपने संजोए हुए बैठे थे। शिवराज पाटिल का भी नाम उतनी ही तेजी से आया कि वह भी राष्ट्रपति पद के उम्मीदवार हो सकते हैं। लेकिन वामपंथी दल किसी न किसी बात को लेकर आपत्ति दर्ज कराते रहे। लोकसभा अध्यक्ष सोमनाथ चटर्जी के नाम पर तो वाम सहमत था लेकिन काँग्रेस की असहमति वाली स्थिति लगातार बरकरार रही। बैठकों का दौर जारी था। ऐसा लग रहा था कि नहीं राष्ट्रपति पद के लिए कोई नया नाम आएगा। लेकिन वामदलों के तर्क के आगे बार-बार यह सवाल उठ रहा था कि कहीं जो नाम चल रहे हैं उन्हीं नामों में से कोई एक नाम तो नहीं होगा।

काँग्रेस अध्यक्ष सोनिया गाँधी काफी ऊहापोह में थीं। उत्तर प्रदेश की मुख्यमंत्री मायावती से हुई उनकी लम्बी मुलाकात ने कुछ और संशय पैदा कर दिया। मीडिया में कई तरह के नाम चलने की चर्चा शुरू हो गयी। दूर-दूर तक किसी महिला उम्मीदवार का राष्ट्रपति बनने का सपना नहीं दिख रहा था। लेकिन जब देश की दो ताकतवर महिलाएँ एक साथ मिलीं तो इस बात को लेकर भी सुगबुगाहट शुरू हो गयी कि हो न हो कोई नया गुल खिलेगा। 14 जून की संप्रग और वामदलों की बैठक में भी कई नामों पर चर्चा चलती रही। कभी मोहसिना किदवई तो कभी, मार्गेट अल्वा, कभी मीरा कुमार तो कभी उन नामों पर चर्चा हुयी जो कि नाम कहीं से भी दौड़ में दूर-दूर तक शामिल नहीं थे। लेकिन वाम के साथ बैठक में इस बात पर सहमति बनती नजर आ रही थी कि हो न हो कोई महिला ही राष्ट्रपति बनेगी। ऐसे में कई नामों पर चर्चा चल रही थी।

14 जून को प्रधानमंत्री आवास पर जब प्रत्याशी को अंतिम रूप देने के लिए वाम नेताओं के साथ संप्रग के नेताओं की बैठक हुई कि हो या न

हो आज इन अटकलों पर विराम लगा देना चाहिए क्योंकि लगातार चल रहे अटकलों के बीच लोगों की उत्सुकता का विषय बन गया था कि कौन होगा राष्ट्रपति। एनडीए के लिए तो कोई नाम तय करने की तो बात ही नहीं थी क्योंकि उन्होंने साफ तौर पर घोषित कर रखा था कि उपराष्ट्रपति भैरोसिंह शेखावत को ही राष्ट्रपति प्रत्याशी बनाया जाना है। लेकिन संप्रग के बीच तालमेल का अभाव साफ तौर पर दिख रहा था। कभी कर्ण सिंह स्वयं को राष्ट्रपति पद का उम्मीदवार बताकर मीडिया की सुर्खियों में आ गए थे।

सुशील कुमार शिंदे बार-बार यह कहकर पल्ला झाड़ ले रहे थे कि जो काँग्रेस नेतृत्व चाहेगा वह करने के लिए तैयार हैं। लेकिन वह प्रत्याशी होंगे ऐसी कोई उम्मीद नहीं है। मायावती के साथ हुई लम्बी चर्चा के बाद तो सुशील कुमार शिंदे के नाम पर लगभाग विराम लग गया क्योंकि मायावती नहीं चाहती थीं कि कोई दलित राष्ट्रपति बने। ऐसे में सुशील कुमार शिंदे ने बड़े ही सहज भाव से अपने नाम की चर्चा को मुस्कराते हुए वापस ले लिया। लेकिन सुशील कुमार शिंदे नहीं, कर्ण सिंह नहीं, तो दो नाम बच गए जिनमें विदेश मंत्री प्रणव मुखर्जी और गृहमंत्री शिवराज पाटिल के नाम पर विचार करना रह गया। शिवराज पाटिल वाम की पसंद नहीं थे। फिर बैठक में आई महिलाओं की बारी, जिनमें तीन नामों पर चर्चा हुई निर्मला देशपांडे, मोहसिना किदवई और प्रतिभा पाटिल। निर्मला देशपांडे गाँधीवादी नेता हैं लेकिन उनके नाम पर थोड़ी सी असहमति दिखी, फिर आया नाम मोहसिना किदवई का। लेकिन उनके नाम पर सहमति इसलिए नहीं बन पाई कि मोहसिना किदवई मुसलमान हैं और डा. कलाम भी मुसलमान। इसलिए एक नये नाम पर चर्चा होनी थी। तभी प्रधानमंत्री डा. मनमोहन सिंह ने मुस्कुराते हुए राजस्थान की राज्यपाल प्रतिभा देवीसिंह पाटिल का नाम सुझाया। उनका नाम आते ही थोड़ा सा लोगों का ध्यान नाम पर ठहर गया। बैठक में से आवाज आयी कोई आपत्ति नहीं। बस क्या था उसी समय सोनिया गाँधी ने प्रतिभा पाटिल के पास फोन लगवाया और बात की कि उन्हें राष्ट्रपति पद का उम्मीदवार बनाया जा रहा है। पल भर के लिए तो प्रतिभा पाटिल अवाक् रह गईं लेकिन उन्होंने तुरंत स्थिति को संभाला और कहा ठीक है। उस समय प्रतिभा पाटिल माउंट आबू में थीं। वह तुरन्त जयपुर के लिए रवाना हो गयीं। इधर बैठक में उनके नाम पर

सर्वसम्मति से मुहर लग चुकी थी। शक-सुबहा की कोई गुंजाइश नहीं बची थी। बस क्या था प्रतिभा पाटिल जयपुर होते हुए दिल्ली पहुँची।

राष्ट्रपति पद के उम्मीदवार की घोषणा के बाद प्रतिभा पाटिल ने अपने पहल साक्षात्कार में कुछ यूँ कहा–

* राष्ट्रपति जैसे सर्वोच्च पद के लिए उम्मीदवार घोषित किए जाने के बाद कैसा अनुभव कर रही हैं?

मेरी जिन्दगी का सबसे सुखद पहलू है।

* यहाँ तक पहुँचने की क्या पहले उम्मीद थी?

हाँ कुछ दिन पहले एक ज्योतिषी ने इस बारे में भविष्यवाणी की थी।

* अब तक आपके व्यक्तित्व का कोई अनछूआ पहलू?

अब तक राज्य स्तर पर सक्रिय थी, लेकिन अब राष्ट्रीय स्तर पर काम करने का मौका मिलेगा।

* राष्ट्रपति कलाम विज्ञान को लेकर चर्चित हैं, आपकी पसंद का क्षेत्र कौनसा है?

राष्ट्रपति अब्दुल कलाम से मैंने बहुत कुछ सीखा है। वैसे महिला सशक्तीकरण में मेरी खास रुचि है। इसके अलावा ग्रामीण स्वावलम्बन, सोशल रिफार्म को लेकर भी काम करना चाहती हूँ।

इसके बाद प्रतिभा पाटिल दिल्ली पहुँची और काँग्रेस अध्यक्ष सोनिया गांधी प्रधानमंत्री मनमोहन सिंह के अलावा वामदलों के कई प्रमुख नेताओं से मुलाकात कर राष्ट्रपति पद का उम्मीदवार बनाए जाने को लेकर धन्यवाद ज्ञापित किया। उसके बाद शुरू हुआ आरोप-प्रत्यारोप का दौर और प्रतिभा पाटिल के खिलाफ आरोप लगने लगे लेकिन काँग्रेस नेताओं ने इस पूरे मामले में धैर्य के साथ काम लिया और हर आरोप का बखूबी जवाब दिया। प्रतिभा पाटिल ने भी अपने ऊपर लगे आरोपों को निराधार बताते हुए मौन रखना ही बेहतर समझा और साफ तौर पर कहा कि वह रबर स्टैम्प राष्ट्रपति साबित नहीं होंगी।

प्रतिभा पाटिल को लेकर भाजपा ने जो आरोप लगाए वह पूरे चुनाव के दौरान देखने को मिले। नामांकन से लेकर 19 जुलाई तक प्रतिभा पर तरह-तरह के आरोप लगते रहे लेकिन वह इन आरोपों की परवाह किए बिना अपने काम में जुटी रहीं। आरोपों का जवाब देने के लिए भी उन्होंने किसी

तरह का सहारा नहीं लिया। बस इतना जरूर कहा कि जो कहा जा रहा है वह गलत है। लकिन भाजपा कहाँ मानने वाली थी, रोज एक नया शिगूफा छिड़ जाता था और प्रतिभा ताई मौन होकर समाचार पत्रों के जरिए इस शिगूफे को सुनती रहतीं। इस बारे में काँग्रेस ने जरूर अपना पक्ष मीडिया के सामने रखा। जैसे चीनी मिल घोटाले को लेकर जब यह आरोप लगा कि जलगांव के संत मुक्ताबाई साखर कारखाना लिमिटेड की स्थापना प्रतिभा पाटिल ने 1980 में की लेकिन 1994-95 में मुंबई सेन्ट्रल जिला सहकारी बैंक से कर्ज मिलने के बाद ही इस पर काम शुरू किया जा सका। 1998 में यह मिल चालू हुई लेकिन कभी मुनाफे में न आ सकी और 1999 के बाद इसे बन्द कर दिया गया। बैंक के इस पर 17.7 करोड़ रुपए बकाया हैं। इस बारे में सूचना एवं प्रसारण मंत्री प्रियरंजन दास मुंशी ने कहा कि प्रत्याशी (प्रतिभा पाटिल) के खिलाफ कोई मामला दर्ज नहीं है। न ही कोई जाँच हुई। राकांपा अध्यक्ष शरद पवार ने भी इस मामने में प्रतिभा पाटिल का बचाव करते हुए कहा कि 2006 में 74 चीनी मिलों को नोटिस भेजा गया। प्रतिभा पाटिल 2004 तक ही मिल की अध्यक्ष थीं। इसी प्रकार प्रतिभा पाटिल के पति देवी सिंह शेखावत पर आरोप लगा कि सुनगांव में देवी सिंह शेखावत द्वारा चलाए जा रहे नाथीबाई हाई स्कूल में अध्यापक कैलाश ढागे ने वेतन भुगतान रोके जाने के खिलाफ मुम्बई हाईकोर्ट में मामला जीता लेकिन स्कूल ने भुगतान नहीं किया। ढागे ने आत्महत्या की और इसके लिए देवी सिंह को जिम्मेवार ठहराया। फरवरी 2007 में एक सत्र अदालत ने उन्हें जमानत देने से मना कर दिया। अब उन्हें हाईकोर्ट से स्थगनादेश मिला। इसके जवाब में प्रियरंजन दास मुंशी ने कहा कि बिना जमानत के कोई इतने दिन कैसे बाहर रह सकता है। इस आरोप की जाँच होनी चाहिए। अगर हम इस आरोप को मान भी लें तो सवाल यह उठता है कि उम्मीदवार कौन? प्रतिभा या उनके पति?

इसके बाद एक आरोप बैंक घोटाले को लेकर लगा जिसमें कहा गया कि 1974 में पाटिल ने महिलाओं के सशक्तीकरण के लिए प्रतिभा पाटिल महिला सहकारी बैंक की स्थापना में मदद की। तथा रिजर्व बैंक ने उसे कमजोर घोषित किया। 2003 में रिजर्व बैंक ने उसके ऊँचे एनपीए और सकल ऋणात्मक

परिसंपति के कारण लाइसेंस रद्द कर दिए और उन पर 224.5 लाख रुपए बकाया हैं। दासमुंशी ने जवाब देते हुए कहा कि बैंक की स्थापना उन्होंने की थी मगर वे उसकी प्रथम प्रमोटर नहीं थी। बैंक 1993 तक ठीक चला। रिजर्व बैंक रिपोर्ट में पाटिल के खिलाफ किसी निजी उत्तरदायित्व देनदारी के बारे में नहीं कहा गया है, न कोई आक्षेप किया गया है। इस प्रकार के कई आरोप प्रतिभा पाटिल पर लगे। लेकिन वह इन अरोपों से एकदम विचलित नहीं हुईं। उन्होंने पूरे धैर्य के साथ चुनाव लड़ा। अपने तरीके से पूरे देश के विभिन्न इलाकों का दौरा किया और सहज भाव के साथ अपने लिए समर्थ जुटाया।

19 जुलाई को राष्ट्रपति के लिए चुनाव हुआ और 21 जुलाई को हुई मतगणना में पतिभा पाटिल ने अपने प्रतिद्वंद्वी भैरोसिंह शेखावत को 3 लाख से अधिक मतों से हराकर देश की पहली महिला राष्ट्रपति होने का गौरव प्राप्त किया। पाटिल को 65.82 प्रतिशत मत मिले जबकि शेखावत को 34.18 प्रतिशत मत मिले इस जीत पर प्रतिभा पाटिल ने कहा कि यह जीत बड़ी जिम्मेदारी और उससे भी ज्यादा विश्वास है। मुझे जीत से काफी खुशी है, मैं मतदाताओं भारत के लोगों की आभारी हूँ। यह उन सिद्धान्तों की जीत है जिन्हें हमारे भारतीय लोग मानते हैं।

प्रतिभा पाटिल तो चुनाव जीत गईं लेकिन जो चुनौतियाँ उनके समक्ष हैं वे हैं–

1. संसद पर हमले के दोषी अफजल की फाँसी को लेकर देश की निगाहें राष्ट्रपति भवन की ओर हैं।
2. चूँकि अब देश को महिला राष्ट्रपति मिल गई है, इसलिए महिला आरक्षण विधेयक को लेकर उनकी सक्रियता पर सबकी निगाहें हैं।
3. राजस्थान विधानसभा द्वारा पारित विवादास्पद धर्म परिवर्तन बिल पर फैसला लेना है।
4. गुर्जर आरक्षण का मामला भी देर सबेर राष्ट्रपति के सामने आएगा। जब यह मामला उठा था उस समय प्रतिभा पाटिल राजस्थान की राज्यपाल थीं।

इसके अलावा मीडिया में हर तरह से खबरें छपीं, कहीं उन्हें सिरमौर से नवाजा गया तो कहीं उन्हें विदर्भ की बहू से नवाजा गया। अलग-अलग अखबारों

ने अपने नजरिए से प्रतिभा पाटिल को नवाजा। कुछ खबरें यहाँ भी हैं जो उनकी जीत को बयां कर रही हैं।

सामाजिक क्षेत्र में प्रतिभा ताई

प्रतिभा ताई राजनीतिक कम एक सामाजिक व्यक्ति ज्यादा हैं। भले ही कम उम्र से वह राजनीतिक क्षेत्र में सक्रिय हो गईं लेकिन सच्चाई यह है कि राजनीति में वह नहीं आना चाहती थीं। वह चाहती थीं कि जनता का हित कैसे हो, जनता से जुड़ाव कैसे हो, कैसे उनके बीच रहकर काम किया जाए लेकिन समय कौन जानता है कब कहाँ पहुँचा दे। लेकिन उनके अन्दर का व्यक्तित्व उन्हें राजनीतिज्ञ कम सामाजिक व्यक्तित्व ज्यादा बनाता है। प्रतिभा ताई कॉलेज के समय से ही सामाजिक क्षेत्र में काम करने लगी थीं और उन्होंने जलगाँव में महिलाओं और गरीब आदिवासियों के उत्थान सरीखे सामाजिक कार्यों में भी जुट गईं। महिलाओं के सशक्तीकरण को लेकर उनके मन में एक अजीब तरह की छटपटाहट थी। वह जानती थीं कि जब तक महिलाएँ अपने पैरों पर खड़ी नहीं होंगी तब तक वह सशक्त नहीं होंगी।

स्त्री अगर आर्थिक दृष्टि से स्वावलंबी होते तो उस पर जुल्म नहीं होंगे और यदि होंगे तो कम होंगे। स्वावलम्बी होने से औरतों का स्वाभिमान बढ़ता है और उसका आत्मसम्मान भी। साथ ही वह प्रतिकूल परिरिस्थतियों और प्रतिबंधों को नकारने की क्षमता हासिल कर लेती है। वह समाज की संकीर्ण परम्पराओं से परे मुक्ति की राह पर चल सकती है। दरअसल औरत को कमजोर बनाने में उसके परजीवी होने के साथ-साथ आचार संहिताए भी जिम्मेवार हैं। स्वावलम्बन उसे इन बेड़ियों से मुक्त करने का एक मजबूत आधार देता है। अक्सर घरेलु औरतों को यह कहकर हीनभावना का शिकार बना दिया जाता है कि वे क्या जानें कमाने वाले की तकलीफ, वे तो बस खाली-पीली खाना खाती हैं। कमाएं तो पता चले। ऐसी सब बातों से औरतों का मनोबल तोड़ दिया जाता है। लेकिन प्रतिभा ताई ने औरतों की क्षमता की पहचान कि क्या नहीं कर सकती औरत।

सामाजिक बुराइयाँ तो उस दौर में बहुत थीं लेकिन उन बुराइयों को खत्म करने का एक ही रास्ता उन्हें सूझ रहा था वह था महिलाओं की सशक्तीकरण

का रास्ता जिसके बल पर महिलाओं ने आगे आकर अपने काम के लिए कई ऐसे काम किए जिन्हें हमेशा याद किया जाएगा। उन्होंने इसी आधार पर कई संस्थानों की बुनियाद डाली। कामकाजी महिलाओं के लिए दिल्ली और मुम्बई में होस्टल निर्माण से लेकर ग्रामीण युवाओं के लिए जलगाँव में इंजीनियरिंग कॉलेज की स्थापनाा भी की। इसकी शुरुआत उन्होंने जलगाँव से की। जलगांव और आसपास के इलाकों में प्रतिभा ताई ने अपने काम के बल पर ऐसी छाप छोड़ी कि हर कोई प्रतिभा के काम का कायल हो गया। उन्होंने लोगों के साथ उनका दर्द बाँटा। लोगों ने पूरी ईमानदारी के साथ अपने दर्द को साझा किया। महिलाएं और बच्चे उनकी प्राथमिकता में शामिल थे। इसलिए उन्होंने हर पल उनके विकास के लिए अपनी सोच पैदा की। महिलाओं के विकास के लिए श्रम साधना ट्रस्ट, जलगाँव में विकलांगों के लिए रोजगार प्रशिक्षण संस्थान, विमुक्त जाति के लिए स्कूल, किसानों के लिए कृषि विज्ञान केन्द्र, महिला विकास महामण्डल की स्थापना, महिलाओं और बच्चों के लिए संगीत, कंप्यूटर आदि के प्रशिक्षण के लिए प्रशिक्षण केन्द्र की स्थापना, जलगाँव में महिला होगमार्ड की शुरुआत भी प्रतिभा ताई की एक विशेष पहल थी। जिसके बल पर वह कह सकती हैं कि उन्होंने समाज के विकास के लिए कई महत्त्वपूर्ण कदम उठाए।

जलगाँव और आसपास का इलाका पिछड़ा होने के साथ-साथ कई ऐसे समस्याओं से ग्रसित था कि उसके विकास के लिए कोई आगे नहीं आया। लेकिन प्रतिभा ताई ने क्षेत्र का विकास करने का बीड़ा उठाया। उनकी सोच थी कि जब लोगों का विकास होगा तभी क्षेत्र का विकास होगा इसलिए उन्होंने पहले वहाँ के लोगों का विकास करने की बात सोची। जिसमें सफल रहीं। समाज के गरीब, दबे, कुचले, महिलाओं, बच्चों के विकास को उन्होंने प्राथमिकता दी। पहली प्राथमिकता शिक्षा थी कि अगर शिक्षा मिलेगी तो विकास के मार्ग खुद प्रशस्त होंगे। इसलिए उन्होंने शिक्षण संस्थाओं पर बल दिया। इन संस्थाओं में समाज के गरीब बच्चों को शिक्षा उनकी पहली प्राथमिकता में शामिल हुआ। ग्राणीण परिवेश में पल रहे बच्चों को शिक्षित करने का उनका सपना था इसलिए ग्रामीण इलाकों में शिक्षा के विशेष प्रबंध किए।

प्रतिभा ताई के सामाजिक कामों को कम करके नहीं आँका जाना चाहिए।

उन्होंने जो काम किया वो उस दौर में बहुत कम लोगों के अंदर था। जिस समय उन्होंने समाज के बारे में सोचना शुरू किया उस दौर में अगर सभी का विकास हो जाता लेकिन प्रतिभा ताई बहुत कम होती है। उनके जैसी सोच बहुत कम लोगों की होती है। उन्होंने कभी भी मीडिया में अपने इस काम का ढ़िंढोरा नहीं पीटा। बस काम करना उनकी प्राथमिकता में था जिसे वह करती गयीं। आज वह इस मुकाम पर हैं कि उनके काम को और बढ़ावा मिलेगा। उनकी सोच को बढ़ावा मिलेगा।

व्यक्तित्व के विविध पहलू

प्रतिभा ताई के व्यक्तित्व के इतने सारे पहलू हैं कि उनके बारे में पूरी एक किताब अलग से लिख दी जाए। उनके जीवन में कई ऐसी घटनाएँ घटित हुई हैं जिन पर ऐसे-ऐसे वाकये हैं जो उन्हें एक अलग ही व्यक्तित्व के रूप में प्रदर्शित करते हैं। चाहे वह विधानसभा की सदस्य रही हों या फिर महाराष्ट्र में मंत्री रही हों हर समय उनके पास ऐसे लोग रहे जिन्हें प्रतिभा ताई ने अपना समझा। उनके पास जो भी गया वह खाली हाथ नहीं लौटा। जो भी उनसे हो पाया वह उन्होंने किया। राष्ट्रपति बनने से पहले प्रतिभा ताई राजस्थान की राज्यपाल थीं जहाँ राजभवन का हर कर्मचारी उनके काम की तारीफ करते नही अघाता। उन्होंने जितना समय राजभवन में बिताया उनके काम से सभी कर्मचारी खुश थे। कोई भी किसी भी प्रकार की शिकायत लेकर उनके पास नहीं आया। अगर किसी प्रकार की समस्या आयी भी तो उन्होंने उसे बड़े ही सहज तरीके से दूर करने का प्रयास किया।

कहते हैं कि माँ जब परिवार चलाती है, तो छोटा-बड़ा नहीं देखती। ममता के आंचल में जिस मिठास का एहसास मिलता है, उसके आगे सारे सुख-दुख छोटे हो जाते हैं। पिछले तीन सालों में एक पारिवारिक आवरण ने राजभवन (राजस्थान के राज्यपाल का निवास) को ऐसी अनुभूति दी कि प्रतिभा ताई के साथ काम करने वाला हर शख्स ने अपने हर दर्द को उनके साथ साझा किया। उन्होंने सबका दर्द बाँटा। स्नेह और ममत्व ऐसा लुटाया कि राजभवन में महामहिम की सेवा में जुटा हर कर्मचारी उसे भूलकर भी नहीं भूलना चाहता।

संगीत से उनका गहरा लगाव था। जब भी उन्हें मौका मिलता वे 1965

में बनी फिल्म काजल में आशा भोंसले का गाया गाना 'तोरा मन दर्पण कहलाए' सुना करती थीं। शास्त्रीय संगीत में भी उनकी गहरी रुचि थी। फोटोग्राफर छोटूलाल जीनगर कहते हैं उनके पैतृक गाँव की तस्वीरें जब मैंने जयपुर आने के बाद उन्हें दिखायीं तो एकदम से खिल उठीं। वो बोली अरे, तुमने तो उन गलियों की तस्वीरें खींच लीं जिनमें हम खेला करते थे।

उन्हें सादा भोजन पसन्द था। मराठी भोजन को खास तौर पर पसन्द करने वाली पाटिल आलू और चावल से थोड़ा परहेज बरतती थीं। राजभवन में सभी कर्मचारियों के साथ एक ही टेबल पर मराठी पकवानों के साथ किए भोजन को कोई नहीं भूलना चाहता। राजभवन का हर कर्मचारी अपनी ममतामयी माँ की बातें बताने से पहले कहना पसंद करता है, 'बड़ी माँ ने हम सभी को एक टेबल पर एक साथ बैठकर भोजन करवाया था। हमें इतनी इज्जत कभी किसी ने नहीं दी थी।'

राजस्थान की शहीद विधवाओं को निजी रूप से पत्र भिजवाने और उनकी समस्याओं का समाधान करने वाली प्रतिभा पहली राज्यपाल रहीं। उन्हें दर्द का एहसास हमेशा होता था। राजभवन के एक अटेंडेंट ने जब आत्महत्या कर ली थी, तो उसके परिवार की खस्ता हालत उनसे देखी नहीं गयी। तुरंत उसकी पत्नी को नौकरी दिलवाई। राजभवन के हर कर्मचारी के परिवार का सुख-दुख उनकी नजरों से छिपा नहीं रहता। माली से लेकर धोबी तक सबका बराबर ध्यान रखतीं। उनका निजी सहायक मूलचंद उत्साह से भरकर कहता है, 'महामहिम की वजह से ही मैं चार बार हवाई जहाज में बैठा। वो जहाँ जातीं; मैं उनके साथ ही होता था। जो खाना खुद खातीं, पूरा ख्याल रखतीं कि हमें भी वही खाना मिले।

हर बात का खुद ध्यान रखतीं। टेबल टेनिस को पसन्द करने वाली प्रतिभा जब किसी प्रतियोगिता के दौरान गईं, एक हाथ जरूर आजमाया। राजभवन की पुस्तकालयाध्यक्ष डा. ज्ञानकौर कपूर कहती हैं कि "जिस दिन उन्होंने अपना नामांकन भरा था हम तो उसी दिन मान चुके थे। मैं 1977 से राजभवन में हूँ, प्रतिभा पाटिल जैसी मुस्कुराहट और सबको साथ लेकर चलने की इच्छा शक्ति कभी नहीं देखी।" राजभवन का जमादार भीमाराम कहता है कि "तेरह साल से राजभवन में हूँ लेकिन अपने कर्मचारियों से इतना लगाव कभी किसी

का नहीं देखा। उन्होंने हमें बच्चों की तरह अपने साथ रखा। हमारे लिए तो हमारी माँ राष्ट्रपति पद पर पहुँची हैं।''

जब प्रतिभा पाटिल राष्ट्रपति चुन ली गईं तब भी राजस्थान के राजभवन में उनकी चर्चा हर तरफ हो रही थी। राजभवन कर्मचारियों को खुशी इस बात की थी कि एक ऐसी शख्सियत जिसकी उन्होंने सेवा, की देश की पहली महिला राष्ट्रपति होने का गौरव उन्हें मिला है। हर कर्मचारी यही कहता है कि वह भारतीय मूल्यों और सादा जीवन का अनुपम उदाहरण हैं। राजभवन के आधिकारिक खानसामें कैलाश के मुताबिक उन्हें कम तेल और मसालों वाला बेहद सादा खाना पसन्द है। राजभवन में अपने प्रवास के दौरान वह दाल हर रोज पसन्द करती थीं। लेकिन हरे साग से हमेशा परहेज करती थीं। कैलाश आगे कहते हैं कि वह आलू और चावल से भी परहेज करती हैं लेकिन नाश्ते में उन्हें उत्तपम बेहद पसन्द है।

अधिकांश कर्मचारियों के मुताबिक वह खासी नम्र और कभी शिकायत न करने वाली महिला हैं। बावर्ची मदन सिंह के मुताबिक वह हमेशा हमारी देखाभाल माँ की तरह करती थीं। वह कभी किसी चीज की शिकायत नहीं करती थीं। हालाँकि कई बार खाना बनाने में हमसे गलती हो जाती थी लेकिन इसके बावजूद वह हमेशा खाने की तारीफ करती थीं। प्रतिभा पाटिल को हारमोनियम बजाना भी आता था। उससे उन्हें विशेष लगाव था। एक बार तो माउण्ट आबू में गर्मियों की छुट्‌टी के दौरान हारमोनियम ट्रेनर को साथ लेकर गई थीं। यही नहीं प्रतिभा ताई ने हमेशा अपनी पसन्द को प्राथमिकता दी और उनकी पसन्द का ख्याल भी सभी ने रखा क्योंकि सबको यह पता था कि विनम्र ताई को जो चीज पंसद है उसे क्यों नहीं प्राथमिकता के साथ उपलब्ध कराया जाय।

प्रतिभा ताई रोज एक घंटे पूजा करतीं। वह भगवान शंकर की भक्त हैं। जब भी उन्हें मौका मिलता वह मंदिर जाना पसन्द करती हैं। उज्जैन में भगवान महाकाल तथा ओंकारेश्वर में जाकर भगवान को याद करती रही हैं। प्रतिभा पाटिल को ज्योतिष पर भरोसा है और राष्ट्रपति पद की उम्मीदवार बनाए जाने के समय उन्होंने स्वयं इस बात को स्वीकार किया कि उन्हें एक ज्योतिष ने बताया कि वह राष्ट्रपति बनेंगी। प्रतिभा ताई के व्यक्तित्व का एक पहलू यह भी है कि

वह पढ़ने-लिखने का शौक रखती हैं। जब भी समय मिलता है महान लोगों की जीवनियों से लेकर देश समाज के बारे में जो कुछ भी लिखा जाता है, उसे समझने का प्रयास करती हैं। लेखन कार्य में भी रुचि रखने वाली प्रतिभा ताई के व्यक्तित्व के इतने सारे पहलू हैं कि जो भी उनसे एक बार मिलता है उनका होकर रह जाता है। श्रीमती पाटिल का सिर हमेशा साड़ी के पल्लू से ढका रहता है। वे चौड़े पट्टे वाली साड़ी पहनना पसन्द करती हैं।

मूल्यांकन

प्रतिभा पाटिल की पहली प्राथमिकता शिक्षा थी कि अगर शिक्षा मिलेगी तो विकास के मार्ग खुद प्रशस्त होंगे। इसलिए उन्होंने शिक्षण संस्थाओं पर अधिक बल दिया। इस संस्थाओं में समाज के गरीब बच्चों की शिक्षा उनकी प्राथमिकता में शामिल हुआ। उन्होंने कभी भी मीडिया में अपने इस काम का ढ़िंढोरा नहीं पीटा। बस काम करना ही उनकी प्राथमिकता में था जिसे वह करती गईं।